COLLEGIUM

Practic

www.polirom.ro

Editura POLIROM
Iaşi, B-dul Carol I nr. 4; P.O. BOX 266, 700505
Bucureşti, Splaiul Unirii nr. 6, bl. B3A,
sc. 1, et. 1, sector 4, 040031, O.P. 53

Descrierea CIP a Bibliotecii Naţionale a României:

RAD, ILIE

Cum se scrie un text ştiinţific: disciplinele umaniste / Ilie Rad. – Ed. a 3-a. – Iaşi: Polirom, 2023
Conţine bibliografie

ISBN 978-973-46-9295-8

001.81

Printed in ROMANIA

Ilie Rad

CUM SE SCRIE UN TEXT ȘTIINȚIFIC
DISCIPLINELE UMANISTE

Ediția a III-a revăzută și adăugită

POLIROM
2023

ILIE RAD (n. 1955, Nandra/Luduş, Mureş) este absolvent al Facultăţii de Filologie din cadrul Universităţii „Babeş-Bolyai" din Cluj-Napoca (1979). Doctor în filologie (1998), profesor (2003) la Departamentul de Jurnalism şi Media Digitală al Facultăţii de Ştiinţe Politice, Administrative şi ale Comunicării din cadrul aceleiaşi universităţi. Şeful Catedrei de Jurnalism (2001-2007) şi cancelar al facultăţii (1996-2000; 2007-2011). A colaborat la realizarea *Dicţionarului scriitorilor români* (coord. de M. Zaciu, M. Papahagi şi A. Sasu, vol. I-IV, 2001-2006), la *Dicţionarul esenţial al literaturii române* (2001), *Dicţionarul general al literaturii române* (vol. I-VI, 2004-2006), *Encyclopedia of the World's Minorities* (SUA, 2005) şi *Encyclopedia of the Developing World* (SUA, 2005). A publicat următoarele volume: *Peregrin prin Europa. File de jurnal: Viena, Praga, Varşovia, Budapesta* (1998), *Memorialistica de război în literatura română* (1999), *Stilistică şi mass-media* (1999), *Aron Pumnul* (2002), *La un ceai cu Ştefan J. Fay* (2003), *Geo Bogza. Rânduri către tineri scriitori ardeleni* (2003), *De la Moscova la New York* (2005), *Învăţământul jurnalistic clujean* (2006), *Stil şi limbaj în mass-media din România* (coord. şi coautor, 2007), *Incursiuni în istoria presei româneşti* (2009), *De amicitia. Scrisori de la Ştefan J. Fay* (2009), *Întâlnirile mele cu Iorgu Iordan. Scrisori şi interviuri* (2011), *Un ardelean la Bucureşti* (2011), *O călătorie în Ţara Kangurului* (2012), *Cenzura în România* (coord., 2012), *Convorbiri cu Ion Brad, „din primăvară până-n toamnă"* (2013), *Dialoguri epistolare săptămânale, „din iarnă până-n vară"* (în colab. cu Ion Brad) (2014), *Călătorii prin ţară (1995-2017)* (2017), *O călătorie la capătul lumii* (în colab. cu Doina Rad) (2019), *America din Cortland/America from Cortland* (2020), *Nandra. Un sat care aluneca-n uitare* (în colab. cu Doina Rad) (2021), *Viaţa ca un dar. Memorii* (vol. I-II, 2022-2023). A editat şi/sau a prefaţat: *Curente şi tendinţe în jurnalismul contemporan* (2003), *Schimbări în Europa, schimbări în mass-media* (2004), *Jurnalismul cultural în actualitate* (2005), *Secvenţe din istoria presei româneşti* (2005), *Industria media şi învăţământul jurnalistic* (2014), *Fotojurnalism şi imagine* (2015). A realizat (în colaborare) ediţii din Horia Bottea, Edgar Papu, Cella Serghi şi Constantin Ciopraga.

Cuprins

Prefață la ediția a III-a

Încă de la începutul carierei mele universitare (1995), mi-am dat seama că studenții trebuie să cunoască rigorile de redactare a unui text științific. La început, am făcut o prezentare sumară a acestora, în cadrul unor seminare, apoi am propus un curs opțional, de un semestru, dedicat respectivelor probleme, curs care a devenit obligatoriu în anul următor. Tânăra Facultate de Științe Politice și Administrative din cadrul Universității „Babeș-Bolyai" a fost astfel între primele instituții academice care au avut un asemenea curs în planul de învățământ.

Cursul despre metodologia cercetării științifice se predă acum, sub diferite denumiri, în toate facultățile și școlile doctorale din țară, ceea ce arată importanța lui. Poate în spațiul românesc cărțile cu acest profil nu au încă succesul celor din străinătate, care se tipăresc în zeci de ediții succesive și în milioane de exemplare. Oana Boc, autoarea celei mai recente lucrări pe această temă (*Scrierea academică în domeniul științelor umaniste. Tehnici și norme*, Presa Universitară Clujeană, Cluj-Napoca, 2022), arăta că *The Chicago Manual of Style*, de pildă, a cunoscut zeci de ediții, vânzându-se în 1,5 milioane de exemplare, iar despre lucrarea lui William Zinsser *On Writing Well: The Classic Guide to Writing Nonfiction*, scrie că „a devenit un adevărat bestseller, ediția din 1976 fiind reeditată, până în prezent, în cel puțin 30 de ediții" (Boc, 2022, p. 78, n. 44).

În spațiul românesc, o lucrare a lui Septimiu Chelcea, *Cum să redactăm o lucrare de licență, o teză de doctorat, un articol științific în domeniul științelor socioumane*, a cunoscut până în 2007 patru ediții. Și cartea de față a mai apărut în trei rânduri (2008, Editura Accent; 2008,

2017, Editura Polirom), chiar dacă ediția din 2017, nefiind una revăzută și adăugită, nu a fost luată în calcul în numerotarea actuală. Așa se face că acum țineți în mână ediția a III-a, în care am refăcut integral capitolul „Originalitate și plagiat" și am completat cu noi informații majoritatea capitolelor din carte. De asemenea, am actualizat bibliografia cu numeroase titluri românești și străine.

Asumându-și atributele unui manual, cartea de față reprezintă o sinteză a tot ce s-a scris, până la ora actuală, în spațiul românesc despre acest domeniu (e vorba de cărți semnate de Șerban C. Andronescu, Mirel Anghel, Elena Barborică *et al.*, Oana Boc, Septimiu Chelcea, Doina Bogdan-Dascălu, Bujorel Florea, I. Funeriu, N. Gherghel, Mihaela Șt. Rădulescu, Elena Emilia Ștefan, Magdalena Vulpe ș.a.), la care se adaugă numeroase lucrări apărute în străinătate.

Ceea ce cred că diferențiază această carte de multe titluri cu un profil similar este caracterul ei practico-aplicativ, evidențiat de numeroasele exemple comentate, de ilustrațiile incluse (circa 60 la număr), de informațiile exclusive, despre anumite aspecte ale cercetării (transcrierea textelor, exigențele punctuației, redactarea indicelui etc.).

Am încercat astfel să „înviorez" – prin studii de caz, citate, exemple personale, ilustrații – o materie care este prin definiție mai tehnică, mai aridă.

Lucrarea *Cum se scrie un text științific* se dorește a fi, în continuare, și o pledoarie pentru elaborarea, de către instituțiile abilitate (Academia Română, Ministerul Educației, Institutul Român de Standardizare), a unui *manual unic*, care să devină obligatoriu pentru redactarea tuturor textelor științifice – de la referatul pentru un seminar până la teza de doctorat –, așa cum există în spațiile culturale francez și anglo-saxon.

Normele și principiile propuse în volumul de față se bazează pe *tradiția românească* în metodologia cercetării științifice umaniste, tradiție corelată cu ortografia academică în vigoare.

Cartea apare în colecția „Collegium. Practic", unde s-a tipărit și cunoscuta lucrare a celebrului Umberto Eco *Cum se face o teză de licență*, ce are la bază tradiții din alt spațiu cultural.

Ca să închei pe un ton glumeț, aș cita aici o epigramă a profesorului Vasile Malanețchi, de la Universitatea de Stat din Chișinău, apropo de cele două titluri amintite mai sus, apărute în aceeași colecție:

Umberto Eco, profund, cu excelență,
Ne-nvață cum se scrie teza de licență.
Ilie Rad, mai cu metodă, mai prolific,
Ne spune cum se face-un text științific.
Contrariat sunt, totuși, și pe gânduri cad,
Când lumea îi confundă: Ilie... Eco și Umberto... Rad!

Ilie Rad
Cluj-Napoca, 28 ianuarie 2023

Prefață la ediția a II-a

Ideea de a scrie această carte s-a născut din rațiuni didactice. Fiind confruntat în fiecare an cu diverse lucrări mai mult sau mai puțin științifice ale studenților, am constatat numeroase carențe în redactarea acestora. La început, am consacrat mai multe seminare lămuririi și familiarizării studenților cu rigorile pe care le implică redactarea unui text științific. Pe măsură ce problemele luau amploare, am considerat că aș putea chiar să propun un curs de un semestru dedicat acestei probleme. Mai întâi a fost un curs opțional, care s-a bucurat de un oarecare interes din partea auditorilor. Dar nici așa nu eram suficient de convins că o asemenea preocupare ar putea constitui materia unei discipline din planul de învățământ al studenților jurnaliști. Mi-au trebuit încă multe argumente până să fiu total convins de eficiența demersului meu. Iar aceste argumente le-am găsit în cărți și la oameni cu autoritate în domeniu.

Astfel, profesorul Șerban C. Andronescu (1997) povestește că a resimțit lipsa unui manual de profil încă de prin anii '70, când își pregătea teza de doctorat la Paris, cu faimosul René Etiemble, de la Sorbona:

> Etiemble ne atrăgea atenția nouă, candidaților, nu numai asupra conținutului tezei, ci și asupra formei grafice în care trebuia să o prezentăm, forma aceasta fiind ea însăși o disciplină prin care se testa puterea noastră de concentrare (p. 5).

Același autor mai arăta că, în SUA, „unul din cursurile necesare pentru obținerea doctoratului de stat (Ph.D.) era cel despre cercetarea științifică, în care tehnica redactării academice constituia un capitol separat" (p. 7).

O discuție cu academicianul Camil Mureșanu a avut darul să mă încurajeze în această direcție. Cunoscutul istoric îmi spunea că, la rândul său, a ținut în tinerețe asemenea cursuri.

În excelenta sa carte *Principii și norme de tehnoredactare computerizată*, I. Funeriu scria:

> Tot din această lucrare mai aflăm (cu oarecare surprindere, dacă ne gândim la situația de la noi) că în Franța există un Centru Național de Documentare Pedagogică, sub egida căruia a fost publicată broșura *Règles d'écriture et de disposition de textes. Mode d'évaluation des travaux de secrétariat*. Această broșură conține toate regulile fixate de Ministerul Educației Naționale pentru toate textele dactilografiate care au un caracter oficial: examene, lucrări de licență, de doctorat sau chiar documente de mai mică importanță (1995, p. 205).

Faptul că acest curs se predă și la alte secții ale facultății noastre (Administrație Publică – *Scrierea academică*) sau la alte facultăți (Studii Europene – *Metodologia cercetării științifice* – sau Litere – *Introducere în filologia română*) a constituit un nou imbold în realizarea demersului despre care vorbeam.

În fine, luând în considerare bogata bibliografie străină de profil, am considerat că și noi trebuie să avem asemenea lucrări, care să facă puțină ordine în această arie de activitate. Așa cum spunea învățatul D. Russo (1912), problemele tehnice

> sînt lucruri pe cari parcă toată lumea le știe, profesorii le tratează cu suveran dispreț ca [fiind] cunoscute sau fără importanță, studenții le consideră ca elementare și trec peste și, cu toate acestea, puțini au o idee precisă despre ele (p. 9).

Magdalena Vulpe, autoarea unei excelente lucrări de specialitate (2002), scria:

> Dubla mea experiență, de redactor la o publicație lingvistică și de profesor la anul I, mi-a dat posibilitatea să identific acele lucruri în aparență simple și evidente pe care, dacă nu ți le spune

nimeni, nu le „descoperi” decât târziu, prin mimetism, după lecturi îndelungi și repetate (pp. 19-20).

Având în vedere toate cele de mai sus, am încercat, în lucrarea de față, o sintetizare a tuturor cercetărilor de până acum în domeniul care ne interesează.

Prin conținutul ei, lucrarea se adresează studenților, cercetătorilor, doctoranzilor, masteranzilor, cadrelor didactice din învățământul preuniversitar care se pregătesc pentru obținerea unor grade didactice. De asemenea, lucrarea le va fi utilă jurnaliștilor, editorilor, redactorilor de carte din edituri, organizatorilor de manifestări științifice etc.

Fie că lucrează în presa scrisă sau în cea audiovizuală, jurnalistul nu face numai anchete, reportaje sau interviuri, ci „produce” și pagini sau emisiuni documentare despre diverse idei, evenimente sau obiective istorice. În asemenea situații, jurnalistul trebuie să adopte ipostaza omului de știință, adică să fie obiectiv, riguros și bine documentat. Or, o asemenea postură necesită cunoașterea unor norme elementare privind tehnica cercetării, a elaborării și redactării unui text științific. Nu mai vorbim de faptul că aceste norme le sunt necesare și studenților, în timpul facultății, cu prilejul întocmirii unor lucrări pentru simpozioane și sesiuni științifice, lucrări de seminar, culminând cu redactarea lucrării de diplomă.

În ceea ce privește ultimul aspect, se știe că, la fiecare examen de licență, comisia a constatat că puține dintre lucrările susținute au fost ireproșabile sub aspectul normelor de redactare științifică (întocmirea notelor, a bibliografiei, reproducerea citatelor etc.). Aceste carențe au fost semnalate și în cazul unor lucrări de doctorat. Cauza este una singură: e vorba despre norme care nu se învață nicăieri, pe care fiecare cercetător și le însușește „din mers”. De aceea, acest volum își propune să-i învețe pe tinerii jurnaliști abc-ul cercetării și al redactării unui text științific.

Ar trebui ca o instituție abilitată – în speță Academia Română – să elaboreze un manual care să devină apoi obligatoriu. În caz contrar, fiecare universitate, editură sau profesor solicită norme proprii de redactare.

*

În anul 2006, Editura Polirom a publicat celebra lucrare a lui Umberto Eco *Cum se face o teză de licență*, domeniul vizat fiind cel al disciplinelor umaniste. Este, de fapt, o ediție revăzută, prima versiune în limba română apărând la Editura Pontica din Constanța, în anul 2000.

Cineva s-ar putea întreba, pe bună dreptate, de ce mai este nevoie de încă o carte specializată pe același domeniu, tipărită de aceeași editură. Răspunsul este simplu: noua lucrare aduce în atenție alte probleme, nediscutate de Umberto Eco. În plus, oricât de folositoare ar fi lucrarea lui Eco, oricât de mare este prestigiul autorului, *Cum se face o teză de licență* provine din alt spațiu cultural, cu o altă tradiție universitară, având numeroase diferențe metodologice față de mediul științific românesc, așa cum sublinia și Rodica Zafiu în recenzia din *România literară* (nr. 13, 6 aprilie 2007, p. 15).

Mai există încă un argument care ar justifica publicarea mai multor lucrări pe aceeași temă: utilizarea tot mai intensă a informațiilor de pe internet aduce în fața cercetătorului probleme noi, cele mai importante fiind evitarea plagiatului și utilizarea unor informații credibile. Așa se explică succesul unor cărți cu un asemenea profil, atât la noi (volumul lui Septimiu Chelcea *Cum să redactăm o lucrare de licență, o teză de doctorat, un articol științific în domeniul științelor socioumane* a ajuns la ediția a IV-a[1]), cât și în străinătate, unde lucrările clasice în domeniu (*MLA Handbook for Writers of Research Papers* de Joseph Gibaldi și *A Manual for Writers of Term Papers, Theses, and Dissertations* de Kate L. Turabian) s-au tipărit în milioane de exemplare.

*

Am publicat prima ediție a acestei cărți în luna februarie 2008, în timpul sesiunii de examene, pentru ca studenții să o poată folosi în pregătirea lor. La scurt timp după aceea, am primit de la câtiva studenți mesaje interesante, exprimate în stilul specific vârstei și „limbajului" folosit în e-mailuri: „Cartea e super, am invatat si pt examen, dar si lucruri de viata!" (Raluca Dârgău, Jurnalism, anul I), „Vreau sa va felicit pentru cartea pe care tocmai ati scris-o! Nu am citit-o inca pe toata, dar pot sa spun ca este foarte interesanta, usor de parcurs, usor de citit" (Andreea Boiciu, Jurnalism, anul I).

Ecouri asemănătoare mi-au trimis și unii colegi din țară, autori ai unor valoroase cărți cu același profil: Ionel Funeriu, Septimiu Chelcea, Mihaela Șt. Rădulescu. „Voi recomanda cartea studenților și doctoranzilor mei. Felicitări!", îmi scria profesorul Septimiu Chelcea, de la Universitatea din București. „Vă mulțumesc pentru lucrarea bine documentată și meticulos elaborată, care completează în mod fericit peisajul românesc al scrierilor de profil", a fost de părere doamna conf. univ. dr. Mihaela Șt. Rădulescu, de la Universitatea Tehnică din București, iar profesorul Ionel Funeriu, de la Universitatea „Aurel Vlaicu" din Arad, îmi scria: „Ți-am citit cartea. Eu n-aș recomanda-o studenților, ci i-aș obliga (dacă aș putea) pur și simplu s-o citească sau măcar s-o consulte".

În fine, editorul Richard Müller-Schmitt, de la prestigioasa editură Reclam, din Germania, îmi scria între altele: „Cartea ta nu numai că se ocupă la modul exhaustiv de toate fațetele și detaliile impuse de un asemenea subiect, dar este și o plăcere să o citești, fiindcă tu scrii într-un stil clar, vioi, prietenos și personal, încât este interesant, util și încântător să citești toate observațiile tale personale, amintirile despre cărțile proprii, citatele din poezii, tăieturile din ziare, detaliile pe care le menționezi despre obiceiurile tipografice ale altor țări și, desigur, unele ciudățenii din trecutul țării tale, din prima jumătate a secolului al XIX-lea și din secolul XX".

Criticul și istoricul literar Mircea Popa a publicat o recenzie amplă a cărții (*Făclia*, 4 februarie 2007, p. 4), din care reproduc un fragment:

> Nevoia unui asemenea îndreptar sau chiar a unui manual academic de profil se pune cu tot mai mare insistență în ultimul timp, când o mare masă de tineri studioși sunt antrenați în activități de cercetare și muncă academică, începând de la modestele și banalele referate de seminar, până la lucrările de licență, de masterat și doctorat, iar noi, îndrumătorii unor astfel de lucrări, eram nevoiți să ne pierdem o bună parte din timp furnizând tinerilor explicațiile necesare privind partea formală a redactării unor astfel de lucrări și, nu de puține ori, părerile noastre nu se potriveau unele cu altele. [...] Nu numai că

este un manual practic de tehnică științifică de înalt nivel, dar cartea de față se prezintă și cu pagini agreabile de cultură generală.

*

Trebuie să aduc aici mulțumiri mai multor persoane, care mi-au fost de un real folos în redactarea cărții. Profesorul John Ryder, decanul Facultății de Științe și Arte de la State University of New York College at Cortland, mi-a oferit lucrarea celebră în domeniu, scrisă de Kate L. Turabian. Doamna Sharon Pesesky, de la aceeași universitate, a avut bunăvoința să-mi procure materiale, altfel greu accesibile, cum ar fi studiul *Cum se face un index* sau lucrarea clasică *Plagiat și originalitate* de Alexander Linden. Domnul Richard Müller-Schmitt, de la editura Reclam din Stuttgart, doamna conf. univ. dr. Mirela Lazăr, de la Facultatea de Jurnalism și Științele Comunicării a Universității din București, și domnișoara Laura Petrehuș, fosta noastră studentă, mi-au pus la dispoziție diverse studii și materiale de profil. Tuturor le exprim recunoștința mea.

Mulțumesc Editurii Polirom pentru interesul manifestat față de această lucrare, precum și profesorului Ionel Funeriu și editorului Richard Müller-Schmitt pentru atenta lectură a cărții și pentru numeroasele propuneri de îmbunătățire a textului.

Ilie Rad

Cluj-Napoca, martie 2008

I

Importanța cunoașterii normelor și principiilor de redactare a unui text științific

1. Importanța cercetării științifice

Cercetarea științifică, indiferent în ce domeniu ar fi întreprinsă, conduce la progres și cunoaștere. Având în vedere faptul că universul este, practic, infinit, iar cunoștințele omului fatal limitate, rezultă că sfera cunoașterii devine și ea nelimitată. Întotdeauna va mai fi ceva de cercetat și de descoperit, iar o mică descoperire va însemna un mic pas în cercetarea științifică. Se știe ce a spus Armstrong când a pășit pe Lună: „E un pas mic pentru om, dar unul uriaș pentru omenire!”.

În general, există trei tipuri de cercetare: a) cercetarea fundamentală; b) cercetarea aplicativă; c) cercetarea tehnologică. Fiecare tip va avea metodele sale specifice. Pe noi ne va interesa cu precădere primul tip de cercetare.

Lucrul cel mai important când vrem să pornim o cercetare este ideea, tema acesteia. Se știe că multe idei geniale au fost descoperite întâmplător. De pildă, se cunoaște momentul în care Arhimede a descoperit legea care de atunci îi poartă numele, lege conform căreia un corp solid scufundat în apă pierde o parte din greutatea sa egală cu volumul de apă dislocat. Arhimede trăia în oraşul grecesc Siracuza, pe vremea când rege al cetăţii era Hieron al II-lea. Acesta dăduse o anumită cantitate de aur unui meşter făurar, pentru a-i face o coroană. Bănuind că meşterul a amestecat aurul primit cu un metal mai ieftin, regele l-a chemat la el pe Arhimede şi i-a cerut ca, fără să strice coroana, să afle dacă meşterul a furat din aurul pe care i l-a dat. Iniţial, Arhimede nu ştia cum să rezolve această problemă chinuitoare. Într-o zi, făcând baie, a constatat că apa se ridică în momentul în care el intră în cadă, iar picioarele îi devin mai uşoare. Aşa a descoperit răspunsul la întrebarea chinuitoare, rostind faimosul strigăt: „Evrika!" („Am găsit, am descoperit!").

Un alt exemplu. Inginerul român George (Gogu) Constantinescu este recunoscut drept creatorul sonicităţii (ştiinţa care studiază transmiterea puterii prin vibraţii în medii solide şi lichide). Pe baza acestei teorii, inginerul român a pus la punct un dispozitiv sonic de tragere cu mitraliera printre palele elicei de avion. Această descoperire a atras atenţia amiralităţii britanice, care, la începutul secolului XX, a investit resurse financiare imense pentru dezvoltarea şi perfecţionarea sistemului. Se spune că invenţia inginerului român a fost aplicată în armata britanică până în anul 1939, când a început al Doilea Război Mondial.

Mai dăm un exemplu, legat de activitatea doctorului Theodore Marton, care s-a ocupat de problema cordonului de legătură dintre o navă cosmică şi astronauţii care ieşeau în spaţiul extraterestru. Pe de o parte, acest cordon, lung de mai mulţi metri, trebuia să fie foarte flexibil, pentru a-i permite astronautului o cât mai mare libertate de mişcare în spaţiu. Pe de altă parte, cordonul trebuia să aibă posibilitatea de a deveni rigid, pentru ca, în caz de nevoie, astronautul să poată fi adus în interiorul navei, operaţie care, cu un cordon flexibil, este mai greu de realizat. Existau, aşadar, fie cordoane flexibile, fie cordoane rigide. Nu se descoperise încă acel cordon ideal, care să se poată transforma, la comandă, din flexibil în rigid şi invers. Doctorului Theodore Marton i-a venit ideea unui altfel de cordon în timp ce-şi distra copilul cu o jucărie în formă de câine, confecţionată din mărgele înşirate pe sfori. Când sforile erau întinse, şirurile de mărgele erau rigide, iar câinele stătea în picioare. Când sforile erau destinse, şirurile deveneau flexibile, iar căţelul se transforma într-o grămadă de mărgele. Pe baza analogiei dintre şirurile de mărgele ale jucăriei şi cordonul astronauţilor, s-a putut realiza cordonul dorit, confecţionat dintr-o „serie de elemente cuplate articulat, străbătute de un cablu central. Când cablul este destins, cordonul este flexibil, iar când se întinde cablul, cordonul se transformă într-o bară rigidă" (Florea, 1983, p. 30).

Aş vrea să închei această serie de exemple cu descoperiri din diferite domenii, amintind de o invenţie, pe care Arghezi a folosit-o în fabula intitulată *Cuiul*. Confruntaţi cu problemele iscate de lipsa acestui instrument fundamental de tâmplărie, oamenii dintr-un „leat nemaiştiut" îşi vedeau munca zadarnică, întrucât vântul le lua casele, gardurile şi pătulele. Până când „un băiat al nimănui" a inventat cuiul. „Cuiul nou o săptămână/ A umblat din mână-n mână./ A fost strâns şi pipăit,/ Pus pe limbă, mirosit,/ Niciun om nu înţelege/ Cuiul ţeapăn cum să lege,/ Fără funii şi curele,/ Scândurile între ele./ Năzdrăvanul şi golanul/ Îl înfipse cu ciocanul.// Zice unul: – «Dragul meu,/ Aşa cui făceam şi eu,/ Poate chiar mai dichisit,/ Însă, vezi, nu m-am gândit»" (T. Arghezi).

Desigur, s-ar putea da foarte multe exemple din care să se poată vedea cum anumite invenţii au fost descoperite absolut întâmplător. La alte soluţii s-a ajuns în urma unor eforturi îndelungate de cercetare. Din păcate, tradiţia universităţii româneşti nu este una profilată pe cercetarea aplicativă, aşa cum este universitatea americană, de pildă. Cei mai mulți laureați ai Premiului Nobel din SUA sunt cadre didactice universitare. La noi au prevalat mai ales „umanioarele”. Reforma în care se află astăzi învățământul românesc trebuie să vizeze și domeniul cercetării universitare.

Procesul de cercetare cunoaște trei etape importante.

1.1. *Pregătirea cercetării*

Aceasta constă în culegerea de informații și date despre problema, tema sau subiectul care ne interesează. Este o etapă a căutărilor, când cercetătorul nu știe încă în ce direcție se va îndrepta activitatea sa. În această fază, trebuie să stabilim tema, să alcătuim bibliografia inițială și să fixăm un titlu, fie și provizoriu. În urmă cu mai mulți ani, recenzând o antologie de proză scurtă despre Războiul de Independență din 1877, mi-a venit ideea să scriu un studiu despre memorialistica războiului de reîntregire din 1916-1918. După finalizarea studiului, mi-am dat seama că aș putea extinde cercetarea la memorialistica războaielor balcanice, apoi la aceea a celor două războaie mondiale. Așa s-a născut lucrarea mea, *Memorialistica de război în literatura română*. Și exemplele ar putea continua.

1.2. *Finalizarea cercetării*

Cercetarea trebuie să ne conducă fie la realizarea unui nou produs, fie la redactarea unui nou studiu, dacă e vorba despre științele socioumane. În această fază, cercetătorul trebuie să cunoască foarte bine domeniul în care operează, pentru a nu forța uși deschise – cu alte cuvinte, pentru a nu inventa ceea ce deja este inventat de mult timp. Dacă în domeniul ştiinţelor exacte problemele sunt mai clare (fiindcă nu putem să descoperim la fiecare sută de ani formula apei!), în ştiinţele socioumane situaţia este complet diferită. Factorii politici, de conjunctură au în al doilea caz un rol extrem de important. Bunăoară, despre Răscoala din 1907, istoriografia comunistă înregistrează numeroase volume de documente şi interpretări ale acestora. S-ar părea că lucrurile sunt aici pe deplin clarificate. În realitate, situaţia nu este deloc aşa, pentru că multe documente au fost publicate trunchiat, iar interpretarea lor s-a făcut de pe poziţii propagandistice. S-a spus doar că regele Carol a împuşcat 11.000 de ţărani, unii dintre ei cu piepturile pline de decoraţii şi medalii obţinute cu trei decenii în urmă, pe câmpurile de luptă de la Plevna şi Griviţa. Nu s-a spus nimic despre faptul că răscoalele ameninţau însăşi existenţa statului român, creat prin Unirea din 1859, că marile imperii (ţarist, habsburgic) l-au avertizat pe Carol că, dacă nu-şi face ordine în ţară, îşi trimit armatele să-l ajute! La fel se pune problema şi în cazul Actului de la 23 august 1944 ori al procesului de cooperativizare, naţionalizare etc.

1.3. *Valorificarea rezultatelor cercetării*

Se impune publicarea rezultatelor cercetării în reviste de specialitate româneşti şi străine, pentru a intra cât mai repede în circuitul informaţional din ţară şi din lume. O cercetare ale cărei rezultate nu sunt făcute publice este o cercetare moartă, similară cu pierderea de timp, de energie şi de bani. De aceea, le-am recomandat întotdeauna studenţilor să-şi publice lucrările, dacă acestea sunt valoroase şi originale, măcar pentru „portofoliul" lor, dacă nu pentru altceva. Foarte puţini fac acest lucru, fiindcă publicarea înseamnă asumarea unei responsabilități științifice.

Pe de altă parte, valorificarea prin publicare a rezultatelor cercetării se impune și datorită priorităților, mai ales când e vorba despre unele descoperiri științifice. Este cunoscută situația savantului român Nicolae Paulescu (1869-1931), medic și fiziolog român, cel care a izolat hormonul pancreatic (*pancreină*, ulterior numită *insulină*), cu efect hiperglicemiant. Pentru că nu și-a publicat la timp invenția, alți doi savanți au descoperit după câteva luni aceeași substanță, pentru care au luat Premiul Nobel. La fel este situația altui savant român, Ștefan Odobleja (1902-1978), autorul primei concepții cibernetice generalizate, a cărui descoperire a avut aceeași soartă cu a lui Nicolae Paulescu. Publicarea rezultatelor cercetării este și mai imperioasă astăzi, când informația circulă cu o viteză amețitoare.

Desigur, pentru a-și putea publica rezultatele în reviste de prestigiu, e nevoie ca tânărul cercetător să aibă un maestru care să-i deschidă porțile. Această ucenicie este absolut necesară, cel puțin la început, chiar dacă, așa cum spunea Brâncuși, la umbra copacilor nu crește iarba! Dar ucenicia pe lângă un maestru constituie o garanție a probității științifice. Nu întâmplător, marile publicații au introdus consiliile editoriale, cel mai adesea onorifice, însă care pot constitui o garanție a valorii materialelor publicate. În regimul comunist, de pildă, nicio carte științifică (uneori și literară) nu se putea publica fără două-trei referate făcute de specialiști din domeniul respectiv.

E greu de spus ce se va întâmpla cu publicațiile electronice, unde spațiul este, practic, nelimitat, încât oricine poate publica orice. Deocamdată ne aflăm în faza experimentelor la acest capitol, datorită faptului că presa electronică nu are încă o tradiție foarte îndelungată.

2. Despre necesitatea redactării unui manual academic de profil

O societate democratică este, printre altele, una în care circulația oamenilor și a ideilor nu cunoaște opreliști. Au loc un intens schimb de publicații de specialitate și un mare număr de manifestări științifice (congrese, simpozioane, seminare, mese rotunde etc.), unde se prezintă comunicări științifice, care trebuie redactate cu respectarea unor norme, principii, reguli etc. Există astăzi instituții naționale și internaționale care se ocupă exclusiv de informarea și documentarea științifică. UNESCO, ISO (Organizația Internațională de Standardizare) și AID (Asociația Internațională a Documentariștilor) au elaborat numeroase lucrări normative în acest sens (ghiduri, coduri etc.), menite să uniformizeze normele respective. Publicația de profil este *Bulletin of the European Association of Science Editors*. În România funcționează Comitetul Național pentru Știință și Tehnologie, ce are în subordine Institutul Român de Standardizare. Aceste instituții se ocupă cu elaborarea standardelor în diverse domenii (STAS-uri), care trebuie respectate („Nerespectarea Standardelor de Stat este urmărită conform legii" se scrie pe fiecare ediție oficială a unui standard de stat). Iată două exemple de STAS-uri: STAS 6072-88 – *Prezentarea cuprinsului publicațiilor periodice* sau STAS 5309/1-89 – *Conversia scrierilor nelatine. Transliterația caracterelor chirilice slave în caractere latine*. Ambele standarde sunt în concordanță cu ISO. Cu toate acestea, numeroase lucrări științifice românești, cel puțin în domeniul științelor socioumane, arată că normele amintite nu sunt întotdeauna cunoscute și aplicate în mod corespunzător. Activitatea editorială fără precedent, susținută adesea de neprofesioniști, de oameni care nu urmăresc decât profitul, duce la neglijarea unor aspecte elementare ale domeniului care ne interesează.

Normele şi principiile de redactare a textului ştiinţific au evoluat în aşa măsură, încât s-a ajuns chiar la o specializare a textului ştiinţific, în funcţie de domeniul abordat:

> S-a făcut propunerea ca scrisul medical să fie introdus în planurile de învăţământ ale facultăţilor de medicină, ca o necesitate stringentă pentru deprinderea acestei tehnici, prin care s-ar putea înlătura multe din abaterile de la cerinţele ştiinţifice, abateri întâlnite frecvent în publicaţiile de specialitate. Se semnalează că, încă din 1975, la Facultatea de Medicină din Düsseldorf (Germania) s-a înfiinţat o „Catedră de Scris Medical", prima de acest fel din lume,

scrie profesorul ieşean N. Gherghel (1996, p. 10), care aminteşte lucrări dedicate scrisului ştiinţific în diferite domenii, cum ar fi chimia (Hans F. Ebel, Claus Briefert, William E. Russey, *The Art of Scientific Writing: From Student Reports to Professional Publications in Chemistry and Related Fields*, VCH Verlagsgesellschaft GmbH, 1987), fizica (R. Hewit, *The Physician Writer's Book*, Saunders, Philadelphia, 1957) sau biologia (Erwin Neter, Philip L. Altman, Murrie W. Burgan, Noel H. Holmgren, Gisela Pollock, Elisabeth M. Zipf, *CBE Style Manual: A Guide for Authors, Editors and Publishers in the Biological Sciences*, fifth edition, Council of Biology Editors, Inc., Bethesda, Maryland, 1983; T.E. Huth, *How to Write and Publish Papers in Medical Sciences*, 1982).

Întocmirea corectă a lucrărilor ştiinţifice este importantă, în opinia profesorului N. Gherghel, din mai multe motive:

a) de modul în care sunt transmise rezultatele unei cercetări ştiinţifice depinde valorificarea în practică a acestor rezultate. Un studiu confuz de critică literară – despre Eminescu, de pildă – nu va constitui niciun progres în eminescologie;

b) redactarea după norme riguroase a unei lucrări conduce la o comunicare rapidă între specialişti, lucru cu atât mai imperios în epoca noastră, dominată de internet;
c) lucrările ştiinţifice impecabil redactate au şanse mai mari de a fi acceptate spre publicare în reviste sau volume de specialitate, decât cele prezentate într-o formă neglijentă, multe redacţii impunând colaboratorilor un set de norme standardizate;
d) în fine, „redactarea corectă a comunicărilor şi articolelor ştiinţifice contribuie şi la formarea stilului ştiinţific, a tehnicii şi a artei scrisului ştiinţific, la dezvoltarea artei de a vorbi, precum şi la desăvârşirea trăsăturilor morale, etice ale oamenilor de ştiinţă, cercetătorilor, specialiştilor" (Gherghel, 1996, p. 6).

Desigur, aşa cum am mai spus, în redactarea unui text ştiinţific trebuie să se ţină seama de câteva principii, recomandări, norme etc., acceptate pe plan internaţional. Se pune însă problema dacă aceste principii, norme etc. trebuie preluate *tale quale* sau trebuie adaptate tradiţiei constituite în spaţiul românesc. Opinia noastră este că nu trebuie să eludăm tradiţia românească, bazată pe anumite reguli ale limbii, ortografiei sau punctuaţiei româneşti. Încercarea de a ne racorda cu orice preţ, şi în acest domeniu, la normele internaţionale duce la mixturi inoperante. De pildă, Şerban C. Andronescu, în cartea sa *Tehnica scrierii academice*, realizează un amestec între tradiţia americană şi cea românească, iar rezultatele nu sunt dintre cele mai bune.

În fine, *last but not least*, trebuie să ţinem seama şi de impactul extraordinar pe care îl are calculatorul asupra tehnicilor de redactare şi tehnoredactare. Posibilităţile aproape nelimitate pe care le oferă programele de editare (în ceea ce priveşte corpul de literă, caracterul literelor etc.) fac în aşa fel încât utilizatorul calculatorului să reziste cu greu tentației și provocărilor acestor multiple posibilități. În zadar vom susține noi că numele autorului trebuie scris cu drepte, iar titlul operei cu *italice*, fiindcă vedem adesea numele autorului cules cu **bold**, iar opera cu ***italice + bold*** etc.

3. Lucrările românești din domeniul tehnicii cercetării științifice

În spațiul cultural românesc, lucrările consacrate acestui domeniu nu sunt prea numeroase, dar cele care au apărut până acum își au locul lor în domeniul de care ne ocupăm. Iată câteva dintre acestea: Aurel Avramescu, Virgil Cândea, *Introducere în documentarea științifică* (1960); Ștefan Munteanu, *Introducere în filologia română* (1967); Elena Barborică, Liviu Onu, Mirela Teodorescu, *Introducere în filologia română. Orientări în tehnica cercetării științifice a limbii române* (ediția a II-a, 1978).

După Revoluția din decembrie 1989, interesul pentru astfel de lucrări pare să fi crescut. În ultimii ani, au apărut următoarele volume: Doina Bogdan-Dascălu, *Principii și norme de tehnoredactare a lucrării de diplomă* (1997); Șerban C. Andronescu, *Tehnica scrierii academice* (1997); Ionel Funeriu, *Principii și norme de tehnoredactare computerizată* (1995); Septimiu Chelcea, *Cum să redactăm în domeniul științelor socioumane* (2000); Magdalena Vulpe, *Ghidul cercetătorului umanist. Introducere în cercetarea și redactarea științifică* (2002); Mihaela Șt. Rădulescu, *Metodologia cercetării științifice. Elaborarea lucrărilor de licență, masterat, doctorat* (2006); Elena Emilia Ștefan, *Etică și integritate academică*, curs universitar (2018); I. Funeriu, *Introducere în ortotipografie* (2021);

Oana Boc, *Scrierea academică în domeniul științelor umaniste. Tehnici și norme* (2022). În fine, trebuie amintită și traducerea lucrării lui Umberto Eco *Cum se face o teză de licență* (2000, 2006, 2014, 2020).

În străinătate, lucrările din acest domeniu sunt mult mai numeroase, așa cum se poate vedea din bibliografia volumului de față.

*

Un incredibil succes

„Lynne Truss e o domnișoară bătrână, jurnalistă și scriitoare, care nu s-a distins până anul trecut, când s-a apucat să scrie o carte despre folosirea punctuației în limba engleză, intitulată *Eats, Shoots and Leaves.* Având în vedere subiectul, Editura Profile Books n-a tras decât 15.000 de exemplare. Dar, de a doua zi după lansare, librăriile din toată Marea Britanie au început să ceară tot mai multe cărți din lucrarea Lynnei Truss, astfel încât, după o săptămână, tirajul ajunsese la 540.000 de exemplare. Școlile și universitățile au inclus-o pe lista de lecturi obligatorii, iar oamenii au început să vorbească pe stradă despre virgule și cratime. Autoarea e ea însăși uluită de ceea ce i se întâmplă (la primăvară, cartea îi va apărea și în SUA) și declară că habar n-are ce va face cu cei peste un milion de euro care-i revin ca drepturi de autor" – scrie *The Daily Telegraph.*

(*România literară*, anul XXXVII, nr. 2,
21-27 ianuarie 2004, p. 28)

II

Trăsăturile stilului științific

1. Funcțiile limbii

Într-o excelentă lucrare consacrată stilurilor funcționale ale limbii române, profesorul ieșean D. Irimia (1995) amintește celebra clasificare a funcțiilor limbii, datorată lui Roman Jakobson:

a) funcția *referențială*, numită și *cognitivă* sau *denotativă*, ce are în vedere realitatea obiectivă, extralingvistică, față de care emițătorul manifestă o atitudine rece, neutră;
b) funcția *expresivă* sau *emotivă*, care se manifestă prin exprimarea din partea emițătorului a unei atitudini afective față de realitatea extralingvistică;
c) funcția *conativă*, care se aseamănă cu funcția *expresivă*, deosebindu-se de aceasta prin faptul că emițătorul dorește să-l implice pe receptor în actul lingvistic; în același timp, emițătorul își exprimă o anumită atitudine față de receptor;
d) funcția *metalingvistică* „acționează în sensul introducerii unor elemente lingvistice pentru definirea unor componente din codul limbii întrebuințate în text" (p. 7);
e) funcția *fatică* are în vedere potențarea legăturii dintre emițător și receptor;

f) funcţia *poetică*, aflată la antipodul funcţiei referenţiale, se referă la organizarea intrinsecă a unui text, care vizează cunoaşterea poetică a lumii.

Aceste şase funcţii ale limbajului se întrepătrund în actul de comunicare şi cunoaştere a lumii. În funcţie de predominanţa uneia sau a alteia, se cristalizează cele patru stiluri funcţionale ale limbii. D. Irimia este de părere că, în configuraţia stilistică a limbii române literare, *stilul ştiinţific* reprezintă una dintre extreme, cealaltă fiind reprezentată de stilul *beletristic*. Între aceste două extreme îşi găsesc locul stilurile *juridico-administrativ* şi *publicistic*.

> În stilurile ştiinţific şi beletristic, în procesul de comunicare lingvistică, nu există propriu-zis un destinatar, ci un receptor. În stilurile publicistic şi administrativ, cel de-al doilea protagonist este considerat încă de la emitere un destinatar, în funcţie de care emiţătorul îşi structurează textul (şi mesajul) (Irimia, 1995, pp. 186-187).

Urmând clasificarea propusă de D. Irimia, vom urmări specificul stilului ştiinţific în funcţie de mai multe niveluri.

2. Trăsăturile stilului ştiinţific

2.1. *Nivelul fonematic*

Conform definiţiilor uzuale, fonemul este „cea mai mică unitate sonoră a limbii, care are funcţiunea de a diferenţia cuvintele între ele, precum şi formele gramaticale ale aceluiaşi cuvânt" (*DEX*, 1998). Iată câteva trăsături distincte la acest nivel, stabilite, aşa cum spuneam, de către profesorul D. Irimia:

– existenţa unor termeni care au în structura lor morfematică prefixe de origine greacă, precum: *hema-*, *hemo-*, *helio-*,

hidro-: *hemartroză*, *hematie*, *hemoglobină*, *hemoragie*, *hemopatie*, *helioterapie*, *helioscopie*, *hidrocefalie* etc.;
- consolidarea grupului consonantic *ps* (întâlnit în unele cuvinte vechi, precum *psalm*, *psaltire*), în neologisme ca: *psihic*, *psihanaliză*, *psihoterapie*, *psihiatrie* etc.;
- grupul *ft*, trecut în fondul pasiv al limbii, odată cu unele cuvinte vechi care îl conțineau (*ftorilogofăt*), reapare în neologisme precum: *ftalat*, *ftaleină*, *ftalic*, *ftiriază*, *ftizic*, *ftizie*, *ftiziolog*, *ftiziologie* etc.

2.2. *Nivelul morfematic*

- frecvența substantivelor și pronumelor nepersonale, ca urmare a predominării funcției referențiale;
- frecvența substantivelor proprii, a substantivelor abstracte (mai ales în filosofie);
- lipsa interjecțiilor, care pot apărea doar în varianta didactică a stilului științific;
- predominarea persoanei a III-a. Persoana I se folosește doar ca marcă a pluralului autorității și modestiei:

> Încercând *să delimităm* [subl. n.] spațiul investigației noastre, trebuie să precizăm că este vorba de modul în care filtrul complex numit „univers de discurs" selectează și combină semnele lingvistice și nonlingvistice (Rovența-Frumușani, 1995, p. 18).

În privința adjectivului, remarcăm predominarea celor fără grad de comparație sau, în tot cazul, predominarea gradului pozitiv:

> În comparație cu limbajul cotidian, considerat indicial prin excelență (prezența deicticelor, a ostensiunii, a implicitului situațional etc., Bühler definind limba naturală ca spațiu al „arătării"

„monstrare”, discursul ştiinţific utilizează o bogată componentă iconică (cu o scară foarte nuanţată a similarităţii) şi simbolică (Rovenţa-Frumuşani, 1995, p. 71).

Dacă extragem adjectivele din acest text pur ştiinţific (*cotidian, indicial, situaţional, naturală, ştiinţific, bogată, iconică, foarte nuanţată, simbolică*), doar unul singur (*foarte nuanţată*) este la superlativ, celelalte fiind la pozitiv sau pur şi simplu refuzând comparativul. Dat fiind faptul că, aşa cum spuneam, în stilul ştiinţific predomină funcţia cognitiv-referenţială, aici vom găsi puţine adjective calificative sau apreciative. Acest tip de adjective pot fi prezente totuşi în sfera criticii literare, textul critic putând fi revendicat, tocmai de aceea, şi de stilul beletristic (aşa cum e cazul interesant al *Istoriei...* lui G. Călinescu).

2.3. *Nivelul flexiunii verbale*

- preponderenţa indicativului, a infinitivului şi a condiţional-optativului, precum şi absenţa imperativului (prezent totuşi în varianta didactică, prin formulări ca: *subliniaţi, să se calculeze, fie, arătaţi* etc.);
- folosirea prezumtivului, întâlnit mai ales în textele istorice sau în cele de evocare (*va fi avut, trebuie să fi fost*);
- utilizarea prezentului atemporal (mai cu seamă în textele istorice).

2.4. *Nivelul sintactic*

- prezenţa raporturilor de complementaritate între planul prim al comunicării şi cel secund (putând consta într-un citat care să susţină afirmaţia din primul plan). Tot o dovadă a existenţei raporturilor de complementaritate este „dialogul" dintre planul prim şi textul din infrapagină (note, comentarii, trimiteri bibliografice);

- frecvenţa ridicată a structurilor redundante, trăsătură care derivă din raportul de complementaritate amintit mai sus. În critica literară, de exemplu, o idee este argumentată cu un citat amplu. Alteori, putem întâlni un text într-o limbă străină, care poate repeta ceea ce s-a spus deja în româneşte;
- prezenţa structurilor enumerative;
- dezvoltarea – transformarea atributelor în atributive, ajungându-se la fraze lungi, arborescente, cu multe subordonate (aşa cum sunt, de pildă, textele lui Odobescu).

2.5. *Nivelul lexical*

- cuvintele trebuie folosite fără nicio funcţie expresivă, aşadar cu sensul propriu, denotativ, care să nu poată genera niciun fel de ambiguităţi. Un enunţ precum „Adi Mutu o vrea pe Monica Bârlădeanu", potrivit în stilul literar sau jurnalistic, nu are ce căuta în textul ştiinţific.

În urmă cu mulţi ani, am colaborat, în cadrul Institutului de Lingvistică şi Istorie Literară „Sextil Puşcariu" din Cluj-Napoca, la *Dicţionarul general al literaturii române*, redactând mai multe articole despre diverse publicaţii. Câteva articole mi-au fost returnate cu unele modificări făcute de redactorii Editurii Academiei. De pildă, mi-am încheiat articolul despre revista *Pământul românesc* (1941-1945) în felul următor: „Încercarea revistei de a se adapta noilor realităţi politice a rămas fără efect, revista dispărând sub tăvălugul comunist, care va pătrunde în România". Redactorul respectiv mi-a subliniat cuvintele „sub tăvălugul comunist, care va pătrunde în România", scriind pe margine: „Nu e stil de dicţionar!", adică nu e un stil *ştiinţific*, fiindcă un dicţionar reprezintă o lucrare ştiinţifică. Într-un articol despre o altă publicaţie, *Poezie, cântec, joc* (1950-1954), scriam la un moment dat: „Între cei mai zeloşi cobzari proletcultişti se numără Laurenţiu Profeta, Aurel Giroveanu, Matei Socor ş.a.". Redactorul a subliniat expresia „cobzari proletcultişti" şi a scris pe margine: „Nu e stil de istoric literar!" – cu alte cuvinte, nu e stil ştiinţific. Analizând cele două cazuri, se observă clar că încercarea de a utiliza stilul metaforic a fost prompt sancţionată de redactorul respectiv:

- capacitatea de înnoire a vocabularului, în funcţie de progresele ştiinţifice şi tehnice;
- frecvenţa redusă a cuvintelor populare, arhaice, argotice, cu excepţia cazurilor când e vorba despre studii consacrate chiar acestor elemente de limbaj.

3. Alte trăsături ale stilului ştiinţific

Stilul ştiinţific reprezintă, aşa cum s-a mai spus, expresia utilizării limbii cu scopul cunoaşterii *ştiinţifice* a lumii. Rezultă de aici că stilul ştiinţific este opus celui artistic, expresie a utilizării limbii cu scopul cunoaşterii *artistice* a lumii. Stilul ştiinţific urmăreşte informarea obiectivă şi exactă a cititorului. De aici decurg şi alte trăsături care-i sunt specifice: logică, obiectivitate, precizie, unitate, concizie, claritate, sobrietate, forţă, concizie, accesibilitate. Să le luăm pe rând.

3.1. *Logica*

Presupune ordonarea corectă a ideilor, pasajelor etc. Trecerea de la o idee la alta, de la un pasaj la altul se face prin numerotarea corespunzătoare a acestor diviziuni ale textului științific. Trecerea de la o diviziune la alta se face prin așa-zisele cuvinte „de trecere": *așa cum rezultă din cele arătate anterior, prin urmare, cu toate că* etc. Textul trebuie să releve foarte clar relația cauză-efect. Se înțelege că revenirea asupra unei idei exprimate anterior nu este de natură să-l satisfacă pe cititor, care trebuie, dimpotrivă, să aprecieze logica strânsă a faptelor prezentate pe parcursul cercetării. Este necesar ca ideile să aibă un crescendo, să pornească de la simplu la complex, de la concret la abstract. Dacă o operă artistică (roman, film) își poate permite să înceapă cu sfârșitul, așa ceva nu este admis în stilul științific.

3.2. *Obiectivitatea*

Înseamnă prezentarea obiectivă, exactă a faptelor, *sine ira et studio*. Acest principiu nu poate fi respectat întotdeauna și nu poate fi deloc respectat în regimuri totalitare, în care libertatea cuvântului nu este asigurată. Ne amintim cât de subiectiv a fost prezentată istoria românilor de către istoriografia comunistă, care ridica în slăvi anumite perioade (înființarea Partidului Comunist, venirea la putere a lui Ceaușescu) și oculta alte etape (regalitatea, ocuparea țării de către sovietici). Obiectivitatea îl obligă pe autor să folosească un stil impersonal, care să excludă exclamațiile, interjecțiile, opiniile prea personale, epitetele etc. Pluralul politeții este specific mai ales stilului științific.

În altă ordine de idei, obiectivitatea înseamnă şi consemnarea opiniilor nefavorabile, a unor aspecte negative etc. De pildă, colaborând cu articole la *Dicţionarul scriitorilor români*, am constatat că mulţi voiau să-şi şteargă din palmares opere nereprezentative sau puternic marcate ideologic. Alţii nu doreau să se menţioneze la „Referinţe critice" decât recenziile favorabile. Un istoric literar obiectiv nu ar trebui să ţină seama de asemenea idiosincrazii, având obligaţia să prezinte realitatea literară aşa cum a fost, cu luminile şi umbrele ei.

3.3. *Precizia*

Constă în utilizarea unei terminologii de specialitate. Astfel, lingvistul va folosi noţiuni precum *afixe*, *desinenţă*, *diateză*, *flexiune*, *morfem*, în timp ce istoricul va utiliza frecvent cuvinte ca *areal*, *cruciadă*, *eră*, *front*, *independenţă*, *ofensivă*, ca să nu mai vorbim de alte domenii (medical, geografic etc.).

3.4. *Unitatea*

Se obţine prin folosirea terminologiei de specialitate consacrate în domeniul respectiv. Această terminologie va fi utilizată pe tot parcursul lucrării. Ilustrăm unitatea textului ştiinţific cu trei fragmente din trei texte ştiinţifice aparţinând unor domenii diferite (medical, juridic şi lingvistic). O lectură atentă arată că fiecare fragment are particularităţi lexicale care sunt accesibile doar specialiştilor din domeniile respective.

> *Hamartomul* pulmonar este o formaţiune tumorală dezembrioplazică, relativ frecventă atât la bărbaţi, cât şi la femei, care se dezvoltă în bronhiile mici sau în parenchimul pulmonar. Are o formă circumscrisă, rotundă, bine delimitată de ţesutul din jur,

cu suprafaţa netedă sau baselată. Localizarea poate fi bronşică, dar de obicei este intraparenchimatoasă, iar în structura sa histologică intră un amestec de ţesuturi: epitelial, fibros, grăsos, cartilaginos şi chiar osos. [...] Atât hamartomul endobronşic, cât mai ales cel pulmonar pot fi diagnosticate radiologic, determinând opacităţi pulmonare regulate, asimptomatice sau cu simptomatologie foarte săracă, cu evoluţie foarte lentă şi prezentând uneori diferenţe de intensitate în sânul opacităţii tumorale, destul de caracteristice pentru a favoriza orientarea diagnosticului. (*Tratat de medicină internă*, vol. I, Editura Medicală, Bucureşti, 1984, p. 608)

Întreruperea cursului prescripţiei extinctive. 25. *Principiu şi justificare*. Stingerea dreptului la acţiune prin efectul prescripţiei presupune, pe de o parte, o încălcare a dreptului subiectiv al titularului, iar pe de altă parte, inacţiunea sau pasivitatea din culpă a titularului dreptului. Dacă una din aceste condiţii dispare, fie că creditorul iese din pasivitate, fie că debitorul nu se mai împotriveşte dreptului, continuarea cursului prescripţiei nu-şi mai găseşte justificare. Drept urmare, acest curs se întrerupe, în sensul că efectele prescripţiei sînt şterse pe trecut, urmând să înceapă a curge un nou termen de prescripţie, după încetarea cauzei de întrerupere (art. 17, alin. 1 şi 2, din Decretul nr. 167/1958). (*Tratat de drept civil*, Editura Academiei RSR, Bucureşti, 1989, p. 473)

1.3.2.1. Faptele arată însă că *Ind* nu exprimă *Cert*; ca dovadă, el este compatibil cu adverbele „probabilităţii": *probabil a sosit*; dacă ar exprima *Cert*, ar trebui să se creeze o incompatibilitate de aceeaşi mărime ca una din planul temporal: *va sosi ieri*. Denumirea *indicativ* este motivată şi ea, ca şi cele de la **1.1.** a), prin sens, un sens gramatical *zero*: *Ind* indică pur şi simplu acţiunea.

1.3.2.2. Înseamnă că ipotetica *Psb* a *Cv* sau există şi se opune unui *zero*, sau nici ea nu există, cum nu există *Cert*. În vederea răspunsului, recurgem la o opoziţie *Ind/Cv 1*, *Ind*, şi el în subordonată: (a) *Sper* **să**-*mi* **spui**/ (b) *Sper* **că**-*mi spui*. Dacă poate fi identificată vreo *Psb*, aceasta este strict egal de prezentă atât în (a), cât şi în (b); o astfel de *Psb* este însă de un asemenea grad de generalitate, încât ar putea fi invocată şi pentru *viitor*. (D.D. Draşoveanu, *Teze şi antiteze în sintaxa limbii române*, Editura Clusium, Cluj-Napoca, 1997, p. 178)

3.5. *Proprietatea termenilor*

Reprezintă o altă trăsătură de bază a stilului ştiinţific. Un student mi-a atras atenţia că într-o publicaţie din provincie a citit următorul articol: „Adrian Mutu o vrea pe Monica Bârlădeanu". Nedumerirea sa era legată de faptul că Adrian Mutu nu era celebrul fotbalist, ci un om simplu din Sudul ţării, care purta acelaşi nume cu al cunoscutului sportiv. Este discutabilă, desigur, şi ambiguitatea verbului *a vrea*, care lasă loc unor interpretări dintre cele mai diverse. Ne amintim că omul politic Oliviu Gherman, care a fost, la un moment dat, preşedintele Senatului României, a spus: „N-am avut-o pe regină!", ambiguitatea verbului *a avea* producând un mic scandal diplomatic.

3.6. *Claritatea*

Cu mulţi ani în urmă, savantul D. Russo preciza foarte răspicat:

> Claritatea din stilul ştiinţific nu înseamnă să ne facem inteligibili absolut tuturor cititorilor! Năzuinţa spre claritate a lui A, care scrie pentru marele public, nu poate să fie aceeaşi cu năzuinţa lui B, care, adresându-se specialiştilor, presupune cunoscut tot ce s-a spus până la el şi scrie nu pentru a populariza, ci pentru a face să progreseze ştiinţa. Chiar dacă un autor e clar ca lumina zilei pentru specialişti, tot obscur şi neinteligibil rămâne pentru cei nepregătiţi! Sunt discuţiuni pe cari nu le pot urmări decât foarte puţini, dar aceasta nu înseamnează că ele sunt scrise neclar, ci că puţini au pregătirea necesară ca să le urmărească (1912, p. 88).

În continuare, savantul afirma:

Știința nu urmărește decât adevărul și cea mai bună însușire a stilului e expunerea adevărului în modul cel mai clar și cel mai simplu, fără podoabe retorice, fără picanterii epigramatice.

3.7. *Concizia*

Înseamnă capacitatea de a exprima cât mai multe lucruri în cât mai puține cuvinte. Scriitorul și filosoful Baltasar Gracián y Morales (1601-1658) obișnuia să spună: „Ceea ce este bun este de două ori mai bun dacă e scurt!".

4. Pluralul modestiei

Una dintre convențiile stilului științific este ceea ce se numește pluralul modestiei sau pluralul autorului. Desigur, în epoca regimului totalitar, acest plural al modestiei se potrivea foarte bine cu limbajul de lemn folosit, care excludea din start persoana, în favoarea colectivității. Se spunea: *după părerea noastră*, *facem precizarea*, *am fost nevoiți să cercetăm* etc. Doar marii savanți, ajunși la vârsta maturității creatoare, își permiteau (dar nu întotdeauna!) personalizarea textului, folosirea persoanei I singular. Astăzi, pe măsura democratizării societății, există tendința de a se renunța la acest plural. El rămâne însă recomandabil studenților, celor care se află la începutul unei cariere științifice.

5. Folosirea cuvintelor și a expresiilor străine

În textele ştiinţifice se folosesc adesea cuvinte sau expresii consacrate – de obicei, din limba latină, dar nu numai. Iată câteva exemple, luate dintr-un text istoric:

> Dacă anii 1968-1971 au reprezentat un fel de *no man's land* ideologic, din iulie 1971, odată cu lansarea „tezelor din iulie", a început aşa-numita „minirevoluţie culturală".

Un alt exemplu:

> La Conferinţa pentru Securitate şi Cooperare Europeană de la Helsinki (1975), încheiată printr-un Acord final, care consacră *statu-quo*-ul politic şi teritorial etc.

După cum se vede din exemplele de mai sus, asemenea cuvinte sau expresii vor fi culese cu italice şi nu se traduc. Există un *Dicţionar de cuvinte, expresii, citate celebre* de I. Berg şi unul de maxime comentate datorat lui Tudor Vianu. În aceste lucrări se explică pe larg şi cu exemple originea multor cuvinte şi expresii celebre.

Iată o listă cu cele mai uzuale expresii de acest fel:

- *a priori* (lat., „din cele precedente", „din ceea ce este mai dinainte");
- *ab ovo* (lat., „de la ou", adică de la naştere, de la început);
- *Acta, non verba* (lat., „Fapte, nu vorbe");
- *ad calendas graecas* (lat., „la calendele greceşti");
- *ad litteram* (lat., „literă cu literă", „cuvânt cu cuvânt");
- *ad usum Delphini* (lat., „Pentru folosinţa Delfinului"). *Le Dauphin* (Delfinul) era un titlu care se acorda fiului mai mare al regilor Franţei;
- *ad-hoc* (lat., „pentru aceasta", „creat pentru un anumit scop");

- *advocatus diaboli* (lat., „avocatul diavolului" – un fel de procuror ce punea la îndoială, în faţa Papei, meritele persoanei propuse pentru canonizare şi trecerea acesteia în rândul sfinţilor);
- *Alea iacta est* (lat., „Zarurile au fost aruncate" – cuvinte rostite de Cezar la trecerea Rubiconului, în anul 49 î.Hr.);
- *alma mater* (lat., o formulă sinonimă pentru universitate, în sensul că aceasta este ca o mamă, care îţi oferă hrană spirituală);
- *alter ego* (lat., „alt eu", „al doilea eu");
- *Amicus Plato, sed magis amica veritas* (lat., „Mi-e prieten Platon, dar mai prieten mi-e adevărul");
- *anno Domini* (lat., „în anul Domnului" – numărul anilor având ca reper naşterea lui Iisus Hristos);
- *Aquila non captat muscas* (lat., „Vulturul nu prinde muşte" – expresie folosită pentru a arăta că un om superior nu se ocupă cu lucrurile lipsite de valoare);
- *Ars longa, vita brevis* (lat., „Arta e lungă, viaţa e scurtă");
- *Audiatur et altera pars* (lat., „Să fie ascultată şi cealaltă parte");
- *aurea mediocritas* (lat., „aurita cale de mijloc");
- *auri sacra fames* (lat., „blestemata sete de aur");
- *Aut Caesar, aut nihil* (lat., „Ori Cezar, ori nimic");
- *bellum omnium contra omnes* (lat., „războiul tuturor contra tuturor");
- *bene merenti* (lat., „celui care merită");
- *captatio benevolentiae* (lat., „captarea bunăvoinţei publicului, a cititorilor etc.");
- *Carpe diem* (lat., „Bucură-te de ziua de azi", „Foloseşte-te de ziua de azi");
- *casus belli* (lat., „motiv de război");
- *Cogito, ergo sum* (lat., „Cuget, deci exist");
- *conditio sine qua non* (lat., „condiţie fără de care nu se poate");

- *Cui prodest?* (lat., „Cui foloseşte?");
- *de facto* (lat., „de fapt");
- *De gustibus et coloribus non disputandum* (lat., „Despre gusturi şi culori nu trebuie să discuţi");
- *de jure* (lat., „de drept", „din punct de vedere legal");
- *De mortuis nil nisi bene* (lat., „Despre morţi numai de bine");
- *de plano* (lat., „de la sine înţeles");
- *Divide et impera* (lat., „Dezbină şi stăpâneşte!");
- *doctor honoris causa* (lat., „doctor în semn de cinstire");
- *Dura lex, sed lex* (lat., „Legea este dură, dar este lege");
- *Errare humanum est, sed perseverare diabolicum* (lat., „Greşeala este omenească, dar perseverarea în greşeală e diabolică");
- *ex abrupto* (lat., „brusc", „dintr-odată");
- *ex cathedra* (lat., „de la catedră");
- *Ex nihilo nihil* (lat., „Din nimic nu iese nimic");
- *expressis verbis* (lat., „în termeni expliciţi");
- *extra muros* (lat., „dincolo de ziduri");
- *grosso modo* (lat., „în mare, în linii mari");
- *hic et nunc* (lat., „aici şi acum", „pe loc");
- *in extenso* (lat., „pe larg");
- *in extremis* (lat., „în ultimă instanţă");
- *ipso facto* (lat., „prin faptul însuşi");
- *Macht geht vor Recht* (germ., „Forţa merge înaintea dreptului");
- *Magister dixit* (lat., „A spus magistrul");
- *magna cum laude* (lat., „cu mare laudă");
- *malum necessarium* (lat., „un rău necesar");
- *manu militari* (lat., „prin forţă militară");
- *manu propria* (lat., „cu propria mână");
- *Materiam superabat opus* (lat., „Opera depăşea materialul");
- *mea culpa* (lat., „din vina mea");

- *Memento mori* (lat., „Adu-ţi aminte că vei muri");
- *Memento, homo, quia pulvis et in pulverem reverteris* (lat., „Aminteşte-ţi, omule, că pulbere eşti şi că în pulbere te vei întoarce");
- *Mens sana in corpore sano* (lat., „Minte sănătoasă în corp sănătos");
- *mirabile dictu* (lat., „admirabil de spus");
- *mixtum compositum* (lat., „amestecătură");
- *modus vivendi* (lat., „fel de a trăi");
- *mot-à-mot* (fr., „cuvânt cu cuvânt");
- *Much ado about nothing* (engl., „Mult zgomot pentru nimic");
- *multa paucis* (lat., „mult în puţine cuvinte");
- *multum in parvo* (lat., „mult în puţin");
- *mutatis mutandis* (lat., „schimbând ceea ce trebuie schimbat");
- *Ne varietur* (lat., „Să nu se modifice" – caracterul definitiv al unui text);
- *nec plus ultra* (lat., „nimic în plus");
- *Nihil sine Deo* (lat., „Nimic fără Dumnezeu");
- *nomina odiosa* (lat., „numele persoanelor detestate");
- *Non multa, sed multum* (lat., „Nu multe, ci mult");
- *Non scholae, sed vitae discimus* (lat., „Nu învăţăm pentru şcoală, ci pentru viaţă");
- *Nota bene* (lat., „Ia aminte" – notaţie pentru a atrage atenţia asupra unui pasaj dintr-un text);
- *Nulla dies sine linea* (lat., „Nicio zi fără o linie, fără a face un lucru util");
- *numerus clausus* (lat., „număr limitat" – iniţial, cu referire la procentul studenţilor dintr-o anumită categorie socială);
- *O, tempora! O, mores!* (lat., „O, timpuri! O, moravuri!");
- *opus citatum* (*op. cit.*) (lat., „opera citată");
- *panem et circenses* (lat., „pâine şi circ");
- *passim* (lat., „ici-colo");

- *Per aspera ad astra* (lat., „Prin greutăţi spre stele");
- *per pedes apostolorum* (lat., „cu picioarele apostolilor", „pe jos");
- *persona non grata* (lat., „persoană nedorită, neacceptată – de obicei, despre diplomaţi, persoane publice");
- *pluralis majestatis* (lat., „pluralul majestăţii" – a vorbi despre sine la plural");
- *post factum* (lat., „după faptă", „ulterior");
- *post festum* (lat., „după sărbătoare", „prea târziu");
- *post scriptum* (lat., „adaos la o scrisoare după semnătură");
- *primum movens* (lat., „primul motor", „principiul etern al schimbării");
- *primus inter pares* (lat., „primul între egali");
- *pro domo sua* (lat., „pentru casa lui" – pledoarie pentru propria cauză);
- *pro forma* (lat., „de formă");
- *pro memoria* (lat., „spre aducere-aminte");
- *Quo vadis?* (lat., „Unde te duci?" – întrebare pusă lui Iisus de către Sfântul Petru);
- *Quod erat demonstrandum* (lat., „Ceea ce era de demonstrat");
- *Quod licet Iovi non licet bovi* (lat., „Ceea ce este permis lui Jupiter nu este permis boului");
- *Quod linguas calles, tot homines vales* (lat., „Câte limbi ştii, atâţia oameni valorezi");
- *Quot homines, tot sententiae* (lat., „Câţi oameni, atâtea păreri");
- *rara avis* (lat., „pasăre rară" – ceva ce apare rareori);
- *Repetitio est mater studiorum* (lat., „Repetiţia este mama învăţăturii");
- *Res, non verba* (lat., „Fapte, nu vorbe");
- *restitutio in integrum* (lat., „restituire integrală");
- *Ridendo castigat mores* (lat., „Prin râs se îndreaptă moravurile");

- *Si vis pacem, para bellum* (lat., „Dacă vrei pace, pregăteşte-te de război");
- *Sic transit gloria mundi* (lat., „Aşa trece gloria lumii");
- *sic!* (lat., „aşa", „astfel" – de obicei, este pus între paranteze; cuvântul arată că greşeala din text aparţine autorului, textului iniţial);
- *sine die* (lat., „fără o zi stabilită");
- *sine dubio* (lat., „fără îndoială");
- *sine ira et studio* (lat., „fără mânie şi fără părtinire");
- *sine qua non* (lat., „fără de care nu se poate");
- *spiritus rector* (lat., „spirit conducător");
- *statu-quo* (lat., „prin/în situaţia în care se găsesc lucrurile la un moment dat", „fără schimbare");
- *stricto sensu* (lat., „în sens strict");
- *sub lege libertas* (lat., „libertate în cadrul legii");
- *sub specie aeternitatis* (lat., „a concepe faptele din perspectiva veşniciei");
- *sub voce* (*s.v.*) (lat., „sub cuvânt" – referire la citarea unui cuvânt dintr-un dicţionar");
- *sui generis* (lat., „propriu", „unic în felul său");
- *summa summarum* (lat., „suma sumelor");
- *tabula rasa* (lat., „tablă ştearsă, curată");
- *tale quale* (lat., „ca atare", „aşa cum este")
- *Tempus omnia revelat* (lat., „Timpul le descoperă pe toate");
- *terra incognita* (lat., „ţinuturi neexplorate" – exprimă problemele nerezolvate încă de ştiinţă");
- *Tertium non datur* (lat., „a treia soluţie nu există, nu se dă");
- *That is the question* (engl., „Aceasta-i întrebarea");
- *The rest is silence* (engl., „Restul e tăcere");
- *The right man in the right place* (engl., „Omul potrivit la locul potrivit");
- *Time is money* (engl., „Timpul înseamnă bani");
- *Timeo Danaos et dona ferentes* (lat., „Mă tem de greci, chiar când aduc daruri");

- *To be or not to be* (engl., „A fi sau a nu fi");
- *Traduttore, traditore* (it., „Traducătorul e trădător");
- *Ubi bene, ibi patria* (lat., „Unde este bine, acolo este patria");
- *Urbi et orbi* (lat., „Oraşului şi lumii" – benedicţiune papală);
- *Ut pictura poesis* (lat., „Poezia este asemenea picturii");
- *utile et dulci* (lat., „utilul şi plăcutul");
- *Vae victis!* (lat., „Vai de cei învinşi!");
- *Vanitas vanitatum et omnia vanitas* (lat., „Deşertăciunea deşertăciunilor, toate sunt deşertăciune");
- *Vedi Napoli, e poi mori!* (it., „Să vezi [oraşul] Napoli şi apoi să mori!");
- *Veni, vidi, vici* (lat., „Am venit, am văzut, am învins");
- *Verba volant, scripta manent* (lat., „Cuvintele zboară, scrisul rămâne");
- *verbi gratia* (*v.g.*) (lat., „de exemplu");
- *Veritas odium parit* (lat., „Adevărul stârneşte ură");
- *Veto!* (lat., „Mă opun!");
- *Vincit omnia veritas* (lat., „Adevărul le învinge pe toate");
- *violon d'Ingres* (fr. „vioara lui Ingres");
- *Vivat, crescat, floreat!* (lat., „Să trăiască, să sporească, să înflorească");
- *Volens, nolens* (lat., „Vrând, nevrând");
- *Vox clamanti in deserto* (lat., „Vocea celui care strigă în deşert");
- *Vox populi, vox Dei* (lat., „Vocea poporului este vocea lui Dumnezeu" – afirmaţia se bazează pe autoritatea majorităţii);
- *Vox populi, vox stultorum* (lat., „Vocea poporului este vocea proştilor" – afirmaţia se bazează pe incompetenţa majorităţii);
- *Vulpes pilum mutat, non mores* (lat., „Vulpea îşi schimbă părul, nu şi obiceiurile").

III

Structura unui text științific

A redacta înseamnă a compune, a formula în scris, a scrie, a întocmi (un studiu, un act etc.). Redactarea unui text literar, științific, administrativ sau publicistic este un proces complex, care presupune o seamă de cunoștințe și abilități. Sunt texte întinse pe mai multe volume (*Comedia umană* a lui Balzac, de pildă), în timp ce altele ocupă doar o jumătate de pagină (teoria relativității descoperită de Einstein). Sunt autori care scriu ușor, „dintr-o suflare”, cum se spune, dar întâlnim autori de texte care trudesc din greu pe marginea manuscrisului. De exemplu, Eugen Barbu declara că a scris romanul *Groapa* în zece variante, în timp ce lui Sadoveanu i-a trebuit doar o săptămână pentru a scrie *Baltagul*, într-o singură variantă. Sunt apoi texte concepute în câteva minute, pentru pagina „fierbinte” a unui ziar, după cum avem lucrări la care autorii au lucrat o viață întreagă (bunăoară *Răscoala lui Horea* de David Prodan). Textele diferă și în privința stilului. Stilul științific este mai arid, datorită obiectivității sale. Depinde mult de personalitatea autorului textului științific dacă reușește să confere textului o lectură plăcută, agreabilă. Lucrările lingvistice ale lui Iorgu Iordan, de pildă, sunt plăcute la lectură, chiar dacă tratează probleme aride.

Un tânăr cercetător trebuie să știe câteva lucruri atunci când se implică într-o activitate de cercetare:

a) Tema aleasă pentru studiu trebuie să fie una la care să lucreze cu plăcere. „Alegând o temă care ne interesează deopotrivă pe noi și pe cititori, vom scrie interesant, sincer, cu entuziasm”, crede și Andra Șerbănescu (2001, p. 23).
b) Cercetarea trebuie să fie restrânsă la un domeniu precis. O lucrare precum *Revoluția română de la 1848* nu are, din start, șansa unei reușite, fiindcă despre acest eveniment s-au scris biblioteci întregi. Altceva este dacă ne vom intitula studiul *Participarea unor clujeni la Revoluția de la 1848, în lumina unor descoperiri recente de arhivă.*
c) Încadrarea în subiect, adecvarea conținutului la tema aleasă. Foarte multe texte, inclusiv științifice, nu corespund orizontului de așteptare al cititorului, în sensul că nu se respectă promisiunile din titlu.
d) Revizuirea textului. Se recomandă ca, după ce am finalizat o lucrare, să o lăsăm un timp „la dospit”, cum se spune, și să nu o publicăm imediat. La o nouă lectură, vom sesiza nenumărate greșeli, mai ales de exprimare, de punctuație, de logică etc. Dar această etapă nu trebuie să fie prea lungă, iar publicarea nu trebuie amânată *sine die*, pe motiv că lucrarea nu e perfectă. Niciodată o lucrare omenească nu va fi perfectă, deci nu trebuie să devenim victime ale unui perfecționism exagerat. Revizuirea poate însemna mutarea unui paragraf sau pasaj de la un capitol la altul, operație care se face extrem de simplu, cu ajutorul calculatorului. Corectura cea mai eficientă este cea făcută pe un text printat, căci inadvertențele, greșelile de orice natură devin astfel mult mai vizibile decât în textul manuscris. Revizia înseamnă și verificarea ortografiei, a punctuației, a reproducerii corecte a citatelor și notelor de subsol,

a întocmirii standardizate a indicelui, bibliografiei etc. Cu ocazia reviziei finale, putem verifica anumite informaţii, citate, traduceri, putem corecta cuvinte sau expresii etc.

Fie că trebuie să redactăm o lucrare pentru seminar, pentru un simpozion sau o conferinţă, pentru un examen de licenţă sau de doctorat, textul ştiinţific va cuprinde următoarele părţi:

1. Titlul

Acesta trebuie ales astfel încât să informeze cât mai exact şi mai complet asupra conţinutului lucrării respective.

> Deşi poate părea un simplu amănunt, alegerea titlului este o operaţie pe care cercetătorul o tratează cu maximă atenţie, deoarece partea cu cea mai mare circulaţie din lucrare este tocmai titlul. Dacă el nu atrage suficient atenţia sau nu reuşeşte să sugereze conţinutul şi domeniul de aplicare al lucrării, foarte puţini cititori se vor încumeta să o parcurgă (Florea, 1983, p. 113).

Am arătat cu alt prilej („Titlul jurnalistic", în *Stilistică şi mass-media. Aspecte ale experienţei jurnalistice*, Editura Excelsior, Cluj-Napoca, 1999, pp. 96-119) câteva dintre „secretele" titlului jurnalistic (uneori şi literar). Spre deosebire de acestea, titlul unei lucrări ştiinţifice presupune o seamă de restricţii şi exigenţe:

- să fie cât mai scurt, suprimând verbele *a fi*, *a avea*, *a obţine* etc. Titluri care încep cu formulări specifice anilor '50 au ieşit de mult din uz: *Cu privire la...*, *Câteva observaţii asupra...*, *În legătură cu...* etc.;
- să informeze cât mai exact asupra conţinutului lucrării, într-o manieră cât mai clară posibil, fără ambiguităţi, care ar putea genera confuzii;

– să includă un cuvânt-cheie, pentru ca, pe baza acestuia, titlul să poată fi corect prelucrat în diverse baze de date. În 1999, am publicat studiul *Memorialistica de război în literatura română*. Cuvântul-cheie este aici *memorialistică*, cu ajutorul căruia acest studiu ar putea intra într-o bază de date privind istoria memorialisticii româneşti;
– să precizeze – eventual, printr-un subtitlu – limitele (în timp şi spaţiu) ale cercetării, publicul-ţintă etc. *Istoria presei româneşti din Transilvania*, de Mircea Popa şi Valentin Taşcu, poartă subtitlul *De la începuturi până în 1918*. În 1982, Iorgu Iordan a publicat un volum intitulat *Istoria limbii române*, cu subtitlul: *Pe-nţelesul tuturor*. E vorba aici şi despre onestitatea şi corectitudinea cercetătorului, care nu trebuie să promită în titlu mai mult decât oferă prin cercetarea sa. În caz contrar, poate apărea sancţiunea lumii ştiinţifice, ca în următorul exemplu:

> Ne referim înainte de toate la modesta schiţă a unui proiect de cercetare intitulată *pompos* [subl. n.] *Istoria presei* de către autorul ei, Iulian Negrilă (Editura Multimedia, 1997, 125 p.) (Popa, Taşcu, 2003, p. 5).

Observaţii

Magdalena Vulpe atrage atenţia asupra rolului articolului hotărât în formularea titlurilor, care ar sugera tratarea exhaustivă, monografică a unei probleme, ceea ce nu se întâmplă întotdeauna. Autoarea recomandă *Tendinţe actuale în*... (nu *tendinţele*), deşi o lucrare foarte cunoscută a lui Al. Graur se intitulează *Tendinţele actuale ale limbii române* (1966). Dar poate aceasta este o excepţie care întăreşte regula, dată fiind personalitatea lui Al. Graur! Sunt alte titluri care folosesc substantivul nearticulat (Iorgu Iordan, *Dicţionar al numelor de familie româneşti*) sau articulat cu articol nehotărât (Victor Vişinescu, *O istorie a presei româneşti*, 2000; Ion Rotaru, *O istorie a literaturii române* etc.). Totuşi, în cazul folosirii unor titluri metaforice, criptice, subtitlul va oferi informaţii în privinţa conţinutului cărţii (Aurora Liiceanu, *Valurile, smintelile, păcatele. Psihologiile românilor de azi*). Septimiu Chelcea aminteşte lucrarea lui Desmond Morris *Maimuţa goală* (1967), un studiu ştiinţific de etologie umană.

– după finalizarea lucrării, e bine să verificăm în ce măsură titlul mai corespunde cu rezultatele cercetării noastre. De multe ori, cercetarea a cunoscut direcţii noi, nebănuite la început. De exemplu, i-am propus unei studente să scrie o lucrare despre literatura închisorilor. Dându-şi seama că domeniul este prea cuprinzător, iar timpul de cercetare prea scurt, ea şi-a restrâns studiul la literatura închisorilor comuniste.

2. Numele autorului

Acest aspect comportă şi el câteva reguli:

– trebuie scris imediat după titlu – de obicei, lateral-dreapta (dacă e vorba despre o comunicare, un referat, un studiu). Menţionarea gradului didactic sau ştiinţific, a instituţiei unde activează autorul rămâne la alegerea redactorului publicaţiei respective;
– când numele nostru coincide cu al unei personalităţi consacrate deja, e nevoie de o marcă de diferenţiere. Astfel, într-o revistă din Bacău publică frecvent un autor care semnează „Marin Preda”. Desigur, este un gest de sacrilegiu la adresa marelui scriitor.

Observaţii

În privinţa alegerii numelui cu care ne semnăm lucrările ştiinţifice, se mai impun câteva precizări. Unii autori semnează doar cu iniţiala prenumelui, urmată de numele de familie: D. Caracostea, G. Călinescu, S. Damian, B. Elvin, Z. Ornea. Uneori, urmează şi iniţiala prenumelui tatălui: P.P. Carp. I.G. Duca, P.P. Negulescu, M.N. Rusu. Mulţi clujeni, după exemplul lui D.D. Roşca, au folosit acelaşi procedeu: D.D. Draşoveanu, G. Gruiţă, G.G. Neamţu, C. Milaş, F. Edelstein ş.a. În acest caz, e vorba despre vocaţia *esenţei*, de care sunt stăpâniţi aceşti autori, de dorinţa înlăturării a ceea ce ar putea prisosi în prenumele lor! Alţi autori au două nume de botez: Miron Radu Paraschivescu, Ion Maxim Danciu, Ioan-Aurel Pop (legate sau nu prin cratimă). În asemenea situaţii, primul prenume poate reprezenta numele persoanei respective, iar al doilea numele tatălui acesteia sau ambele pot fi prenume ale persoanei.

Multe persoane feminine îşi păstrează la căsătorie şi vechiul nume: Iuliana Marciuc Posea, Gabriela Pană-Dindelegan, Valeria Guţu Romalo (procedeu întâlnit mai frecvent în Banat, nelipsit de anumite conotaţii psihologice). Cred că regula ar cere ca între cele două nume de familie să se pună o cratimă, aşa cum procedează Tatiana Slama-Cazacu, Doina Bogdan- Dascălu sau Iosif Cheie-Pantea. (Cratima este obligatorie în cazul ataşării numelui localităţii natale – I. Dumitru-Snagov, Octav Pancu-Iaşi, Ştefan Mihăilescu-Brăila, Ilie Radu-Nandra sau a unei porecle – Grigore Vasiliu-Birlic.)

Mulţi autori – americani, mai ales – folosesc în componenţa numelui şi iniţiala celui de-al doilea prenume: Rebecca B. Rubin, Alan M. Rubin, Linda J. Piele, James A.W. Heffernan, John E. Lincoln ş.a. Procedeul poate fi întâlnit şi în cultura românească actuală: Constantin C. Giurescu, Radu G. Ţeposu, Radu F. Alexandru, Dumitru M. Ion, Aug. Z.N. Pop, Dragoş

C. Popa, cu mențiunea că, în acest caz, inițiala desemnează, așa cum spuneam, inițiala prenumelui tatălui (e vorba aici și despre o chestiune de mentalitate, care ar merita discutată mai pe larg). Dar moda americană se extinde și la noi: Șerban C. Andronescu, *Tehnica scrierii academice* (1997).

În cazul cărților – mai precis, al unor ediții, culegeri, antologii –, se pune problema dacă numele editorului trebuie trecut pe coperta cărții sau doar pe pagina de titlu. Dau ca exemplu un caz personal: în 2003, am publicat la Editura Dacia volumul Geo Bogza, *Rânduri către tineri scriitori ardeleni*, în care am inclus toate scrisorile și telegramele expediate de Geo Bogza unor tineri autori din Ardeal: Teofil Răchițeanu, Ilie Rad și Viorel Mureșan. Pe pagina de titlu am precizat: „O carte gândită și realizată de Ilie Rad". E clar că, dacă eu nu aveam ideea strângerii scrisorilor, cartea nu ar fi existat. Deci ar fi fost perfect justificat ca pe copertă să se scrie: Ilie Rad, *Scrisori de la Geo Bogza*. Un alt caz. Cu ajutorul unor colegi din țară, Mihai Coman a publicat două volume din *Manualul de jurnalism*, el apărând pe copertă în calitate de coordonator. Opțiunea mi se pare perfect justificată. La fel au procedat și Mircea Zaciu, Marian Papahagi și Aurel Sasu, care și-au trecut numele pe *Dicționarul scriitorilor români*, în calitate de coordonatori. Cu altă ocazie, Mircea Zaciu a conceput și a editat (la centenarul prozatorilor Ion Agârbiceanu și Liviu Rebreanu) volumele colective de studii *Ceasuri de seară cu Ion Agârbiceanu* (1982), respectiv *Liviu Rebreanu după un veac* (1985), dar, în cazul ambelor volume, numele său a fost trecut doar pe pagina de titlu. Cred că e vorba aici despre o modestie exagerată, care nu se regăsește în spațiul altor culturi.

3. Introducerea (prefaţa)

Aceasta are scopul de a pregăti cititorul în vederea lecturii. În introducere se vor menţiona:

- motivaţia alegerii temei respective, care poate fi extrem de diversă. Lucrarea de faţă a luat fiinţă, aşa cum am arătat în prefaţă, din raţiuni didactice: nevoia de a-i obişnui pe studenţi cu rigorile textului ştiinţific. Alegându-şi pentru lucrarea de licenţă tema *Memorialistica oamenilor politici*, o studentă şi-a motivat opţiunea prin faptul că părinţii ei sunt profesori de istorie, iar ea a crescut cu un mare interes pentru cartea de istorie în general. A adăugat şi faptul că nimeni nu a tratat până în prezent, într-un studiu coerent, acest tip de memorii (numai după 1989 avem o bogată literatură de profil, dacă ne gândim la cărţile de memorii scrise de Petre Roman, Gabriel Ţepelea, Emil Constantinescu, Ion Iliescu, Alexandru Paleologu, Ion Diaconescu, pentru a nu mai vorbi despre culegerile de interviuri cu mari oameni politici (convorbirile lui Mircea Ciobanu cu regele Mihai, ale lui Vartan Arachelian cu liderul ţărănist Corneliu Coposu etc.). Altă studentă şi-a ales tema *Scrisori de la Constantin Noica*. Ea şi-a motivat alegerea prin faptul că este o mare admiratoare a filosofului de la Păltiniş, dar şi a genului epistolar în general (ceea ce m-a surprins puţin, recunosc, fiindcă tinerii de azi nu mai au obiceiul de a scrie scrisori, ci mai mult e-mailuri!). Referindu-se la acest aspect, Magdalena Vulpe amintea de un citat din introducerea lui Sextil Puşcariu la capodopera sa, *Limba română. Privire generală*:

> Omul de ştiinţă nu trădează bucuros dorinţele care l-au ispitit şi îndoielile care l-au neliniştit la zămislirea unei opere. De aceea,

prezentându-şi cartea cetitorului, ţine să-l lămurească, de obicei, numai asupra ţelurilor urmate şi a metodei întrebuinţate. Totuşi, oricât ar căuta un autor să păstreze o obiectivitate absolută, ceva din sufletul lui străbate totdeauna opera de la un cap la altul (*apud* Vulpe, 2002, p. 174);

- importanţa şi actualitatea problemei cercetate. Prin 1995, răsfoind presa clujeană interbelică, am descoperit în ziarul *Patria*, care apăruse, în perioada interbelică la Cluj, mai multe articole semnate de Corneliu Coposu. Am sugerat unei studente să facă o antologie din aceste articole, care pe atunci erau extrem de actuale, fiindcă liderul ţărănist era considerat „preşedintele moral" al tuturor românilor, articolele publicistice aducând la lumină dovezi ale consecvenţei convingerilor sale democratice. Aşadar, acţiunea editorială era nu numai importantă, ci şi de o mare actualitate;
- stadiul la care a ajuns cercetarea în domeniul respectiv. Anumite teme nu s-au bucurat de o cercetare exhaustivă din diverse motive. Când am elaborat monografia mea consacrată lui Aron Pumnul, am menţionat în prefaţă studiile care s-au scris despre marele dascăl al lui Eminescu de la Cernăuţi, arătând cauzele pentru care acest învăţat român nu are încă o monografie pe măsură. Eu trebuia să duc mai departe cercetările făcute deja de I.G. Sbiera, Constantin Loghin, Petru Rezuş ş.a. Am examinat aceste contribuţii la modul critic, arătând limitele fiecăreia (impuse de stadiul în care se găsea cercetarea filologică la momentul respectiv, de imposibilitatea de a consulta anumite arhive (precum cele de la Viena, Cernăuţi etc.). Această examinare critică trebuie făcută în mod obiectiv, cu tot respectul cuvenit înaintaşilor noştri în cercetarea temei amintite;

- metodele principale de cercetare diferă de la un subiect la altul şi de la un domeniu la altul. Sociologia poate lucra cu metode cantitative şi calitative, critica şi istoria literară având alte metode (textualiste, structuraliste etc.);
- eventualele dificultăţi (de informare, de documentare etc.). O cercetare se poate izbi de anumite dificultăţi, care trebuie menţionate în prefaţă – eventual, pentru a răspunde cu anticipaţie unor posibile critici. Dacă cineva ar dori să scrie un studiu despre revistele editate în timpul războiului pentru soldaţii de pe front, o primă dificultate ar fi lipsa acestor publicaţii din colecţiile bibliotecilor publice. Alteori, fondurile unor biblioteci sau arhive sunt în reorganizare, împiedicând accesul cercetătorilor la ele. Dar se pot ivi şi alte dificultăţi, legate de cenzură, obtuzitatea unor funcţionari etc.;
- clarificările terminologice. Uneori, este nevoie să precizăm sensul pe care îl atribuim unor cuvinte mono- sau polisemantice;
- perspectivele deschise de cercetarea în cauză. În prefaţa la primul *Dicţionar de scriitori români* (1978), profesorul Mircea Zaciu arăta că acesta este „cea dintâi «etapă» autonomă, pe traseul ce ne-am propus către realizarea dicţionarului-tezaur" (p. 6). E adevărat că multe dintre promisiunile ştiinţifice anunţate în prefeţe nu au fost realizate, din diverse motive.

Observaţie

Unii autori îşi încheie introducerea sau prefaţa cu un citat, având rolul de a capta atenţia şi bunăvoinţa cititorului. Prefaţa cărţii mele consacrate lui Aron Pumnul se termină cu următoarele cuvinte, extrase din *Pravila* lui Vasile Lupu: „Să nu se uite că au scris mână de lut, supusă greşelii!". Acest procedeu îl întâlnim şi în unele opere literare. Celebrele *Poveşti* ale lui Ion Creangă au următoarea „Prefaţă la poveştile mele":

Iubite cetitoriu,

Multe prostii ăi fi cetit, de când ești. Cetește, rogu-te, și ceste și, unde-i vedé că nu-ți vin la socoteală, ié pana în mână și dă și tu altceva mai bun la ivală, căci eu atâta m-am priceput și atâta am făcut.

Autoriul

4. Cuprinsul (conținutul)

Constituie partea cea mai importantă a unei lucrări științifice. Fiind secvența cea mai amplă, tratarea trebuie să fie bine structurată, astfel încât să evidențieze cât mai bine contribuția originală a autorului la cercetarea respectivă. Subdiviziunile acestei părți pot avea dimensiuni diferite, de la un paragraf la un capitol. Ideile fiecărei subdiviziuni trebuie bine înlănțuite. Un lucru important de care trebuie să ținem seama este acela de a nu ne pierde în detalii nesemnificative, ce ar putea abate atenția cititorului de la subiectul principal al lucrării. Eventualele informații secundare pot fi plasate în notele de subsol, peste care un cititor mai puțin interesat de subiect poate trece cu ușurință.

Monografia mea consacrată lui Aron Pumnul are în cuprins 23 de capitole: „I. Nașterea, copilăria și primii ani de școală (1832-1836)", „II. Elev la Gimnaziul din Blaj (1835-1840), apoi la Liceul Episcopal de aici (1840-1841)", „III. La Liceul Piariștilor din Cluj (1841-1842)", „IV. Student la Universitatea din Viena (1842-1846)" etc. Se înțelege că dimensiunile cuprinsului depind de dimensiunile lucrării în ansamblu.

5. Concluziile (încheierea)

Reprezintă partea finală a lucrării, cu rolul de a sintetiza ideile autorului şi de a le fixa în memoria cititorului. Aici se reiau concluziile din cuprinsul cărţii. De asemenea, în capitolul de concluzii se pot arăta deschiderile oferite pentru cercetări viitoare (aceste perspective pot fi precizate şi în prefaţa lucrării). După ce am terminat monografia despre Aron Pumnul, am menţionat că intenţionez să public un volum cu toate scrisorile păstrate de la acest mare cărturar, precum şi cu unele studii de lingvistică rămase risipite prin reviste.

6. Lista siglelor şi abrevierilor

Ea poate fi poziţionată şi la începutul lucrării, imediat după prefaţă. Practica demonstrează că e mai util să fie plasată la început, pentru ca lectorul să se poată familiariza mai repede cu siglele şi abrevierile folosite.

7. Bibliografia

Se întocmeşte în mod obligatoriu la redactarea unei lucrări ştiinţifice, aplicându-se toate regulile stabilite în acest sens (pentru modul în care va fi redactată bibliografia, a se vedea capitolul VII).

8. Materialul ilustrativ

Acesta nu trebuie să depăşească suprafaţa unei pagini pe care se tipăreşte lucrarea, fiindcă e greu de presupus că toţi cititorii vor avea timp pentru plierea sau deplierea planşelor, a hărţilor etc. Având în vedere uriaşele posibilităţi tehnice oferite de utilizarea calculatorului, se recomandă ca materialul ilustrativ să fie încorporat chiar în textul pe care trebuie să-l ilustreze, astfel încât cititorul să poată face rapid conexiunile necesare între text şi imagine.

9. Lista ilustraţiilor

În cazul în care reproducerea unei ilustraţii nu permite şi explicaţiile necesare, acestea se vor reda la final. Repet, tehnicile moderne de editare permit ca sub fiecare ilustraţie să apară explicaţiile necesare, ceea ce contribuie la cursivitatea lecturii.

10. Rezumatul

Are scopul de a informa cititorul, foarte pe scurt, asupra conţinutului lucrării, precum şi asupra concluziilor la care s-a ajuns. Ca putere de circulaţie, rezumatul se situează între titlu şi articolul propriu-zis, în sensul că este reprodus în planuri editoriale, în reviste cu referate, fişe sau alte forme de semnalare. Cum rezumatul apare de cele mai multe ori în limbi străine, se înţelege că el este foarte răspândit. De multe ori, rezumatul apare publicat şi independent, ceea ce trebuie să ne facă şi mai atenţi la redactarea lui. Pe vremea maşinilor de scris, se cerea ca un rezumat să aibă cinci-şase rânduri. După apariţia calculatorului şi a diverselor programe de editare, se cere ca un rezumat să conţină 100-200 de cuvinte. Pentru ca o lucrare să fie acceptată la o conferinţă internaţională, trebuie trimis înainte un rezumat al acesteia (aşa-numitul *abstract*). Se poate întâmpla ca rezumatul să fie util şi unui cititor grăbit, care îşi poate face o idee despre conţinutul articolului respectiv. În revista *Ephemerides* (nr. 1, 1996, p. 87), editată de Secţia de Jurnalism a Facultăţii de Ştiinţe Politice, Administrative şi ale Comunicării, Emil Boc a publicat studiul *Libertatea de exprimare şi calomnia prin presă*, studiu care a fost precedat de următorul *abstract*:

> *The article is focused on the relations between the freedom of expression and the libel through the media on comparative perspective. The analysis is taking in consideration the European and American standards on freedom of expression, especially concerning libel for public officials and public figures.*
> *Also, the analysis is concentrated on Romanian constitutional (the Romanian Constitution from 1923 and 1991) and legal provision (Penal Code) concerning the freedom of expression.*

Observaţie

Dacă este vorba despre un studiu, articol, comunicare etc., rezumatul este amplasat înaintea articolului, imediat după titlu şi numele autorului. Dacă este vorba despre o carte, rezumatul este poziţionat la sfârşitul cărţii. Multe cărţi au rezumate în mai multe limbi de circulaţie internaţională.

11. Indicele de nume, de persoane etc.

Pentru importanța pe care o deține indicele într-o lucrare științifică, a se vedea capitolul VIII al prezentei lucrări, pp. 177-199.

12. Cuprinsul (tabla de materii, sumarul)

Reprezintă o listă cu toate părțile sau capitolele unei lucrări, cu precizarea paginii unde începe fiecare. În trecut, cărțile aveau cuprinsul poziționat la sfârșitul cărții. Acum, din rațiuni editoriale, cuprinsul se plasează la început, pentru ca acesta „să cadă" rapid sub ochii cititorului.

Cuprinsul poate indica titlurile părților și ale capitolelor, iar uneori chiar ale paragrafelor. Cărțile americane, mai ales, menționează și cele mai mici subdiviziuni.

În privința tehnoredactării cuprinsului, sunt și aici mai multe variante. Metoda clasică uzează de un șir de puncte între ultimul cuvânt al fiecărui capitol și pagina corespunzătoare.

> Este inestetic și școlăresc să se marcheze cu un șir de puncte corespondența dintre titlul capitolelor sau al subcapitolelor și numărul paginii unde se află în cuprinsul lucrării. În lucrările moderne, la „Cuprins" numărul paginilor se trece, în general, imediat după titlul unităților de text (capitole, subcapitole), la două spații albe după o linie oblică (Chelcea, 2007, p. 177).

În ciuda acestei recomandări, majoritatea editurilor de prestigiu (Polirom, Humanitas) continuă să folosească șirul de puncte!

În fine, o altă metodă este aceea a forşpanului, model luat din cinematografie, prin care titlurile capitolelor sunt centrate şi urmate imediat de numărul paginilor corespunzătoare.

Cuprins

Model de cuprins la o carte literară (fragment): Ilie Rad, De la Moscova la New York. Note de drum din Federaţia Rusă şi fragmente de jurnal american, *Editura Limes, Cluj-Napoca, 2005*

Cuprins

Un model de cuprins: O istorie a românilor. Studii critice, *Fundaţia Culturală Română, Centrul de Studii Transilvane, Cluj-Napoca, 1998*

13. Textele ocazionale

13.1. *Mottoul*

Este un citat scurt, în proză sau în versuri, însoţit de indicarea sursei (uneori, doar a autorului şi a anului). Mottoul va fi cules pe un format care nu va depăşi 1/3 din lungimea unui rând obişnuit de text al paginii; dacă acesta este mai lung, va fi cules pe un format egal cu 2/3 din dimensiunea menţionată. Mottoul poate fi utilizat la începutul cărţii, cum este cazul romanului *Baltagul*, care are ca motto un vers din *Mioriţa*: „Stăpâne, stăpâne,/ Mai cheamă ş-un câne". Alteori, fiecare capitol al unei cărţi poate fi precedat de un motto diferit. De pildă, toate capitolele cărţii mele *Stilistică şi mass-media* au câte un motto: capitolul despre punctuaţie, deviza lui Caragiale: „Punctuaţia, fraţilor, e gesticulaţia gândirii!"; cel despre ortografie, paradoxala afirmaţie a lingvistului D. Macrea: „Şi eu *sînt* pentru *sunt*!".

Mottoul se poate culege fie cu acelaşi caracter de literă ca textul principal, fie cu *italice*. De reţinut însă că litera folosită va fi cu un corp mai mic decât restul textului.

Şi mottoul are un mic alineat, în cazul în care e aşezat pe două sau mai multe rânduri, cu excepţia versurilor. În ceea ce priveşte locul acestuia în spaţiul tipografic al cărţii, dacă mottoul se leagă de întregul conţinut al cărţii, el se poate culege pe o pagină separată sau pe coperta interioară. Dacă se referă la un singur capitol, este amplasat imediat sub titlul capitolului, respectându-se regulile de mai sus.

De reţinut că *motto* se scrie, conform normelor stabilite de *DOOM* (ediţia a III-a), cu dublu *t*.

13.2. *Dedicaţia*

Este un text de mici dimensiuni, prin care autorul dedică opera sa unei persoane, personalităţi, colectivităţi, instituţii etc. Prima parte a *Amintirilor din copilărie* de Ion Creangă conţine următoarea precizare: „Dedicaţie d-şoarei L.M." (iniţialele reprezentând-o pe fiica lui Titu Maiorescu, Livia Maiorescu). Liviu Rebreanu şi-a dedicat principalele romane soţiei sale, Fanny. Iorgu Iordan a dedicat volumul al treilea al *Memoriilor* sale

Ecaterinei Oproiu, „pentru strălucitul ei talent literar", iar profesorul G. Gruiţă şi-a dedicat cunoscuta *Gramatică normativă* soţiei: „În amintirea soţiei mele, MARIANA GRUIŢĂ (născută VASU), lector universitar, doctor în filologie (1948-1987)". Mircea Muthu a inclus în volumul *Literatura română şi sud-estul european* următoarea dedicaţie: „Părinţilor mei, alunecaţi în uitare". Eu mi-am dedicat cartea *Memorialistica de război în literatura română* unui destinatar necunoscut: „Eroilor ştiuţi şi neştiuţi, care au murit pe câmpurile de bătaie". Dar nu numai cărţile au astfel de dedicaţii, ci şi poeziile. În orice caz, s-ar putea scrie un studiu de mentalitate plecând de la analiza unor dedicaţii.

14. Jalonarea textului

Prin termenul *jalonare*, propus de Magdalena Vulpe, se înţelege numerotarea diviziunilor textuale (capitole, subcapitole, paragrafe etc.), prin folosirea unor combinaţii progresive de cifre arabe. Procedeul a fost folosit mai întâi în lucrările de lingvistică din anii '60, generalizându-se apoi şi la alte categorii de texte ştiinţifice.

Capitolul unei lucrări este numerotat cu o cifră, urmată de punct şi de titlul său (opţional).

În unele lucrări se folosesc cifre latine pentru numerotarea capitolelor, în cadrul fiecărui capitol numerotarea paragrafelor făcându-se cu cifre arabe, începând cu 1. Alte lucrări notează capitolele tot cu cifre arabe, numărul respectiv repetându-se la toate subdiviziunile.

> **1. 2.** Motivant şi "definiens". Rămînînd la aceeaşi comparaţie, mai constatăm: a) în cazul *Opt, Imper, Prez,* motivantul, un fapt de conţinut, este identic cu "definiens"-ul; b) pentru întregul *Cv* se dă ca "definiens" *Psb* şi nu motivantul, între *conjungere* şi *Psb* neexistînd nici o legătură.
>
> **1. 3.** Se pune adică problema *conţinutului Cv*. Considerînd *Psb* ca ipoteză, o vom căuta confruntînd *Cv*-ul cu celelalte moduri personale.
>
> **1. 3. 1.** *Cv vs Opt, Imper, Prez*. Ipotetica *Psb* a *Cv*-ului nu intră în opoziţie, în *coordonare logică,* cu conţinutul celorlalte moduri. Semnificative în acest sens sînt denumirile "speciilor" lui *Cv2, Cv imperativ, Cv hortativ, Cv deliberativ* ş. c. l., termenul al doilea din denumirile respective excluzînd *Psb* din conţinutul lui *Cv 2,* considerat acesta ca un întreg, ca "gen", opus celorlalte moduri.

Un text de lingvistică, jalonat până la nivelul fiecărui paragraf. Împreună cu simbolurile folosite, pagina tinde spre o esenţializare absolută (D.D. Draşoveanu, 1997, p. 168)

Să presupunem că avem de întocmit o lucrare despre memorialistica oamenilor politici. La capitolul VII vorbim despre memorialistica oamenilor politici postdecembrişti. Numărul 1 va marca pasajul (subcapitolul) despre memoriile lui Petre Roman, 2 despre cele semnate de Emil Constantinescu, 3 despre amintirile lui Ion Diaconescu etc. Secţiunile fiecărui subcapitol vor purta mărcile respective: 1.1, 1.2, 1.3 etc. Iată un exemplu:

> 1. Memoriile lui Petre Roman
>   1.1. Tematica volumului
>   1.2. Virtuţi stilistice
>   1.3. Inadvertenţe istorice
>   1.4. Caracterul polemic al memoriilor
>   1.5. Importanţa istorică şi literară

Capitolul următor poate avea o structură asemănătoare:

2. Memoriile lui Emil Constantinescu
    2.1. Din culisele Palatului Cotroceni
    2.2. Război cu foştii prieteni
    2.3. Război cu foştii adversari
    2.4. Între parodie şi pamflet
    2.5. Arc peste timp etc.

Unele lucrări introduc în sistemul de jalonare şi cifra atribuită capitolului respectiv, fie ea arabă sau romană. De pildă, subcapitolul „Memoriile lui Petre Roman" din capitolul 7 al lucrării ar fi jalonat astfel:

7.1. Memoriile lui Petre Roman
    7.1.1. Tematica volumului
    7.1.2. Virtuţi stilistice
    7.1.3. Inadvertenţe istorice
    7.1.4. Caracterul polemic al memoriilor
    7.1.5. Importanţa istorică şi literară

Introducerea cifrei respective mi se pare inutilă.

Această jalonare, repetată şi în tabla de materii, dă seama de conţinutul lucrării respective, ajutându-l pe cititor să se orienteze rapid şi să găsească uşor părţile care îl interesează.

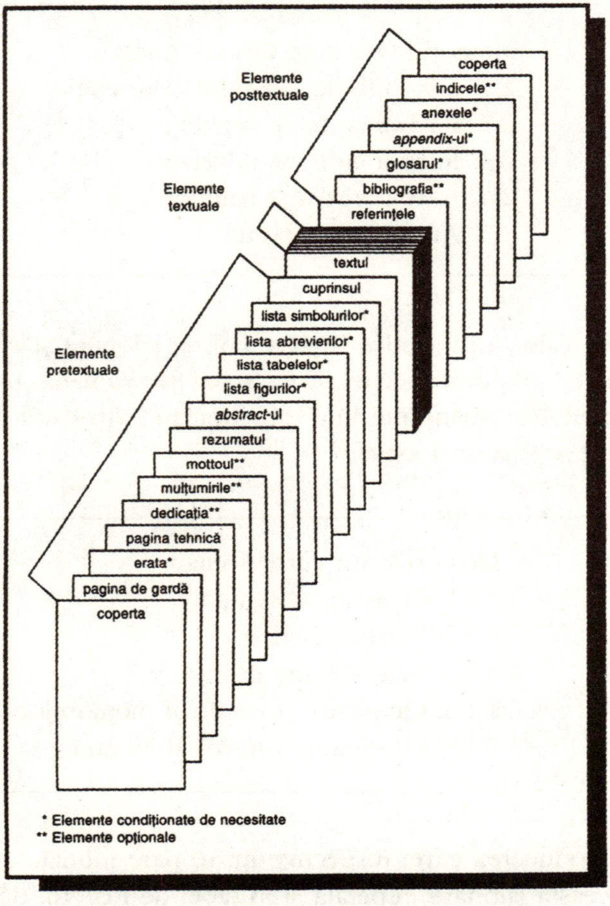

O posibilă structură a unei lucrări științifice
(apud *Chelcea, 2007, p. 177)*

Bibliografie specială

Florea, Cornel, 1983, *Ce cercetăm, cum cercetăm*, Editura Științifică și Enciclopedică, București.

Șerbănescu, Andra, 2001, *Cum se scrie un text*, Polirom, Iași.

IV

Speciile textului științific

Fiecare dintre cele patru stiluri publicistice și-a cristalizat specii proprii. Astfel, în cazul stilului beletristic, vorbim despre *sonet, rondel, odă, roman, schiță, povestire, nuvelă, dramă* etc. Stilului administrativ îi sunt specifice *petiția, cererea, procesul-verbal, CV-ul, scrisoarea de intenție, scrisoarea de recomandare*, după cum stilul publicistic are următoarele specii: *știrea, interviul, ancheta, reportajul, editorialul* etc. Este normal ca stilul științific să fi impus și el câteva specii proprii: *nota, articolul, eseul, studiul, prolegomena, tratatul, compendiul* etc. Să vedem în continuare cum delimităm aceste specii ale stilului științific, folosind definițiile propuse în *DEX*.

Așa cum se știe, ori de câte ori operăm cu o clasificare, trebuie să ne stabilim criteriile specifice.

În opinia Danielei Rovența-Frumușani, în cazul discursului științific vom distinge: a) *discursul didactic* (specific manualelor școlare, cursurilor universitare etc.); b) *discursul de vulgarizare*, în care cele mai noi cuceriri științifice dintr-un domeniu sunt transmise într-un limbaj cât mai accesibil, pentru o largă categorie de cititori; c) *discursul specializat*, adresat exclusiv unui cerc restrâns de specialiști.

Discursul didactic și cel de vulgarizare presupun un receptor *outsider*, căruia i se inculcă sau transmite un corpus de cunoștințe,

> în timp ce discursul specializat implică un partener *insider*, deţinător al aceluiaşi *background knowledge*, ce se cere dezvoltat sau reexaminat. (Rovenţa-Frumuşani, 1995, p. 32)

Clasificarea speciilor stilului ştiinţific se face, în cele ce urmează, ţinând seama de dimensiunea textului. Criteriul acesta este destul de vag, fiindcă, se ştie, nu dimensiunile unei lucrări ştiinţifice impun specificul ei. Teoria relativităţii a lui Einstein încape pe o jumătate de pagină, în timp ce alte contribuţii pot însuma mii de pagini. O altă precizare care se impune este că graniţele dintre aceste specii sunt destul de flexibile, ca şi în cazul genurilor literare, de exemplu, despre care G. Călinescu scria că sunt pure doar la analiza din retortă („Clasicism-Romantism sînt două tipuri ideale, inexistente practic în stare genuină, reperabile numai la analiza în retortă" – Călinescu, 1965, p. 16).

1. Nota

Este o „însemnare, înregistrare în scris a unei observaţii referitoare la o anumită chestiune; text scris care conţine o scurtă însemnare, un comentariu" (*DEX*). Să reţinem că nota este concentrată asupra discutării unei chestiuni punctuale, de amănunt. Deseori, notele aduc anumite îndreptări, corecţii, puneri la punct în chestiuni foarte precise. După cum spunea Magdalena Vulpe (2002),

> în cazul notei, accentul cade pe noutatea informaţiei aduse, indiferent dacă această noutate constă în prezentarea unui material necunoscut sau (mai rar) într-o interpretare proprie a unor date cunoscute. O notă ştiinţifică poate, de asemenea, să suplimenteze informaţia existentă într-o lucrare anterioară datorată aceluiaşi autor sau altcuiva (pp. 23-24).

În sensul acestor precizări, pot fi considerate note, de exemplu, comentariile lui Stelian Dumistrăcel (2001) la diverse expresii româneşti sau ale lui G.I. Tohăneanu (1995).

O specie asemănătoare *notei* este *glosa* („comentariu sau notă explicativă făcută pe marginea unui text", *cf.* Barbu Lăzăreanu, 1958; Zaciu, 1970).

Deşi are dimensiuni mici (una-trei pagini), o *notă* nu este uşor de realizat, ea presupunând cunoştinţe temeinice din domeniul respectiv. În revistele literare mai ales, rubrica *Note de lectură* poate cuprinde recenzii la diferite cărţi, semnate de critici profesionişti.

2. Recenzia

Este „prezentarea succintă (la apariţie) a unei opere literare sau ştiinţifice, cu comentarii şi aprecieri critice" (*DEX*, *s.v. recenzie*). Majoritatea revistelor ştiinţifice au pagini dedicate recenziilor, în care se prezintă, de obicei, cărţile din domeniul căruia îi aparţine publicaţia respectivă. Spre deosebire de o recenzie literară, unde intervine problema gustului, recenzia la o carte ştiinţifică trebuie să fie cât mai obiectivă posibil. Nu există o reţetă generală pentru redactarea unei recenzii, pe considerentul că aproape fiecare carte este un unicat. Totuşi, pot fi date câteva repere.

Astfel, dacă autorul este debutant sau mai puţin cunoscut, se pot oferi la început câteva informaţii despre acesta (locul de muncă, studii, alte cărţi publicate); descrierea bibliografică, adică prezentarea fişei cărţii, cu toate datele de pe pagina de titlu (subtitlu, prefaţă, postfaţă, editură, localitate, an etc.); prezentarea conţinutului cărţii, mai lungă sau mai scurtă, în funcţie de spaţiul avut la dispoziţie; aprecierile critice, adică relevarea punctelor „tari" şi „slabe" ale cărţii, originalitatea lucrării în biografia autorului sau în bibliografia domeniului etc. Se înţelege că, pentru a putea sublinia, de exemplu, originalitatea cărţii prezentate, autorul recenziei trebuie să fie el însuşi un specialist în domeniul respectiv.

3. Referatul

Este o „expunere succintă asupra unui subiect ştiinţific sau literar, bazată pe informaţia bibliografică" (Vulpe, 2002, p. 49). Referatul este una dintre cele mai „compromise" specii ale stilului ştiinţific, la această situaţie contribuind inclusiv şcoala. Într-un articol din *România literară*, academicianul Solomon Marcus (2002) a sesizat foarte bine acest aspect:

> Devenit pionier şi apoi utecist, el [elevul, n.n.] a fost stimulat să colaboreze la revista şcolii sau la alte publicaţii locale, să prezinte „comunicări" la diferite sesiuni organizate după principiile întrecerii socialiste. Dacă nu-i trecea prin cap ceva, el găsea, cu ajutorul celor apropiaţi, cărţi, reviste sau almanahuri, din care prelua pasaje mai mici sau mai mari, închegând astfel un „articol". De cele mai multe ori, nimeni nu i-a spus că, în această situaţie, este obligatoriu să se indice cu scrupulozitate sursele folosite. În mod frecvent, texte de acest fel nici măcar nu sunt însoţite de o bibliografie. Ideea că aşezarea sub un text a numelui tău te obligă să delimitezi ceea ce îţi aparţine de ceea ce este preluat de la alţii a rămas străină multor elevi şi chiar multor studenţi ajunşi în faza pregătirii lucrării de diplomă (p. 3).

Din păcate, practica respectivă este azi aproape generalizată, graţie internetului. Există un site, www.referate.ro, unde sunt postate astfel de referate din orice domeniu. Practica „sesiunilor de referate şi comunicări" a continuat şi după

Revoluția din 1989, poate chiar cu mai mare amploare, fiind stimulată de ambiția școlilor de a ieși în evidență, prin organizarea unor asemenea manifestări.

4. Articolul

Este o lucrare de dimensiuni mai mari, având un pronunțat caracter de originalitate, care tratează o temă științifică bine stabilită. *DEX* definește articolul drept o „expunere scrisă (de proporții mai reduse) cu caracter publicistic, pe o temă politică, economică, științifică etc.". Întrucât această specie se regăsește mai frecvent în stilul publicistic (a se vedea definiția din *DEX*), noțiunea ca atare pare să-și piardă din prestigiu ca specie a stilului științific. De pildă, fostul lider comunist, Gheorghe Gheorghiu-Dej, a publicat un volum intitulat *Articole și cuvântări*. De obicei, articolele sunt intervenții personale referitoare la diferite probleme social-politice, culturale, dar și științifice propriu-zise. Dan Zamfirescu a publicat, în 1976, volumul *Studii și articole de literatura română veche*, ceea ce denotă apartenența (încă!) a speciei la stilul științific.

5. Studiul

Este foarte apropiat de articol, uneori confundându-se cu el. Spre deosebire de articol, implică abordarea științifică, nu publicistică a unei probleme. Studiul are în mod obligatoriu note și bibliografie, uneori și un rezumat într-o limbă de circulație internațională. Prefețele la numeroase lucrări științifice se numesc *studii introductive*. În general, studiile abordează monografic domeniul respectiv, dimensiunile unuia putând ajunge de la câteva zeci de pagini la câteva sute. Ele pot fi publicate în diferite forme:

a) lucrări independente, care pot avea mai multe volume: Mircea Popa, Valentin Taşcu, *Istoria presei româneşti din Transilvania de la începuturi până la 1918*, Editura Tritonic, Bucureşti, 2003; Mihai Coman, *Mass-media în România postcomunistă*, Polirom, Iaşi, 2003; D. Vatamaniuc, *Publicistica lui Eminescu. 1877-1883, 1888-1889*, Editura Minerva, Bucureşti, 1996;
b) în volume colective: Mircea Cărtărescu, „Despre nevoia de nesupunere", în *Cazul Eminescu. Polemici, atitudini, reacţii din presa anului 1998.* Antologie realizată de Cezar Paul-Bădescu, Editura Paralela 45, Piteşti, 1999, pp. 160-162;
c) în reviste de specialitate: Dănuţ Julean, „Internationalization: A Step Forward to the Development of Universities", în *Perspectives of Higher Education Reform*, vol. 12. Based upon the Thirteenth Annual Conference held in Timişoara, România, 10-13 November 2002. Edited by Russel J. Meyer. Published for The Alliance of Universities for Democracy through the American University in Bulgaria, Blagoevgrad, Bulgaria, October 2003, pp. 114-118; Ion Buzaşi, „Andrei Mureşanu evocat de Eminescu", în *Cultura creştină*, anul III, nr. 1, 1997, pp. 81-84;
d) ca studii introductive la diverse volume: Ilie Rad, „O introducere în sistemul mass-media". Studiu introductiv la volumul lui Pierre Sorlin, *Mass-media.* Traducere de Rodica Roxana Anghel şi Mihai-Eugen Avădanei. Prefaţă de Ilie Rad, Institutul European, Iaşi, 2002.

6. Prolegomena

Reprezintă „partea introductivă care precedă expunerea propriu-zisă într-o operă ştiinţifică; ansamblu de noţiuni preliminare aparţinând unui domeniu ştiinţific" (*DEX*, *s.v. prolegomene*). Termenul este livresc, fiind aproape ieşit din uz. În acest sens, amintim câteva titluri: Immanuel Kant, *Prolegomene la orice metafizică viitoare care se va putea înfăţişa drept ştiinţă*, traducere de Mircea Flonta şi Thomas Kleininger, studiu introductiv și note de Mircea Flonta, ediţia a II-a, revăzută și îmbunătăţită, Editura All, Bucureşti, 1996; *Prolégomènes à la philosophie de Platon*, texte établi par L.G. Westerink, traduit par J. Tronillard, avec la collaboration de A.Ph. Segonds, Paris, 1990.

7. Tratatul

Este o lucrare sintetică de mari dimensiuni, în care sunt abordate problemele fundamentale ale unei discipline. Aşadar, există un tratat privind istoria limbii române, a literaturii române etc. Și tratatele pot avea un colectiv de autori sau un singur autor. Iată câteva exemple de tratate cu un singur autor, chiar dacă în titlul acestora nu apare în mod explicit cuvântul *tratat*: G. Călinescu, *Istoria literaturii române de la origini până în prezent*, Fundaţia Regală pentru Literatură și Artă, Bucureşti, 1941; Iorgu Iordan, *Stilistica limbii române*, ediţie definitivă, Editura Ştiinţifică, Bucureşti, 1975; Aurel Iancu, *Tratat de economie*, vol. I: *Ştiinţa economică și interferenţele ei*, Editura Economică, Bucureşti, 1993. Iată și câteva exemple de lucrări colective: *Tratat de drept civil*, vol. I, Editura Academiei RSR, Bucureşti, 1967; *Tratat de lingvistică generală*. Colectivul de elaborare a lucrării: Nadia Anghelescu, I. Coja, C. Dominte ş.a. Redactori responsabili: Al. Graur, S. Stati şi Lucia Wald, Editura Academiei RSR, Bucureşti, 1971; *Tratat de medicină internă: hematologie*. Sub redacţia Radu Păun, Editura Medicală, Bucureşti, 1997.

În general, tratatele sunt lucrări sintetice. De cele mai multe ori, reprezintă opera unui colectiv de autori. Unele tratate, mai ales cele din domeniul ştiinţelor sociale, pot fi puternic marcate ideologic, în regimurile totalitare fiind supuse cenzurii şi presiunii factorilor politici. De exemplu, tratatul de istorie a României a avut până în prezent trei începuturi: un prim proiect a fost iniţiat în timpul „obsedantului deceniu", fiind coordonat de istoricul de tristă faimă, Mihail Roller, care a pus istoria românilor în strânsă conexiune cu cea a Uniunii Sovietice. Al doilea proiect a început în perioada lui Ceauşescu, autorii împotmolindu-se în problemele sensibile contemporane. În fine, după 1989, au apărut mai multe volume din *Istoria românilor*, unele fiind acuzate de plagiat.

8. Compendiul

Este „o expunere sintetică a unei lucrări, a unei discipline sau a unei concepţii" (*DEX*, *s.v. compendiu*). De obicei, compendiul este scris după redactarea unui tratat, dar pot exista şi excepţii: G. Călinescu, *Istoria literaturii române. Compendiu*, Editura Naţională Mecu SA, Bucureşti, 1945 (ediţia a II-a, 1968). Se vede clar că acest compendiu a fost scris după elaborarea monumentalei *Istorii...* din 1941. La fel stă situaţia şi în cazul lui Nicolae Iorga. După ce a publicat *Istoria literaturii române contemporane* (vol. I-II, București, 1934), a fost tipărită și *Istoria literaturii românești. Introducere sintetică* (editată și cu o postfață de M. Ungheanu, București, 1977). Fără să fi publicat un tratat de istorie a limbii române, Iorgu Iordan a scris în 1982 *Istoria limbii române (Pe-nțelesul tuturor)*.

9. Manualul

Este o lucrare ce include noțiunile de bază ale unei științe, ale unei arte sau ale unei îndeletniciri practice, scopul său explicit fiind unul didactic. De aici rezultă și câteva trăsături specifice unui manual:

- se adresează unui grup precis de cititori, delimitat pe criterii de vârstă (*Manual de istorie pentru clasa a VII-a*);
- limbajul folosit este unul de maximă accesibilitate. Deseori, unele manuale oferă liste în care sunt explicați termenii noi folosiți;
- sunt evitate problemele controversate, care își au locul în studii și articole de specialitate;
- după fiecare „lecție", sunt prezentate seturi de exerciții, menite să consolideze cunoștințele însușite.

Asemenea tratatelor, manualele pot fi supuse unor presiuni ideologice. De exemplu, manualele de istorie redactate în timpul regimului comunist au falsificat multe evenimente din istoria națională, prezentându-le deformat, în funcție de imperativele propagandistice ale regimului. După 1989, când a apărut posibilitatea unor manuale alternative, acestea au generat ample dezbateri și controverse în presa românească.

10. Eseul

Este un „studiu de proporţii restrânse asupra unor teme filosofice, literare sau ştiinţifice, compus cu mijloace originale, fără pretenţia de a epuiza problema" (*DEX*, *s.v. eseu*). Eseul se caracterizează printr-un grad ridicat de originalitate, prin lipsa aparatului critic etc. Multe dintre lucrările lui Alexandru Paleologu pot fi considerate eseuri (de exemplu, *Despre lucrurile cu adevărat importante*, Polirom, Iaşi, 1997). Există edituri care au iniţiat colecţii de eseuri, ca dovadă a răspândirii acestei specii în cultura contemporană.

Observaţii

Din când în când, în publicistica românească apar ample dezbateri legate de condiţia eseului, considerat deseori o specie „uşoară", care nu presupune erudiţie şi lucru în bibliotecă. G. Călinescu a criticat specia „eseului vagabond". Recent, Mircea Cărtărescu a publicat, în *LA&I* (anul VIII, nr. 30 [286], 1 septembrie 2003, p. 1), suplimentul de cultură al ziarului *Cotidianul*, editorialul „O cultură de eseişti", care a contrariat multă lume, deşi, în principiu, autorul avea dreptate atunci când deplângea primatul eseului în cultura română, comparativ cu tentaţia construcţiei durabile, monumentale. Cel mai pertinent ecou al tezei lui Cărtărescu l-a constituit articolul lui Dan C. Mihăilescu din aceeaşi publicaţie (anul VIII, nr. 38 [294], 27 octombrie 2003, p. 1), intitulat „Eseul şi elanurile normative". În acest editorial, Dan C. Mihăilescu, reluând o idee dintr-un articol mai vechi de-al său, publicat în revista *22* (nr. 26, 1-7 iulie 1997), propunea

> un deceniu al factologiei în lumea noastră culturală. Al răcelii constructive în locul nimicniciei febrile, dar talentate. Al acumulărilor pozitive, al pragmatismului şi strictei referenţialităţi. Zece

ani în care toate instituţiile de cultură să fie obligate să-şi redacteze marile şi micile instrumente de lucru, istoria Academiei şi *a universităţilor româneşti* [subl. n.], istoria radiodifuziunii, dicţionarul baroului românesc, istoria institutelor de cercetare, a uniunilor de creaţie, o istorie serioasă a ziaristicii, dicţionare de istorici, geografi, actori, regizori, muzicieni, o colecţie editorială cu toate cărţile dedicate Bucureştilor, o enciclopedie a teatrului..., mă rog, fiecare e liber să adauge alte şi alte exemple.

Sub influenţa limbii engleze, termenul *eseu* tinde să-l înlocuiască pe mult prea demodatul *compunere*. La şcoală, elevii nu mai scriu compuneri, ci... eseuri! Mai nou, ei fac *proiecte*!

În fine, să mai notăm o observaţie judicioasă a Magdalenei Vulpe (2002), care spunea că:

> nu tot ce e scris într-o formă liberă, greu de încadrat într-o specie literară sau într-un tip de scriere ştiinţifică, poate fi numit eseu. Eseul nu trebuie confundat – cu toată imprecizia actuală a termenului – cu pagina de jurnal, cugetarea sau poemul în proză (p. 31).

11. Comunicarea ştiinţifică

Este o variantă orală a unui articol sau studiu ştiinţific, ce se poate prezenta şi într-o formă prescurtată, dacă lectura integrală ar depăşi timpul alocat prezentării. În general, comunicările ştiinţifice au loc în cercuri restrânse de specialişti, care au un limbaj comun. De pildă, la o sesiune ştiinţifică dedicată profesorului D.D. Draşoveanu, dr. Eugen Beltechi, directorul Institutului de Lingvistică şi Istorie Literară „Sextil Puşcariu" din Cluj-Napoca, a prezentat o comunicare intitulată „D.D. şi CL". Toată lumea ştia că „D.D." însemna D.D. Draşoveanu, iar „CL" era sigla revistei *Cercetări de lingvistică*!

12. Prelegerea

Este un „curs, o lecție ținută într-o școală de grad superior". Ea poate fi varianta orală a unui studiu, având toate trăsăturile oralității. Să reținem că multe lucrări ale unor cadre didactice universitare au fost la origine cursuri universitare. Modul de prezentare a acestora diferă de la un conferențiar la altul. Prelegerile lui Blaga, de pildă, ținute la Universitatea din Cluj, erau, spun cei care le-au audiat, plictisitoare, fiindcă autorul își citea monoton lucrările deja publicate. Prelegerile altora (Nae Ionescu, spre exemplu) străluceau prin farmecul scânteietor, prin spontaneitate și teatralitate. Uneori, din diverse motive, autorii prelegerilor nu au apucat să și le publice, această responsabilitate revenindu-le unor discipoli. Celebra lucrare a lui Ferdinand de Saussure *Cours de linguistique générale* (Lausanne, Paris, 1916) a fost publicată de Charles Bally și Albert Sechehaye. Un curs despre Eminescu al regretatei Ioana Em. Petrescu a fost publicat ulterior de Ioana Both, pe baza însemnărilor de la curs: *Cursul Eminescu,* text stabilit de Ioana Both, Cluj-Napoca, 1991. Desigur, aici apare problema fidelității transcrierii textului rostit, despre care vom discuta cu alt prilej.

13. Teza de doctorat

Reprezintă lucrarea pe care cineva o prezintă unei comisii, în vederea obținerii titlului de doctor în specialitatea respectivă. Instituția doctoratului are o istorie foarte interesantă la noi. Ar merita scris un studiu despre evoluția acestei forme de pregătire științifică, evoluție care diferă de la o țară la alta și de la o epocă la alta. În perioada interbelică, dar și înainte, mulți savanți și cercetători români își susținuseră doctoratul în străinătate cu teze strălucite (Liviu Rusu, D.D. Roșca, Mihai Ralea, Nicolae Mărgineanu ș.a.). Pe măsură ce legăturile noastre cu Occidentul au devenit tot mai puține, această practică n-a mai putut fi continuată. Și la noi a fost introdus sistemul sovietic, cu toate consecințele de rigoare. A apărut *aspirantura*, care consta într-un „sistem de pregătire postuniversitară și academică a viitorilor candidați în științe". După aspirantură, se obținea titlul de „candidat în științe", care echivalează cu doctorandul de astăzi. La susținere, lucrarea de doctorat avea obligatoriu doi oponenți, care aveau (și au în continuare, în sistemul rusesc) rolul procurorilor dintr-un proces. Dacă argumentele acestora în favoarea respingerii tezei sunt de necombătut, teza poate fi într-adevăr amânată sau chiar respinsă. În România s-a renunțat la acest sistem, pe măsură ce s-a produs distanțarea de Uniunea Sovietică. În ultimii ani ai regimului comunist, și instituția doctoratului a avut de înfruntat rigorile cenzurii și ale regimului totalitar. Existau, de pildă, subiecte tabu, care nu puteau fi abordate (Bucovina, Basarabia, războaiele balcanice etc., dacă ne referim doar la domeniul istoric). Tot atunci, au existat și doctorate „cu ușile închise" (care nu erau publice). Regimul voia să aibă „în rezervă" lucrări cu care să poată contracara anumite idei și teze apărute în străinătate. Tot în anii dictaturii ceaușiste a apărut „indicația", pe fondul inventatei crize de hârtie, ca tezele de doctorat să nu depășească 200 de pagini, să fie scrise pe ambele părți ale colii de hârtie, ceea ce era un chin, date fiind posibilitățile de dactilografiere de atunci (cei care lucrează astăzi la calculator, cu ajutorul căruia pot fi făcute modificări de literă, format etc., pot cu greu să înțeleagă ce a însemnat pentru cercetători această „indicație prețioasă"!). Accesul la doctorat era strict supravegheat de partid, pentru înscriere fiind necesară aprobarea organizaţiei de bază şi a comitetului judeţean de partid. La susţinere, se obişnuia ca, pe lângă referatele membrilor comisiei, să se prezinte aşa-zisele „referate externe", întocmite, de regulă, de prieteni şi colegi ai doctorandului. Se înţelege că toate aceste referate erau superelogioase. Se mai credea că teza este cu atât mai valoroasă, cu cât avea mai multe astfel de referate externe. Ulterior, s-a renunţat la acest obicei fără relevanţă ştiinţifică.

După Revoluţie, instituţia doctoratului şi-a pierdut din prestigiu. Presa a scris în nenumărate rânduri despre obsesia multor persoane publice (în special politicieni) de a avea titlul de doctor. Intruziunea factorului politic a fost şi în acest domeniu nefastă. Când teza lui Adrian Păunescu (despre poezia lui Marin Sorescu, Nichita Stănescu şi Ioan Alexandru, având-l ca îndrumător ştiinţific pe academicianul Eugen Simion) a fost trimisă spre revizuire de către colectivul Catedrei de Literatură Română de la Universitatea din Bucureşti, pe motiv că nu era o lucrare ştiinţifică, ci una de amintiri şi confesiuni, poetul s-a considerat o victimă a opţiunilor sale politice.

Reglementările în vigoare cer, de pildă, ca teza să nu fie publicată înainte de susţinere, pentru ca, în momentul susţinerii, să aducă efectiv ceva nou în domeniul respectiv. În perioada interbelică, dimpotrivă, era obligatoriu ca teza să fie publicată înainte, pentru a fi supusă astfel unei dezbateri publice reale. Odată cu integrarea României în structurile euroatlantice, se va ajunge şi în acest domeniu la normalitate, deşi bizareriile ar putea continua. Presa a relatat un caz în care o persoană a fost trimisă într-o misiune în străinătate pe baza unui doctorat obţinut în SUA. Ulterior, s-a constatat că respectivul titlu fusese pur şi simplu cumpărat cu 400 de dolari de la o instituţie americană, care vindea oricui, contra cost, diplome de doctor!

În mod normal, o teză de doctorat trebuie să aibă între 200 și 300 de pagini și va fi redactată în șase exemplare (pentru cei patru membri ai comisiei, pentru biblioteca instituției unde se susține doctoratul și pentru candidatul însuși).

14. Teza de licență

Reprezintă lucrarea pe care orice absolvent al unei instituții de învățământ superior trebuie să o prezinte în fața unei comisii, pentru obținerea diplomei de absolvire. Ea constituie proba maturității candidatului, a capacității sale de a-și susține lucrarea și de a purta un dialog competent pe marginea ei. Realitatea demonstrează că, uneori, pe fondul scăderii calității învățământului superior, din motive pe care nu e cazul să le comentăm aici, a scăzut și nivelul științific al tezelor de licență. Mai păgubitoare este situația plagiatului sau a scrierii tezei de licență de către o altă persoană, contra unei remunerații. Anunțurile de mică publicitate sunt pline de oferte cu vânzarea unor lucrări de diplomă. Nota maximă luată la susținere contribuie la creșterea prețului acesteia! Se cumpără, în general, lucrări de licență prezentate la alte universități, fiindcă noua comisie nu are de unde să știe că lucrarea respectivă a mai fost susținută, atât timp cât nu există o bază de date cu titlurile susținute de-a lungul anilor la fiecare facultate din țară.

Pentru alegerea subiectului, candidatul are două posibilități: fie își alege o temă dintre cele propuse de fiecare cadru didactic al secției respective, fie vine el însuși cu o propunere de subiect. Dacă viitorul licențiat dorește cu adevărat să scrie o teză valoroasă, aceasta are multe șanse să fie publicată, intrând astfel în circuitul științific românesc sau chiar străin, dacă este tradusă într-o limbă de circulație internațională. Se cunosc multe cazuri de lucrări de diplomă publicate ulterior de autorii lor și care au fost bine primite de critica de specialitate. Întrucât această lucrare se adresează în primul rând studenților, voi trata subiectul respectiv într-un capitol special (a se vedea *infra*, „Lucrarea de licență", pp. 287-308).

15. Lucrarea de grad

Este necesară cadrelor didactice din învățământul preuniversitar, care, la obținerea gradului didactic I, trebuie să redacteze o lucrare asemănătoare celei de licență. Din păcate, și aici se constată o situație asemănătoare cu cea a lucrărilor de licență. Mulți autori preferă să abordeze aspecte metodice, nu propriu-zis științifice. De altfel, însăși instituția organizatoare (în speță, universitatea) cere lucrări „metodico-științifice", ca și când știința nu ar fi ea însăși metodică! Desigur, un rol important în acest caz le revine cadrelor didactice universitare, care girează astfel de lucrări.

Prezentarea unor referate la sesiuni științifice este importantă pentru așa-zisul „portofoliu" al profesorului. Academicianul Solomon Marcus (2002) este de părere că:

> Pentru a fi promovați și, în general, pentru a avea un dosar profesional cât mai bun, profesorilor le prinde bine să poată dovedi participarea la cât mai multe sesiuni de comunicări și publicarea unor articole în reviste de profil. Ele se contabilizează într-o fișă de evaluare. De aici, tendința de a umfla zestrea profesională (p. 3).

Profesorii (în special cei de istorie și de literatură română) ar trebui să facă monografia localităților sau a instituțiilor unde lucrează, să exploreze universul etnografic al zonei, viaţa personalităţilor literare şi culturale locale etc. Publicate în reviste de profil, multe informaţii din aceste lucrări ar putea intra în zestrea culturii naţionale.

Bibliografie specială

Călinescu, G., 1965, *Impresii asupra literaturii spaniole*, Editura pentru Literatură Universală, Bucureşti.

Marcus, Solomon, 2002, „La şcoala plagiatului", în *România literară*, nr. 48, p. 3.

Rad, Ilie, 1995, „Lucrările pentru obţinerea gradului didactic I – încotro?", în *Tribuna învăţământului*, anul VI (XLIII), nr. 268, 13 martie, pp. 2, 7.

Vulpe, Magdalena, 2002, „Tipuri de lucrări ştiinţifice", în Magdalena Vulpe, *Ghidul cercetătorului umanist. Introducere în cercetarea şi redactarea ştiinţifică*, Editura Clusium, Cluj-Napoca.

V
Aparatul critic al unei lucrări științifice

1. Preambul

Orice lucrare științifică este însoțită de numeroase trimiteri bibliografice, care constituie, așa cum am văzut, chiar unul dintre semnele distinctive ale stilului științific. Întrucât în sfera cunoașterii și a cercetării științifice nu se poate avansa fără a ști ceea ce s-a cercetat deja înainte în domeniul respectiv, notele și trimiterile bibliografice reprezintă implicit o recunoaștere a cercetărilor anterioare, chiar dacă raportarea la acestea poate fi făcută uneori pe un ton polemic.

Așa cum arăta Umberto Eco (2000),

> nu se poate exclude că mulți autori abundă în note, spre a conferi un ton important propriei lucrări, nici că mulți alții umplu până la refuz notele de informații neesențiale, poate chiar furate ca-n codru din literatura critică examinată. Dar asta nu înseamnă că notele, atunci când sunt folosite cu justă măsură, n-ar fi de folos (p. 181).

În continuare (p. 182), celebrul scriitor și savant adaugă:

De altfel, după ce am spus că este util a face note, precizăm că, aşa cum amintesc Campbell şi Ballou [...], „acurateţea notelor cu scopuri de elaborare cere o anumită discreţie. Trebuie avut grijă de a nu transfera în note informaţii importante şi semnificative: ideile direct relevante şi informaţiile esenţiale trebuie să apară în text". Pe de altă parte, aşa cum spun aceiaşi autori [...], „orice notă la subsolul paginii trebuie să-şi justifice practic propria existenţă". Nu există nimic mai iritant decât acele note ce apar numai spre a face o figură bună şi care nu spun nimic important cu privire la obiectivele *acelui* discurs.

2. Motivaţia referinţelor critice

Notele critice se folosesc, în opinia lui Umberto Eco, din opt motive pe care le prezentăm în continuare:

2.1. *Indicarea surselor diverselor citate*

Dacă aceste note ar fi încorporate în textul propriu-zis, lectura ar deveni greoaie, fiindcă cititorul ar pierde firul ideilor, mai ales dacă ar fi vorba, aşa cum se întâmplă deseori, despre patru-cinci trimiteri pe aceeaşi pagină. Desigur, există modalitatea de a folosi sistemul autor-dată, despre care vom vorbi în continuare, numai că, procedând aşa,

> nota serveşte prea puţin acestui scop. Când e notă de referinţă bibliografică, este bine să fie la subsolul paginii, ca şi la sfârşitul cărţii sau al capitolului, fiindcă se poate imediat controla dintr-o ocheadă despre ce este vorba (Eco, 2000, p. 181).

Când spun acest lucru, am în vedere un cititor avizat, care nu trece peste note aşa cum face un cititor grăbit cu descrierile de natură dintr-un roman. Se poate întâmpla ca un citat semnificativ să se găsească în două lucrări, amândouă citate, pentru ca argumentul să fie şi mai convingător. În lucrarea sa, *Din istoria Bucovinei* (Editura Academiei, Bucureşti, 1993), profesorul Mihai Iacobescu foloseşte la un moment dat următorul citat:

> Cărturarul Iosif Banky relata şi el că „atât de mare este numărul românilor [în Transilvania, n.n.], încât nu numai că le egalează, dar le şi întrece cu mult pe toate celelalte neamuri împreună" (p. 38).

La nota de subsol cu numărul 42 se indică şi dubla sursă a acestui citat:

> David Prodan, *Supplex Libellus Valachorum*, Editura Ştiinţifică, Bucureşti, 1967, p. 185; *Jocul periculos al falsificării istoriei*, Editura Ştiinţifică şi Enciclopedică, Bucureşti, 1986, p. 60.

2.2. *Trimiterile externe*

Notele de subsol se folosesc pentru trimiterile „externe", în care se oferă mai multe indicaţii bibliografice despre acelaşi subiect. În această situaţie, se foloseşte formula *Vezi*, prescurtată uneori *V.* sau *v.*, formulă pe care o consider uşor nepoliticoasă, propunând să fie înlocuită cu *a se vedea* sau *cf.*, care înseamnă *confruntă*. Iată o notă dată de Ioana Em. Petrescu în D. Popovici, *Studii literare*, vol. I., *Literatura română în epoca „luminilor"*. Postfaţă de Aurel Martin. Ediţie îngrijită şi note de I.Em. Petrescu, Editura Dacia, Cluj-Napoca, 1972, p. 505:

> Asupra versificaţiei în *Ţiganiada*, v. Florea Fugariu, *Despre lectura manuscriselor lui Ioan Budai-Deleanu*, în „Limba română", anul VII (1958), nr. 4, pp. 11-42; Id., *Influenţa versificaţiei populare asupra poeziei lui Ioan Budai-Deleanu*, în „Limba română", anul VIII (1959), nr. 5, pp. 96-101; L. Gáldy, *Încă o dată despre metrul „Ţiganiadei"*, în „Limba română", anul VIII (1959), nr. 2, pp. 102-120.

2.3. *Trimiterile interne*

Notele servesc trimiterilor „interne” atunci când se fac referiri la un capitol sau la un paragraf din lucrarea proprie. În această situaţie, se folosesc formulele *v. infra*, *supra* etc.

2.4. *Introducerea unui citat*

Notele pot introduce un citat de întărire, care ar fi deranjat cititorul dacă ar fi fost utilizat în text. De exemplu, profesorul Theodor Hristea (1984, p. 134), vorbind despre faptul că o limbă cu numeroase „frazeologisme” (aşa cum este şi cazul limbii române) este una cu mari resurse de expresivitate, dă drept argumente de întărire o lucrare clasică în domeniu, datorată lui Iorgu Iordan:

[1] Vezi îndeosebi *Stilistica limbii române* (ediţie definitivă), de acad. Iorgu Iordan, Bucureşti, 1975 (pp. 265-304), precum şi unele contribuţii care au legătură cu cele discutate aici şi care figurează în „bibliografia cronologică” anexată acestei fundamentale lucrări (pp. 349-377).

2.5. *Notele de conţinut*

Notele se utilizează pentru a da amploare afirmaţiilor făcute în text. E vorba aici despre aşa-numitele *note de conţinut*, care se folosesc pentru a pune în discuţie sau a amplifica diverse opinii lansate în text. Unele lucrări clasice în domeniu socotesc că „este util a muta în notă discuţii tehnice, comentarii accidentale, corolarii şi informaţii adiţionale” (Eco, 2000, p. 182). Discutând, de pildă, apartenenţa *Ţiganiadei* la un curent literar, Ioana Em. Petrescu scria, în comentariile la *Studiile literare* ale lui D. Popovici (ed. cit., p. 502):

---

[16] Încadrarea operei lui Budai-Deleanu într-un curent literar este o operație dificilă: *Țiganiada* a putut fi pusă, de aceea, sub semnul unor orientări artistice diferite. P. Cornea [...] vede în Budai-Deleanu un spirit renascentist, care „se ascunde în umbra marilor modele" clasice pentru a cultiva o artă realistă. D. Păcurariu analizează articulațiile clasice ale operei, fără a da însă importanță faptului că, în întreg sectorul eroicomic al epopeii, clasicismul nu este imitat, ci parodiat (*Clasicismul românesc*). N. Balotă urmărește, cu argumente convingătoare, dimensiunile baroce ale poemei („Universul baroc la I. Budai-Deleanu", în *Luceafărul*, XIII [1970], nr. 6). Riscantă este încercarea lui M. Anghelescu (*Preromantismul românesc*) de a descoperi elemente preromantice în *Țiganiada* [...].

Și Ioana Em. Petrescu continuă dezbaterea acestei probleme în nota respectivă.

2.6. *Corectarea unor erori*

Notele servesc pentru a adnota unele observații și aprecieri făcute în corpul textului. Când lansăm opinii mai originale sau mai îndrăznețe, despre care bănuim că ar putea produce opinii contrare, „a insera o notă parțial reductivă va fi o dovadă nu doar de lealitate științifică, ci și de spirit critic" (Eco, 2000, p. 182).

2.7. *Traducerea unor citate*

Notele servesc și pentru a indica traducerea în limba română a unui citat, care trebuia dat în limba străină, dar, pentru fluiditatea lecturii, mai ales în cazul în care se folosesc doar câteva sintagme, acesta s-a tradus în limba română, citatul original dându-se doar în anexă, dacă este mai amplu.

2.8. *„Plata unor datorii"*

„Notele servesc spre a plăti datorii", scrie Eco. A cita o frază dintr-un autor înseamnă a-i plăti acestuia o datorie!

> Câteodată, totuşi, trebuie plătite şi nişte datorii mai puţin documentabile şi poate deveni regulă de corectitudine ştiinţifică a avertiza, spre exemplu, că tot ceea ce expunem nu s-ar fi putut naşte fără stimulii primiţi la lectura cutărei opere sau din conversaţiile private cu cutare cercetător (Eco, 2000, p. 183).

„Plătirea datoriilor" se poate vedea cel mai bine în lucrările autorilor americani, care amintesc în prefeţe zeci de persoane care i-au ajutat în elaborarea lucrărilor respective.

În general, se admite că primele trei tipuri de note sunt amplasate în subsolul paginii, pe când ultimele sunt mai indicate la sfârşit de capitol sau chiar la sfârşitul cărţii, fiindcă acestea pot fi mai lungi. Deşi se recomandă ca notele să nu fie niciodată prea lungi, acest lucru nu se respectă întotdeauna. Sunt note care ocupă jumătate din spaţiul paginii. Asemenea note, care se aseamănă cu un apendice, trebuie redate la sfârşitul capitolului sau al lucrării. Umberto Eco ne recomandă să fim consecvenţi:

> În orice caz, fiţi coerenţi: ori toate notele la subsolul paginii, ori toate notele la sfârşit de capitol, ori scurte note la subsolul paginii şi apendice la sfârşitul lucrării (Eco, 2000, p. 183).

3. Trimiterile bibliografice

Se poate spune că trimiterile bibliografice reprezintă cartea de vizită a unei lucrări ştiinţifice. Dacă acestea sunt exigent redactate, impresia despre lucrarea respectivă este una favorabilă încă de la început. Tradiţia a impus până în prezent două tipuri de trimiteri bibliografice: *în note* şi *în text*.

3.1. *Trimiterile bibliografice în note de subsol*

Trimiterea bibliografică *în note de subsol* este sistemul cel mai răspândit şi cu cea mai mare vechime, cu un prestigiu impus de tradiţie. Reamintim că toate titlurile din note şi referinţe vor fi reluate în bibliografia finală, redactată după reguli asupra cărora vom reveni. Sunt rare cazurile când folosim citate care nu au de-a face cu lucrarea propriu-zisă, adică citate care fie oferă indicaţii sumare în text, fie dau o notă pe care nu o reiau în bibliografie. De exemplu, în prefaţa primei mele cărţi, am folosit un citat care mi-a plăcut foarte mult: „Oricum, celor pe care i-am dezamăgit le reamintesc o vorbă înţeleaptă, extrasă din *Pravila* lui Vasile Lupu: «Să nu se uite că au scris mână de lut, supusă greşelii!»", deci fără a indica exact lucrarea de unde am preluat citatul, anul, editura etc. Umberto Eco exemplifică situaţia de mai sus cu versul „Iubirea mişcă soare şi-alte stele", arătând într-o notă că acest citat este din *Infernul* lui Dante, dar fără a da referinţele exacte în bibliografia finală.

Cele mai multe lucrări fac trimitere la subsolul fiecărei pagini, astfel încât cititorul interesat şi avizat să poată afla imediat sursa unei anumite informaţii:

[1] Marian Petcu, *Tipologia presei româneşti*. Prefaţă de Ioan Drăgan, Institutul European, Iaşi, 2000.
[2] Valer Hossu, *Nobilimea Chioarului* [Cu *Un cuvânt preliminar* de Prof. univ. dr. Ioan-Aurel Pop, membru corespondent al Academiei Române], Baia Mare, 2003.

Observaţii

Subsolul paginii este delimitat de text printr-o linie orizontală, care ocupă o treime din lăţimea paginii.

De regulă, notele sunt culese cu un corp mai mic decât restul textului.

Notele sunt marcate cel mai frecvent cu cifre arabe, foarte rar cu asteriscuri (un asterisc pentru nota 1, două pentru nota 2 etc.). Acestea se vor găsi, evident, şi în textul paginii.

Cei mai mulţi autori încep numerotarea notelor de la cifra 1 pe fiecare pagină. Notele pot fi numerotate şi *în continuitate*, de la 1 la *n*, riscul fiind acela de a se ajunge la cifre foarte mari (*Istoria Bucovinei* a profesorului Mihai Iacobescu are peste 450 de note!).

Cifra care indică numărul notei este urmată de un spaţiu alb (blanc), nu de punct, de paranteză rotundă închisă sau de orice alt semn grafic. Deci nu vom folosi modelul: *13*. sau *13)*, ci [13].

Cifra nu se aşază pe acelaşi rând cu textul notei (cum propune Doina Bogdan-Dascălu, 1978, p. 19), ci la „umărul" cuvântului.

Notele pot fi grupate şi la sfârşitul capitolului sau al lucrării respective (în acest ultim caz, grupajele de note vor corespunde capitolelor).

O trimitere se poate face şi la informaţii obţinute prin viu grai, deşi acestea sunt mai puţin credibile, tocmai pentru că nu pot fi verificate. Voi da un exemplu concret. Un prieten al meu din Israel (dar născut în România), Eliezer Palmor, mare om de cultură şi fost ambasador al Israelului în mai multe ţări ale lumii, a scris un articol despre Mircea Eliade, în care compatriotul nostru este acuzat, printre altele, că nu s-a dezis de legionarism nici la bătrâneţe (lucru pe care l-a făcut, de pildă, Emil Cioran, care şi-a negat tinereţea legionară). Ca argument al acestei teorii, Eliezer Palmor a citat spusele lui Jung, la un congres de filosofie din Uruguay. Jung mărturisea că Eliade ar fi susţinut că România se află unde se află datorită... „jidanilor"! Dar afirmaţia lui Jung nu este scrisă, deci argumentul autorităţii acesteia este serios zdruncinat! De aceea, recomand ca sursele documentare de acest fel să fie folosite cu prudenţă şi cât mai rar!

Cifra de la umărul cuvântului se poate poziţiona în mai multe locuri:

a) după numele autorului:

Criticul Constantin Ciopraga[1] afirma că „Voiculescu îşi constrânge temperamentul «pătimaş» să se înscrie în partituri fără nerv, vădit în maniera altora".

b) după aşa-numitul *verb dicendi*, al cărui subiect este chiar autorul lucrării citate:

Criticul Constantin Ciopraga afirma[1] că „Voiculescu îşi constrânge temperamentul «pătimaş» să se înscrie în partituri fără nerv, vădit în maniera altora".

c) la sfârşitul citatului:

Criticul Constantin Ciopraga afirma că „Voiculescu îşi constrânge temperamentul «pătimaş» să se înscrie în partituri fără nerv, vădit în maniera altora"[1].

3.1.1. Informaţiile din notele de subsol

Informaţiile de care avem nevoie pentru nota de subsol se iau, de regulă, de pe pagina de titlu. Uneori, din diverse raţiuni (politice, comerciale, de cenzură etc.), anumite informaţii lipsesc de pe pagina de titlu. În acest caz, putem folosi *caseta redacţională*:

Lector: VIORICA PETROVICI
Tehnoredactor: ELENA PREDA

Apărut 1977. Bun de tipar 10. 10. 1977. Tiraj 15 350 ex. broșate. Coli tipar 22.

Tiparul executat sub comanda nr. 1438 la
Întreprinderea Poligrafică
„13 Decembrie 1918"
str. Grigore Alexandrescu nr. 89–97
București,
Republica Socialistă România

Caseta redacțională a cărții lui Iorgu Iordan, Memorii, *vol. II, Editura Eminescu, București, 1977. Se precizează aici numele lectorului, al tehnoredactorului, anul apariției, bunul de tipar și tirajul, numele tipografiei și adresa acesteia*

www.polirom.ro

Redactor: Andreea Grinea
Coperta: Carmen Parii
Tehnoredactor: Constantin Mihăescu

Bun de tipar: octombrie 2007. Apărut: 2007
Editura Polirom, B-dul Carol I nr. 4 • P.O. Box 266
700506, Iași, Tel. & Fax: (0232) 21.41.00 ; (0232) 21.41.11 ; (0232) 21.74.40 (difuzare); E-mail: office@polirom.ro
București, B-dul I.C. Brătianu nr. 6, et. 7, ap. 33, O.P. 37 • P.O. Box 1-728, 030174
Tel.: (021) 313.89.78 ; E-mail: office.bucuresti@polirom.ro

Tiparul executat la S.C. LUMINA TIPO s.r.l.
str. Luigi Galvani nr. 20 bis, sect. 2, București
Tel./Fax: 211.32.60, 212.29.27, E-mail: office@luminatipo.com

---

Caseta redacțională a cărții lui Marian Petcu, Istoria jurnalismului și a publicității în România. *Cuvânt înainte de Mihai Coman, Polirom, Iași, 2007. Este precizat numele redactorului, al tehnoredactorului, al autorului copertei, anul apariției, adresa editurii și a tipografiei. Nu este menționat tirajul cărții*

O trimitere bibliografică trebuie să conţină toate datele cerute de o *fişă bibliografică*, într-o anumită ordine:

- prenumele şi numele autorului;
- titlul lucrării;
- localitatea unde a fost publicată;
- prefaţă, postfaţă, traducător (dacă e cazul);
- editura;
- anul de apariţie (deci trei precizări în ordine invers alfabetică: localitate, editură, an. Această ordine, perfect logică, nu este respectată întotdeauna. De obicei, se indică *editura, localitatea şi anul.* Aşa procedează Iorgu Iordan în *Stilistica limbii române*, precum şi majoritatea lingviştilor);
- numărul paginii (al paginilor) la care se găseşte citatul sau o anumită informaţie. Aşadar, vom scrie:

---

[1] I. Funeriu, *Principii şi norme de tehnoredactare computerizată*, Editura Amarcord, Timişoara, 1995, p. 29.

Observaţii

După fiecare notă, folosirea punctului este obligatorie.

La fel ca în fişa bibliografică, orice informaţie care lipseşte de pe pagina de titlu va fi preluată între paranteze drepte (prefaţă, postfaţă, numele traducătorului etc.).

Este obligatoriu să folosim pentru fişa cărţii pagina de titlu, nu informaţia de pe copertă. Uneori, pot exista anumite diferenţe între informaţia de pe copertă şi cea de pe pagina de titlu.

Ordinea unor semne de punctuaţie este următoarea: ghilimele, indice, punct (”4.). Între cele trei elemente nu se lasă blancuri. În cazul în care folosim sfârşitul unui citat, punctul poate fi utilizat înainte de ghilimele, iar după indice nu se mai foloseşte niciun semn de punctuaţie (.”4).

Dacă există doi sau trei autori (coordonatori) pentru o lucrare, vor fi menţionate toate numele, separate între ele prin virgulă: Mircea Zaciu, Marian Papahagi, Aurel Sasu (coordonare și revizie științifică), *Dicționarul scriitorilor români. M-Q*, Editura Albatros, București, 2001.

UMBERTO
ECO

Cum se face o
teză de licență

Disciplinele umaniste

Ediție revăzută

Traducere de George Popescu

POLIROM
2006

Copertă și pagină de titlu (Eco, 2006)

Dacă sunt mai mult de trei autori, este recomandată menționarea pe pagina de titlu numai a primului autor, apoi formula *et alii* sau *et al.* („și alții"). Astfel, lucrarea semnată de Alfred C. Kinsey, Wardell B. Pomeroy, E. Martin, Paul H. Gebhard și intitulată *Das sexuelle Verhalten der Frau* (G.B. Fisher & Co., Berlin, 1953) poate fi citată astfel: Alfred C. Kinsey *et alii*, *Das sexuelle Verhalten der Frau*, G.B. Fisher & Co., Berlin, 1953. Desigur, la bibliografia finală vom menționa numele tuturor autorilor, indicând, dacă e cazul, și traducerea românească.

Unii autori consideră că „indicarea editurii e de dorit, dar nu e obligatorie" (Vulpe, 2002, p. 145). Opinia mea este că editura trebuie menționată, ca semn al rigorii. Uneori, apariția cărții la o anumită editură conferă acesteia un real prestigiu, deşi nu întotdeauna se întâmplă aşa. Iată ce scria Irina Petraş (2003, p. 5):

> Apoi, am ales şi aici (ca în *Panorama criticii*), *oricât de condamnabilă ar fi alegerea* [subl. n.], să nu transcriu editurile şi locul de apariţie al cărţilor (în bulversatul peisaj editorial contemporan, aceste date şi-au pierdut, din păcate, relevanţa – apariţia la o editură sau alta nu mai este un semn sigur al valorii, marca e rareori garantată). M-au interesat aici autorul, cartea şi timpul ei. Atât.

După Revoluţia din decembrie 1989 au apărut foarte multe cărţi, adesea nu sub egida unor edituri, ci a unor instituţii. În aceste cazuri, instituţiile respective pot fi omise: Septimiu Chelcea, *Cum să redactăm în domeniul ştiinţelor socioumane*, Editura SNSPA, Bucureşti, 2000 (au fost omise: Şcoala Naţională de Studii Politice şi Administrative, Facultatea de Comunicare şi Relaţii Publice „David Ogilvy"); *Dicţionarul literaturii române de la origini până la 1900*, Editura Academiei Republicii Socialiste România, Bucureşti, 1979 (au fost omise: Academia Republicii Socialiste România, Institutul de Lingvistică, Istorie Literară şi Folclor al Universităţii „Al.I. Cuza").

Dacă trimiterea se face la un studiu apărut într-un volum colectiv, vom preciza: autorul, titlul studiului, prepoziţia *în*, numele coordonatorului (dacă acesta este menţionat pe pagina de titlu), locul, editura, anul şi pagina: Ilie Rad, „Titlul jurnalistic", în Mihai Coman (coordonator), *Manual de jurnalism. Tehnici fundamentale de redactare*, vol. II, Polirom, Iaşi, 1999, p. 46.

Când trimiterea se va face la un articol apărut într-o revistă, vom preciza: numele autorului, titlul articolului, anul de apariţie, anul curent, numărul şi pagina: Ilie Rad, „Aron Pumnul, ctitor al Bibliotecii învăţăceilor români gimnazişti din Cernăuţi", în *Codrul Cosminului*, anul VIII, 1997-1998, nr. 3-4 (13-14), p. 270.

Ordinea *anul de apariţie, anul curent, numărul*, ordine perfect logică, nu se respectă întotdeauna, unii autori preferând să indice doar *numărul* revistei, iar după aceea *anul*. Aşa s-a procedat şi în *Dicţionarul scriitorilor români*. De exemplu: „N. Manolescu, în *Tribuna*, nr. 2, 1997".

De obicei, numărul anului de apariţie se scrie cu cifre romane. Unele publicaţii (*Steaua*, de pildă), care au în spate o îndelungată tradiţie, notează anul de apariţie cu cifre arabe: anul 42. Lucrările de specialitate sunt contradictorii în această privinţă, dar tradiţia românească a impus cifrele romane.

Pe vremea maşinilor de scris, se obişnuia ca numele revistelor să se scrie între ghilimele, iar titlurile cărţilor să se culeagă cu *italice*. Astăzi, datorită posibilităţilor oferite de calculator, atât titlurile cărţilor, cât şi denumirile de reviste se scriu cu italice. În felul acesta, se elimină dificultatea încadrării unor publicaţii la cărţi sau reviste (cum ar fi anuarele, publicaţiile ocazionale etc.).

3.1.2. Prescurtările utilizate

În redactarea notelor se folosesc anumite abrevieri, care au menirea să economisească spaţiul tipografic şi să evite unele repetări inutile. Iată câteva dintre acestea:

- *cf.* („confruntă", „compară") arată că „trimiterea se face la o lucrare unde a fost formulat un punct de vedere diferit de al celui care face trimiterea sau numai în parte asemănător" (Barborică, 1978, p. 59);
- *op. cit.* (*opus citatum*, „opera citată"). Se întâmplă ca la o anumită lucrare să ne referim de mai multe ori. În acest caz, indicaţiile bibliografice complete se oferă numai prima dată, pentru ca apoi să se menţioneze doar numele autorului, urmat de *op. cit.* şi pagina respectivă. Exemplu:

[1] G. Călinescu, *Viaţa lui Mihai Eminescu*, Editura pentru Literatură, Bucureşti, 1966, p. 10.

[2] I. Funeriu, *Al. Macedonski. Hermeneutica editării*, Editura Amarcord, Timişoara, 1995, p. 89.
[3] G. Călinescu, *op. cit.*, p. 65.

– *v.* („vezi", „vedeţi") se foloseşte atunci când se preiau anumite idei sau informaţii dintr-o anumită lucrare;

De remarcat că *op. cit.* se scrie cu *italice*, la fel ca orice titlu, fiindcă substituie, de fapt, titlul cărţii.

Observaţie

Dacă *op. cit.* se referă la un studiu dintr-un volum colectiv sau la un articol dintr-o revistă, nu se mai utilizează prepoziţia *în*, după *op. cit.* urmând să fie trecută doar pagina.

– *idem* („acelaşi autor"). Se foloseşte atunci când se fac referiri la acelaşi autor, iar notele urmează imediat una după alta:

[1] I. Funeriu, *Al. Macedonski. Hermeneutica editării*, Editura Amarcord, Timişoara, 1995, p. 89.
[2] *Idem, Principii şi norme de tehnoredactare computerizată*, Editura Amarcord, Timişoara, 1995.

– *ibidem* („aceeaşi operă", „în acelaşi loc") – altfel spus, aceeaşi operă şi acelaşi autor:

[1] I. Funeriu, *Al. Macedonski. Hermeneutica editării*, Editura Amarcord, Timişoara, 1995, p. 79.
[2] *Ibidem*, p. 57.

Iată cum ar trebui folosite cele trei prescurtări:

[1] I. Funeriu, *Al. Macedonski. Hermeneutica editării*, Editura Amarcord, Timişoara, 1998.
[2] *Idem, Editorialişti români*, Editura Augusta, Timişoara, 1996.
[3] *Idem, Principii şi norme de tehnoredactare computerizată*, Editura Amarcord, Timişoara, 1995.
[4] *Ibidem*, p. 66 [citatul respectiv este din lucrarea indicată la nota 3].

[5] Nicolae Pârvu, Ilie Chelaru, *File din istoria radiofoniei bănăţene*, Editura Augusta, Timişoara, 1998.
[6] I. Funeriu, *op. cit.*, p. 98 [*op. cit.* se referă la lucrarea imediat anterioară, deci la *Principii şi norme de tehnoredactare computerizată*. Dacă am fi citat din lucrarea de la nota 2 – *Editorialişti români* –, ar fi trebuit să reluăm integral numele autorului şi titlul cărţii, menţionând apoi ed. cit.].

Observaţii

Ibidem se scrie cu *italice* nu numai fiindcă este un cuvânt străin, ci şi pentru că aici se include şi titlul cărţii.

Se recomandă ca *Idem* şi *Ibidem* să se scrie cu majusculă, mai ales dacă sunt la începutul notei.

În literatura de specialitate, s-a discutat dacă *Ibidem* înseamnă nu doar acelaşi autor şi aceeaşi carte, ci şi aceeaşi pagină. Cu alte cuvinte, dacă avem un citat de la aceeaşi pagină, nu mai e nevoie să mai indicăm pagina. Sfatul meu este să fie indicată pagina chiar şi în aceste împrejurări, fiindcă lipsa cifrei care indică pagina ar putea fi simţită de cititor ca o omisiune, producându-i acestuia o neîncredere în surse.

În afara prescurtărilor amintite, mai pot fi utilizate şi următoarele formule:

- *art.* („articolul");
- *cap.* („capitolul");
- *col.* („coloana");
- *d.e.* sau *d.ex.* („de exemplu");
- *ed.* („ediţie" – aşadar, nu trebuie folosită prescurtarea *ed.* pentru „editură");
- *etc.* (*et caetera*, „şi celelalte");
- *f.* („fila" sau „filele"), când cităm manuscrise, care nu sunt numerotate după pagini;
- *fasc.* („fasciculul");
- *fig.* („figura");

- *infra* („mai jos"), când ne referim la o informație aflată la una dintre paginile care urmează celei unde s-a făcut referirea (de exemplu, „v. *infra*, p. 65");
- *loc. cit.* (*loco citato*, „în locul citat");
- *lucr. cit.* („lucrarea citată");
- *nr.* („numărul");
- *p.* este abrevierea curentă pentru „pagina". Abrevierea *pp.* („paginile") este folosită atunci când se face referire la două sau mai multe pagini dintr-un anumit volum;

Notă: În prima ediție a acestei cărți, *Cum se scrie un text științific în domeniul disciplinelor umaniste. Principii și norme pentru redactarea unor lucrări științifice: de licență, de masterat, de doctorat, pentru gradul didactic I etc.* (Editura Accent, Cluj-Napoca, 2008, p. 88), am scris: „*p.* este abrevierea cerută pentru *pagina* (*paginile*). În multe lucrări se întâlnește abrevierea *pp.*, care poate părea pretențioasă și nu se recomandă". Pentru varianta de la Polirom a lucrării (*Cum se scrie un text științific. Disciplinele umaniste*, Polirom, Iași, 2017, p. 105), am fost rugat să fac o concesie, astfel încât pasajul respectiv a apărut ca mai sus.

Iată că unul dintre cei mai mari specialiști în domeniul nostru, profesorul timișorean I. Funeriu, în recenta lui carte *Introducere în ortotipografie*, scrie: „pp. – această abreviere se folosește, uneori, când se face trimitere la o suită de pagini, d.e.: pp. 123-142. Prescurtarea nu are nicio noimă în plan logic, întrucât liniuța de unire dintre cele două cifre semnifică tocmai realitatea că pasajul avut în vedere de autor se află în intervalul dintre acele pagini. Nici în plan ortografic prescurtarea nu are vreo justificare, câtă vreme în ortografia românească dublarea consoanei nu marchează niciodată categoria gramaticală a pluralului. «Regula» aceasta este însă specifică codului tipografic american și tinde să se răspândească și la noi" (Funeriu, 2021, p. 238). *Quod erat demonstrandum!*

- *passim* („ici-colo"), prescurtare folosită atunci când „se face trimiterea la o idee sau la o interpretare ale cărei elemente sunt risipite pe un număr mai mare de pagini" (Barborică, 1978, p. 60);
- *r.* („rândul");
- *supra* („mai sus") se utilizează atunci când ne referim la unele afirmaţii din propria lucrare, înregistrate la una dintre paginile anterioare celei unde se face trimiterea (de exemplu, „v. *supra*, p. 5");
- *t.* („tomul");
- *vol.* („volumul").

Se înşală cei care afirmă că, dacă avem trimiteri bibliografice în note, nu mai este necesar să repetăm aceste informaţii în bibliografia finală, fiindcă

> bibliografia finală serveşte spre a arunca o ocheadă asupra materialului consultat şi serveşte spre a extrage informaţii globale asupra literaturii despre subiectul respectiv şi, deci, ar fi nepoliticos faţă de cititor a-l constrânge să caute textele cu pagină în note (Eco, 2000, p. 186).

Mai mult decât atât, bibliografia finală poate cuprinde informaţii mai complexe decât cele din cadrul notelor. Dacă folosim într-o notă un citat dintr-o carte străină, în bibliografia finală se poate da şi traducerea românească a cărţii citate, pentru eventualii cititori care nu cunosc limba în care a fost scris originalul. La fel, dacă citãm un articol apărut iniţial într-o revistă, publicat ulterior şi într-un volum, în notă vom da studiul din volum, despre care se consideră că este mai uşor de reperat, în timp ce bibliografia va trebui să înregistreze şi apariţia iniţială, în revistă, a studiului respectiv.

Există apoi şi unele diferenţieri de organizare a informaţiei (în note şi în bibliografie). În timp ce în note autorul este citat cu prenume şi nume, în bibliografie, acesta se va regăsi în ordinea alfabetică a numelui de familie.

Sistemul acesta de note, extrem de greoi pe vremea maşinilor de scris, este astăzi facilitat de posibilităţile oferite de calculator.

Principalul dezavantaj al sistemului de referinţe *citat-notă* constă în faptul că, utilizând diverse prescurtări, trebuie să facem efortul de a căuta titlul iniţial citat, dacă acesta ne interesează. De pildă, *op. cit.* de la nota 6 ne poate trimite la nota 3 sau 4. Dacă aceste note se află pe aceeaşi pagină, nu e nicio problemă cu identificarea lor. Dezavantajul poate să apară atunci când notele sunt date de la 1 la *n.* Cartea profesorului Mihai Iacobescu, *Din istoria Bucovinei*, are 594 de note. Dacă presupunem că o lucrare este citată iniţial la nota 7, iar la nota cu numărul 590 ar apărea numele autorului şi *op. cit.*, se înţelege că am avea de verificat 590 de note pentru a ajunge la titlul iniţial, ceea ce ar însemna un mare efort din partea cititorului. Acest dezavantaj poate fi eliminat prin folosirea *sistemului autor-dată*, despre care vom vorbi în paginile următoare.

3.2. *Trimiterea numerică*

Acest sistem folosit de lingvistica sovietică şi rusă constă în plasarea imediat după citat, în paranteze rotunde, a unei cifre ce reprezintă atât autorul, cât şi titlul cărţii. Lucrările citate primesc un număr în funcţie de ordinea stabilită de autor. Avantajul acestui sistem este că nu întrerupe cu aproape nimic fluenţa lecturii, dar, în acelaşi timp, nu-i oferă cititorului nicio informaţie concretă despre cartea citată. Bibliografia finală nu poate fi redactată decât la terminarea lucrării. În cazul introducerii unei noi trimiteri, toată numerotarea trebuie schimbată. În acest sistem este redactată celebra lucrare a lui G. Călinescu, *Viaţa lui Mihai Eminescu*, care are 257 de trimiteri.

STRĂMOŞII

Întîia bănuială, dar, este că strămoşul său ar fi fost *turc*. Emin Efendi, neguţător turc, pripăşit prin ţară, s-ar fi aşezat după unii la Vatra-Dornei, după alţii la Suceava şi mai apoi la Botoşani, s-ar fi botezat creştineşte schimbîndu-şi numele în Eminovici şi, însurat cu o română, ar fi pus temelia ilustrei familii (152). Ciudăţenia numelui a sprijinit această geneză: prietenii ziceau poetului în glumă « turcule » (99), şi el însuşi, în epoca rătăcirii, lăsîndu-se în voia unei amare fantezii, se declara urmaş al lui Utungi Emin Aga (68). Chipul său senin-meditativ ducea gîndul spre Orient. Cînd pentru întîia oară Slavici îl văzu la Viena, pe sălile Universităţii, îl crezu un *albanez* sau un *persan* (210). Dar dacă Asia îşi dispută onoarea de a fi dat obîrşie poetului lui Buddha Sakya-Muni, Septentrionul re- 7

Sistemul trimiterii numerice, folosit de G. Călinescu în Viața lui Mihai Eminescu, *Editura pentru Literatură, București, 1969. Cifrele dintre parantezele rotunde trimit la o listă bibliografică, unde sunt oferite toate informațiile despre sursele utilizate, fără indicarea paginii*

Desigur, în cazul în care o lucrare va fi citată de mai multe ori, cifra care îi indică poziția din bibliografie va fi repetată.

3.3. *Trimiterile în text*

Trimiterea *în text* (sistemul Harvard) pare o modalitate mai modernă. Ea constă în menționarea la sfârșitul unui citat sau al unei parafraze a numelui autorului, a anului de apariție a lucrării și a paginii; exemplu: (Foarță, 1997, p. 73). La folosirea acestui sistem pot apărea următoarele situații:

- dacă sunt doi autori cu același nume de familie, vom face distincție între ei cu ajutorul inițialei prenumelui sau, *in extremis*, dacă și acestea coincid, le vom scrie prenumele şi numele: (Mircea Popa, 1970, p. 34) *vs* (Marian Popa, 1982, p. 87);

– dacă este citat un autor cu mai multe lucrări publicate în acelaşi an, diferenţierea se va face cu ajutorul unei litere „lipite" de cifra care indică anul apariţiei lucrării: (Hristea, 2004a, p. 88).

Avantajele acestui sistem sunt următoarele: oricând putem veni cu o informaţie de ultimă oră, care poate fi uşor introdusă în text, fără a afecta restul notelor; oferă şanse egale pentru autorii citaţi, în sensul că aceştia beneficiază de acelaşi tratament, indiferent de valoare (când nu dorim să amintim numele cuiva, putem spune: *un cercetător afirma*, *constata* etc., abia la notele din subsol urmând să-i dezvăluim numele). În al treilea rând, se face o mare economie de spaţiu tipografic, fiindcă se elimină circa 80% din note. Dacă pe aceeaşi pagină vrem să cităm o carte de opt ori (cu formula *Ibidem*), ar trebui să „sacrificăm" opt rânduri, fiindcă e obligatoriu ca fiecare notă să înceapă cu un alineat. Pe de altă parte, fiecare carte, oricât de citată ar fi, va fi trecută cu datele ei complete doar o singură dată, la bibliografie. În legătură cu acest aspect, Eco (2000) afirmă că:

> este un sistem de-a dreptul indispensabil atunci când se face o trecere în revistă foarte densă a literaturii referitoare la subiect. Luaţi, de fapt, o frază precum aceasta: „Problema a fost amplu tratată de Stumpf (1994: 88-100), de Rigabue (1956), Azzimonti (1957), Forlimpopoli (1967), Colacicchi (1968), Poggibonsi (1972) şi Gzbiniewsky (1975), în timp ce este în totalitate ignorată de Barbapedana (1950), Fugazza (1967) şi Ingrassia (1970)". Dacă pentru fiecare din aceste citate ar fi trebuit să pun o notă cu indicarea operei, pagina s-ar fi aglomerat într-un mod neverosimil şi, în plus, cititorul n-ar avea sub ochi într-un mod evident succesiunea temporală, dezvoltarea interesului pentru problema în chestiune (pp. 190-191).

Sistemul acesta, de origine americană, este încă o expresie a celebrei democraţii din Lumea Nouă. La noi, modul tradiţional de redactare a notelor ne permite, aşadar, să facem ierarhizări, omisiuni, să ne exprimăm simpatiile, idiosincraziile, lucru pe care nu-l permite sistemul *autor-dată*, în care toţi autorii citaţi au acelaşi statut, fiind absolut egali în referinţe!

După opinia lui Eco, sistemul autor-dată funcţionează bine numai în anumite condiţii:

- în lucrare trebuie să fie vorba despre o bibliografie omogenă şi specializată, cu care cititorii lucrării publicate ar putea fi la curent:

> Dacă voi faceţi, să zicem, o teză despre cultura italiană din prima jumătate a secolului, în care veţi cita romancieri, poeţi, oameni politici, filosofi şi economişti, sistemul nu mai funcţionează, fiindcă nimeni nu este atât de obişnuit să recunoască o carte după dată şi, dacă ştie s-o facă într-un domeniu specific, nu ştie s-o facă în toate (Eco, 2000, p. 191);

- sistemul acesta poate fi aplicat numai în cazul bibliografiei care citează lucrări din ultimele două secole, fiindcă, într-un studiu despre filosofia greacă, nu vom folosi citarea unei cărţi scrise de Aristotel cu anul publicării, deoarece în Antichitate manuscrisele aveau alt regim de circulaţie;
- în fine, sistemul este recomandat atunci când folosim o bibliografie ştiinţifico-erudită. Prin urmare, nu vom scrie „Preda, 1955, p. 6", cu referire la celebrul roman *Moromeţii*. Citarea în acest sistem trebuie să se refere la lucrări ştiinţifice, mai puţin la opere literare.

Observaţii

Conform noului sistem, volumele colective, antologiile etc. apar după numele primului autor sau după cel care a realizat antologia.

În cartea sa, Eco atrăgea atenţia asupra încă unui dezavantaj al vechiului sistem de note: faptul că, la terminarea lucrării, am putea constata că avem, de pildă, 125 de note, dar am mai descoperit ceva important, care nu ar putea fi ignorat, dar care ar trebui citat tocmai la început. Inserarea unei note ar modifica întregul sistem, ceea ce ar putea produce anumite confuzii şi încurcături, în sensul că indicele din text nu ar mai corespunde cu nota aferentă. În realitate, acest lucru nu mai constituie astăzi un dezavantaj, datorită programelor speciale de calculator, care numerotează notele în mod automat.

În multe lucrări, între nume şi an nu se pune nimic, iar înainte de cifra care indică pagina se pune virgulă: (Chelcea 2000, 43). O altă metodă, de origine americană, este utilizarea celor două puncte între anul de apariţie şi pagină: (Chelcea 2000: 43); acest fapt contravine punctuaţiei limbii române, care solicită folosirea virgulei între entităţi diferite. Aşadar, este corect: (Chelcea, 2000, p. 43).

4. Trimiterile la dicţionare

Acestea se fac folosind formula *s.v.* (*sub voce*), ceea ce înseamnă că nu se indică pagina, ci cuvântul-titlu care ne interesează. Exemplu:

> „Ieşi, fetiţă, la portiţă,/ Că te-aşteaptă Talion,/ Cu tichie de *frânghie*,/ Cu peană de ciocârlie" (în *DA* şi *DLRLC*, *s.v. frenghie*) (Hristea, 1984, p. 27).

5. Citatele din Biblie

Atunci când în lucrările ştiinţifice vrem să reproducem citate din Biblie, vom indica mai întâi titlul cărţii respective, urmat de cifra care indică, în cadrul acesteia, capitolul, apoi cifrele cu care sunt numerotate versetele: Ioan, 6, 12-16; Matei, 8, 9-13; Petru, 2, 15-20.

Aşa cum se ştie, traducerile Bibliei diferă între ele, mai ales din punct de vedere stilistic. Dacă ţinem la o anumită versiune, vom trece la bibliografie ediţia care ne interesează, cu toate datele necesare.

6. Sursele de pe internet

În ultimii ani, internetul a devenit o sursă inepuizabilă de documentare, la care recurg mai ales tinerii. Manualele româneşti de profil nu tratează încă problema referinţelor luate de pe internet. În SUA a apărut, de pildă, *The Columbia Guide to Online Style*, ediţia a II-a, avându-i ca autori pe Janice R. Walker şi Todd Taylor. În ciuda inconvenientelor pe care le prezintă, trebuie să admitem că documentarea de pe internet este perfect valabilă, dacă indicăm şi aici adresa de unde am cules informaţia.

Vom proceda ca şi când ar fi vorba despre un articol publicat într-o revistă, menţionând între paranteze rotunde data accesării site-ului respectiv: Ilie Rad, „The Stylistics of Censorship", http://politoubbcluj.ro/EAST (15 martie 2002); ***, „Mitropolitul Bartolomeu denunţă «criza zilelor noastre»", http://monitor-cultural.com/ (23 decembrie 2007). Data accesării articolului respectiv trebuie menţionată în eventualitatea că pagina citată de pe internet a fost ulterior ştearsă.

La fel se procedează și în cazul cărților postate pe internet: Ilie Rad, „«Întâlnire» târzie cu Raoul Șorban”, în *Patriarhul ardelean*, http://raoulsorban.wordpress.com (2 ianuarie 2008). De remarcat faptul că, în cazul revistelor sau al cărților electronice, uneori, nu se poate indica pagina, care nu este precizată în această variantă.

Așa cum spuneam, în străinătate au apărut deja multe lucrări ce reglementează citarea surselor luate de pe internet. Informații suplimentare în acest sens se pot găsi la adresa: http://library.ubc.ca/hss/citelso.html.

7. Sursele din arhive

Lucrările care se bazează pe cercetări de arhivă citează multe documente din arhive, care nu sunt publicate. În asemenea situații, trebuie indicată denumirea oficială a instituției, localitatea, numele fondului, numărul dosarului, al documentului și al paginii din dosar (unele documente prelucrate din arhive au paginile numerotate). Exemplu: Arhivele Naționale București, Fondul Ministeriului Cultelor și Instrucțiunii Publice, Moldova, Dosar 164/1860, vol. III, f. 72-74.

8. Tehnica citatului în textul științific

Conform *DEX*-ului (*s.v. citat*), *citatul* este „un fragment dintr-o lucrare scrisă, reprodus întocmai și de obicei cu indicarea exactă a izvorului, în scopul de a întări și a ilustra o idee sau o argumentare”. Citatul este utilizat deopotrivă în textul literar, ca și în cel științific, fiindcă în niciunul din cele două domenii de manifestare a spiritului uman nu poate exista originalitate absolută. Concepţia romantică despre originalitatea demiurgică a creatorului a fost de mult abandonată.

Citatele se pot împărţi în două categorii, după locul pe care îl ocupă în text şi după legătura care există între text şi citat:

a) în cadrul textului;
b) separat de text.

Citatul din cadrul textului, integrat fluxului „narativ", se evidenţiază doar cu ajutorul ghilimelelor:

Constantin Noica l-a numit pe Eminescu „poetul marilor tristeţi", o formulă care depăşeşte metaforele banalizate deja („Luceafărul poeziei româneşti", „bardul de la Ipoteşti" etc.).

Citatul din cadrul textului se culege, după cum se vede şi în exemplul dat, cu aceeaşi literă ca şi textul de bază. O veche recomandare preciza:

> Citatele din cadrul textului se culeg cu literă de evidenţiere: aldine, dacă sunt scurte; spaţioase, dacă nu cuprind mai mult de două-trei cuvinte; cursive albe, dacă sunt lungi (*Tehnoredactarea*..., 1954, p. 47).

Această recomandare trebuie abandonată din două motive: mai întâi, pentru că citatul din text oricum este evidenţiat prin ghilimele; în al doilea rând, presupunând că în citat vrem noi înşine să facem sublinieri, respectiv să scriem cu italice anumite cuvinte, s-ar produce o confuzie cu citatul scris deja cu italice.

Citatele separate de text pot fi culese cu acelaşi tip de literă ca şi textul de bază, dar cu un corp mai mic. În ceea ce priveşte tehnoredactarea propriu-zisă, ea se poate realiza în două feluri:

- cu *intrând*, spaţiul acestuia putând coincide cu cel care sugerează alineatul (cum sunt tehnoredactate în această carte);
- fără *intrând*, dar lăsând un spaţiu între citat şi textul de bază.

Observație

Indiferent despre ce citat este vorba, trebuie să ținem seama de următoarele reguli:

a) dacă într-un citat vrem să evidențiem prin subliniere anumite cuvinte, care în original nu sunt subliniate, imediat după evidențiere, se culege, între paranteze rotunde: (subl. n., I.R.), așadar „sublinierea mea" sau „sublinierea noastră", după care urmează inițialele autorului;
b) dacă citatul reproduce doar un fragment din pasajul respectiv, părțile omise se evidențiază prin trei puncte așezate în interiorul unei croșete: [...]. Nu recomand folosirea numai a punctelor de suspensie, pentru că s-ar putea ca acestea să aparțină autorului însuși, creându-se astfel o confuzie. Pentru cei inițiați, croșeta are deja semnificația unui cuvânt sau fragment omis.

Spre deosebire de alte domenii ale creației, textul științific cere cele mai multe exigențe privind utilizarea citatului. De aceea, și acuzațiile de plagiat s-au produs mai ales în cazul *textelor scrise*, nu în domeniul creației plastice, de pildă. Cu totul altfel stă problema în cazul textului științific. De aceea, în acest caz, trebuie să respectăm cele zece reguli stabilite de Umberto Eco:

Regula 1. Fragmentele din alte lucrări, care fac obiectul analizei noastre critice, trebuie citate cu o „rezonabilă amploare". Dacă citatul supus analizei depășește o jumătate de pagină, se recomandă ca textul să fie reprodus *in extenso* în apendice, în anexe, urmând să cităm numai fraza care ne interesează pentru analiză. În lucrarea mea, *Stilistică și mass-media*, după capitolul privind *repetiția*, am reprodus *in extenso* un inventar de repetiții realizat de un cadru didactic din Târgu Mureș, după ce i-am cerut, evident, aprobarea, astfel încât cititorii să poată observa amploarea acestui fenomen.

Regula 2. Când cităm din literatura critică, trebuie să alegem citate care aduc ceva nou, care confirmă, cu autoritatea autorului lucrării citate, afirmaţiile noastre. Ideea este să nu folosim citate inutile. Exemplu: „Aşa cum spunea Marx, «uneltele perfecţionate conduc la creşterea productivităţii muncii»" sau exemplul dat de Eco: „Comunicaţiile de masă constituie, cum spunea McLuhan, «unul din fenomenele centrale ale timpului nostru»". Analizând cele două citate, vom vedea că ele conţin afirmaţii de domeniul evidenţei, pe care oricine le-ar fi putut face, deci nu este nevoie să invocăm autoritatea celor doi autori. Dacă vrem totuşi să arătăm că afirmaţiile de mai sus nu ne aparţin, putem recurge la câteva formule consacrate în astfel de situaţii: *s-a spus nu o dată*, *se ştie că...*, *s-a încetăţenit opinia că...* etc.

Regula 3. Când evocăm un citat, se presupune că împărtăşim ideea autorului respectiv. Desigur, asta nu înseamnă că, în cursul unei demonstraţii, nu putem invoca un citat doar pentru a polemiza cu autorul acestuia. Polemicile sunt foarte frecvente în ştiinţă (istorie, gramatică ş.a.), unde au loc numeroase dispute.

Regula 4. La orice citat trebuie să indicăm cu maximă rigoare sursa, care poate fi tipărită, electronică sau manuscrisă. Indicarea sursei poate fi făcută în trei modalităţi:

a) sistemul expunerii şi trimiterea la nota de subsol (sistemul autor-citat);
b) sistemul autor-dată, cu menţiunea că bibliografia trebuie redactată cu maximă rigoare;
c) printr-o simplă paranteză, în care precizăm doar numărul paginii, în cazul în care este vorba despre o analiză critică a unei lucrări. De exemplu, dacă ne-am propus să scriem o teză despre *Constituţia României*, vom indica o singură dată detaliile bibliografice, urmând ca la viitoarele citate să indicăm doar pagina din ediţia citată.

Regula 5. Trimiterile la sursele importante trebuie făcute apelând la cea mai bună ediţie critică. De pildă, pentru a folosi citate din opera lui Eminescu, se recomandă să recurgem la ediţia Perpessicius, dacă îl cităm pe Blaga, vom utiliza ediţia lui George Gană, pentru citatele din Rebreanu se recomandă ediţia Niculae Gheran etc. Desigur, putem utiliza şi ediţii de popularizare, care sunt mai la îndemâna noastră, dar numai după ce ne-am convins că ele reproduc textele după ediţiile cu adevărat ştiinţifice. Pentru autorii contemporani, care pot aduce modificări de la o ediţie la alta, se recomandă să folosim ultima ediţie – dacă se poate –, care poartă pe pagina de titlu menţiunea *ne varietur* (expresie latinească ce desemnează, aşa cum am văzut, ediţia la care nu se schimbă nimic). Romanul *Pânza de păianjen* al Cellei Serghi, de pildă, poartă pe ultima ediţie această menţiune. E adevărat că foarte puţine ediţii fac asemenea precizări, de care ar trebui să se ţină seama în procesul reeditării. Un exemplu concludent îl reprezintă lucrarea Ioanei Em. Petrescu, *Eminescu. Modele cosmologice şi viziune poetică*, apărut la Editura Minerva, în 1989. Această lucrare trebuia să se intituleze *Eminescu, poet tragic*, titlu ce nu a fost acceptat de cenzura vremii, căreia imaginea unui Eminescu tragic nu îi convenea. După Revoluţie, lucrarea a fost reeditată de Ioana Both, în colecţia „Eminesciana" a Editurii Junimea din Iaşi, cu titlul iniţial. Totuşi, când a apărut cea de-a treia ediţie, la Editura Paralela 45, editoarea, Irina Petraş, a folosit prima ediţie!

Regula 6. Atunci când se studiază un autor străin, citatele trebuie să fie în limba iniţială, regulă care se recomandă când e vorba despre opere literare, unde nuanţa unei traduceri este foarte importantă. Rămâne la aprecierea autorului dacă traduce sau nu aceste citate. Unii autori le traduc în note, alţii imediat după citat, între paranteze. Aşa procedează, de pildă, Stelian Tănase în jurnalul său *NY vs. LA*, unde foloseşte multe citate englezeşti, pentru a surprinde culoarea locală, pe care le traduce imediat. Eco recomandă ca, în cazul unei lucrări despre un filosof, de exemplu, să folosim textul original, dar să dăm şi traducerea, „fiindcă aceasta constituie şi un exerciţiu interpretativ din partea voastră" (p. 171).

> În fine, dacă se citează un autor străin, dar numai spre a extrage din el o informaţie, nişte date statistice sau istorice, o judecată generală, se poate folosi şi doar o bună traducere italiană [respectiv românească, n.n.] sau de-a dreptul a traduce fragmentul, spre a nu-l supune pe cititor la salturi continue de la o limbă la alta (Eco, 2000, p. 171).

Regula 7. Trimiterea la autor şi la operă trebuie să fie foarte clară. Umberto Eco dă următorul exemplu în acest sens:

> Suntem de acord cu Vasquez atunci când susţine că „problema examinată este departe de a fi rezolvată" şi, în pofida cunoscutei opinii a lui Braun, pentru care „s-a făcut definitiv lumină asupra acestei chestiuni", considerăm, împreună cu autorul nostru, că „e încă multă cale de parcurs până să se ajungă la un stadiu de cunoaştere satisfăcătoare".

Primul citat invocat aici este, evident, din Vasquez, al doilea din Braun, dar nu se ştie exact cui aparţine al treilea.

Regula 8 se referă la tehnoredactarea unui citat. Umberto Eco este de părere că, atunci când un citat nu depăşeşte două-trei rânduri, acesta se poate pune între ghilimele, asigurându-se fluenţa textului. Când citatul este mai lung, se recomandă să îl reproducem retras în interiorul paginii. În acest caz, nu sunt necesare ghilimelele, mai ales că citatul respectiv poate fi cules cu un corp mai mic de literă, încât să fie asigurată diferenţierea faţă de textul normal. Iată încă o recomandare tehnică:

> Subdiviziunea în paragrafe a sursei originale trebuie să fie menţinută în citat. Începuturile de rând ce se succed direct în sursă rămân separate de un spaţiu, ca şi diversele rânduri ale paragrafului. Paragrafele ce sunt citate din două surse diferite şi care nu sunt separate de un text de comentariu trebuie separate de un spaţiu dublu (Eco, 2000, p. 175).

Acest sistem are avantajul că ne atrage atenţia imediat asupra citatelor propriu-zise, ne ajută să revenim asupra lor, în cazul unei consultări ulterioare.

Regula 9. Citatele trebuie să fie fidele. Asta înseamnă că e necesar ca textul să fie transcris cu maximă fidelitate, urmând cele mai exigente reguli filologice de transcriere. Posibilitatea de a face greşeli la transcrierea unui citat s-a diminuat, datorită copiatoarelor. Când citatele se copiau cu mâna, apoi se dactilografiau şi se dădeau ulterior la cules în tipografie, se strecurau foarte multe greşeli. Acum avem posibilitatea de a culege citatele de pe foaia xeroxată direct la calculator. Eliminându-se câteva verigi în transcrierea citatelor, se înţelege că şi posibilităţile de a greşi sunt mai mici. Oricum, trebuie reţinută recomandarea lui Umberto Eco referitoare la faptul că, înainte de a da BT-ul (bunul de tipar), trebuie să mai verificăm o dată rigoarea citatelor.

În al doilea rând, nu trebuie eliminate părţi dintr-un citat fără a-l avertiza pe cititor asupra acestui lucru. Eco spune că eliminarea unui pasaj dintr-un citat se face „prin inserţiunea a trei puncte de suspensie pentru partea lăsată de-o parte" (Eco, 2000, p. 174). Trebuie să spun că acest punct de vedere este discutabil, cel puţin din perspectiva tradiţiei filologice româneşti. În practica noastră editorială, orice eliminare de cuvânt, propoziţie sau frază dintr-un citat se marchează cu trei puncte de suspensie puse între paranteze drepte. Punctele de suspensie pot fi chiar ale autorului respectiv (*Vizită*...,

D-l Goe...), astfel încât va fi greu pentru cititor să ştie dacă punctele de suspensie marchează lipsa unui pasaj din text sau deţin o valoare stilistică (aşa cum se întâmplă în cazul celor două exemple de titluri din Caragiale).

În al treilea rând, dacă într-un citat intervenim cu unele completări de informaţie, acestea trebuie să poarte menţiunea ca atare. La fel procedăm atunci când vrem să subliniem în citat un cuvânt sau o expresie: pentru a atrage atenţia asupra cuvântului sau expresiei respective, vom scrie, între paranteze rotunde: (subl. I.R.) sau (subl. n.) sau forma combinată: (subl. n., I.R.).

Mai poate exista situaţia când trebuie să adăugăm un cuvânt care lipseşte din textul citat, dar care este absolut necesar pentru o înţelegere corectă a citatului respectiv. Ne referim mai ales la reproducerea textelor mai vechi, culese foarte prost şi cu mari omisiuni.

Dacă autorul din care citez cade într-o eroare evidentă, se poate folosi aidoma citatul respectiv, dar după eroare se va menţiona: (*sic!*, „aşa", „astfel", în latină), amănunt prin care atragem atenţia că eroarea nu ne aparţine.

Regula 10. „A cita este ca şi cum ai depune mărturie într-un proces", spune Eco. Asta înseamnă că trebuie să venim cu martori, respectiv cu surse credibile, care să ne ajute să câştigăm procesul – în cazul nostru, pariul cu textul ştiinţific. Se pune întrebarea cum vom proceda dacă utilizăm o informaţie dintr-o scrisoare personală, dintr-un manuscris, dintr-o comunicare la un congres care nu a fost publicată încă. Eco este de părere că trebuie să menţionăm, după caz, sursa informaţiei. Desigur, când textul e publicat, nu avem nicio problemă. La fel când citām un manuscris, care se poate aduce ca probă. Mai greu este în cazul informaţiilor orale, care pot stârni controverse.

9. „Avertismente, capcane, uzanțe"

Sub acest generic, Umberto Eco tratează numeroase artificii, care nu epuizează „oceanul fără țărm" ce trebuie traversat atunci când redactăm o lucrare științifică:

- Să nu oferim referințe pentru noțiuni de cunoaștere universală. Așadar, să nu scriem: „Napoleon, cum scrie Ludwig, a murit la Sf. Elena", fiindcă se presupune că biograful Emil Ludwig nu este chiar atât de cunoscut încât să-l numim fără alte calificative: cunoscutul biograf al lui Napoleon, cel mai sagace cercetător al vieții lui Bonaparte etc. E altceva când vorbim despre Marx, în fraza „Țesătorii mecanici, care, cum spune Marx, au marcat venirea revoluției industriale", fiindcă Marx este prea cunoscut ca să mai fie necesare alte calificative.
- Să nu atribuim unui autor o idee pe care o preia de la altcineva.

> Nu numai fiindcă veți da impresia că v-ați folosit inconștient de o sursă de mâna a doua, ci și fiindcă acel autor poate să fi reluat ideea fără ca măcar să o fi acceptat (Eco, 2000, p. 194).

- Să citām cât se poate de riguros sursele de mâna a doua, la care am recurs fiindcă nu am avut acces la sursa primară.
- Să oferim întotdeauna informații precise despre edițiile critice, edițiile revizuite etc. Acest lucru se impune datorită faptului că diverse culturi au obiceiuri diferite de a transcrie numele proprii de persoane sau de localități. În general, în acest caz este bine să consultăm îndreptarele ortografice și de punctuație ale limbii române, care au liste privind transcrierea numelor greco-latine sau din alte limbi, conform adaptării tradiționale. Orașul Haga, de pildă, unde se află faimosul Tribunal Internațional, se ortografiază în

diferite feluri: Den Haag, The Hague, La Haye sau L'Aja! Varșovia este transcris Warszawa, Warsaw etc.

- Să fim foarte atenți la utilizarea adjectivelor ce provin de la numele proprii. De notat este tendința jurnaliștilor și a criticilor literari români de a forma adjective de la nume proprii, chiar dacă acestea nu s-au impus suficient în conștiința publică. Nu vorbim despre cazuri precum *sadovenian*, *eminescian*, *caragialian*, ci despre forme precum *ghermanian* (de la Sabin Gherman) sau *escian* (de la Andreea Esca).

Bibliografie specială

Călinescu, G., 1965, „Clasicism, romantism, baroc", în G. Călinescu, *Impresii asupra literaturii spaniole*, Editura pentru Literatură Universală, București.

Eco, Umberto, 2000, „Citatele. Când și cum se citează", în Umberto Eco, *Cum se face o teză de licență. Disciplinele umaniste*, traducere de George Popescu, Editura Pontica, Constanța (ediția a II-a, Polirom, Iași, 2007).

Hristea, Theodor, 1984, *Sinteze de limba română*, ediția a III-a revăzută și adăugită, Editura Albatros, București.

Petraș, Irina, 2003, *Cărțile deceniului 10*, Casa Cărții de Știință, Cluj-Napoca.

Petrescu, Ioana Em., 1981, „Citatul – element al limbajului poetic", în Ioana Em. Petrescu, *Configurații*, Editura Dacia, Cluj-Napoca, pp. 227-241.

Idem, 1981, „Funcția epică a citatului", în Ioana Em. Petrescu, *Configurații*, Editura Dacia, Cluj-Napoca, pp. 242-246.

Vulpe, Magdalena, 2002, „Trimiterile bibliografice", în Magdalena Vulpe, *Ghidul cercetătorului umanist. Introducere în cercetarea și redactarea științifică*, Editura Clusium, Cluj-Napoca, pp. 144-157.

VI

Exigențele punctuației

„Punctuația, fraților, e gesticulația gândirii."

(I.L. Caragiale)

1. Preliminarii

Ortografia și punctuația unei limbi au constituit de multe ori pretexte de dispută între lingviști și filologi, mai ales atunci când a intervenit în discuție și factorul politic. În lucrarea sa cu caracter memorialistic *Călare pe două veacuri*, Sextil Pușcariu spune că savanții bizantini „erau atât de preocupați de chestii de ortografie la mijlocul secolului XV, încât nu băgară de seamă că turcii împresurau Constantinopolul" (1968, p. 350).

Așa cum se precizează și în *DOOM* (ediția a III-a),

- Distincția semne ortografice – semne *de punctuație* nu este tranșantă: scrierea *corectă* în sens larg include și punctuația, iar multe semne pot îndeplini ambele roluri.
- În plus, multe sunt și semne grafice **convenționale** în diverse domenii.
- **II.** Singurul semn **exclusiv** ortografic este **apostroful**.

- Semnele folosite cu **ambele** roluri, uneori cu **predominarea** unuia dintre ele, sunt bara oblică, blancul (mai curând **procedeu** decât semn propriu-zis), cratima, linia de pauză și punctul (2021, p. 55).

Se spune că I.L. Caragiale, exilat la Berlin, dădea telefon tipografilor săi pentru a schimba câte o virgulă în unele dintre textele sale! Chiar dacă faptul în sine ține de domeniul anecdoticii, el sugerează cât se poate de bine scrupulozitatea în privința problemelor de punctuație a marelui nostru dramaturg.

Dacă există vreun reproș care s-ar putea face tuturor publicațiilor românești din perioada postdecembristă, acesta se referă la problema punctuației, mai precis la ignorarea sau proasta aplicare a regulilor aferente. Fenomenul nu devine alarmant pentru publicațiile respective, în virtutea principiului „mulți văd, puțini pricep"! Înmulțirea numărului de reviste, ziare, edituri și tipografii după 1989, apariția diletanților în materie de redactare, graba și superficialitatea cu care se lucrează sunt tot atâția factori care facilitează frecvența nepermisă a greșelilor de punctuație.

Adevărul este că, în predarea limbii române în școală, punctuației nu i s-a acordat atenția cuvenită. În ultima vreme, se constată însă un interes sporit pentru ortografie și punctuație. La olimpiadele școlare și la examenele de admitere apar frecvent exerciții ce vizează ortografia și punctuația.

Dacă e să apreciem presa comunistă pentru ceva (mai cu seamă presa centrală), atunci aceasta merită elogiată pentru atenția și grija acordată punctuației (dincolo de folosirea limbii de lemn, practicarea minciunii, a dezinformării și manipulării). Dacă am citi integral numere din *Scânteia*, de la frontispiciu până la ultima pagină, vom constata că textele sunt impecabile sub aspectul punctuației. Cauzele acestei performanțe trebuie căutate în faptul că în redacție existau stilizatori, fiecare articol fiind văzut de mai mulți redactori (cenzori) înainte de a fi publicat.

Invocăm aici afirmațiile profesorului Ion Zamfirescu (1978), referitoare la punctuație:

> Văd în punctuație ceva mai mult decât un capitol obișnuit de scolastică gramaticală, menit ca atare să fie învățat metodic în ani cuminți de ucenicie și să devină cu timpul un dispozitiv curent în mecanica noastră intelectuală.
> În materie de punctuație, regulile gramaticale spun mai mult, dar nu spun totul. În fiecare semn, dincolo de ceea ce stă în definiția lui strictă, pulsează și o parte de imponderabil, capabilă să genereze ori să adăpostească în ea nesfârșite virtualități și deschideri. [...]
> Punctuația, în fond, nu constrânge. Dimpotrivă, ea dă relief ideilor, sculptează înțelesuri, intră într-o fiziologie necesară a spiritului, asigură o disciplină de substanță în funcționarea liberă și exprimarea ordonată a gândirii (p. 2).

2. Definirea punctuației

În opinia lui G. Beldescu (1995), punctuația este

> o componentă a scrierii, constituită dintr-un ansamblu de semne convenționale, care oferă indicii de structurare grafică a unui text potrivit cu conținutul lui și cu intențiile vorbitorului, în vederea citirii corecte, adecvate (p. 7).

Punctuația oferă, așadar, reguli de organizare sintactică a unui text, ea fiind un auxiliar grafic al sintaxei (avem în vedere atât sintaxa propoziției, cât și a frazei). După o definiție din *Îndreptarul ortografic, ortoepic și de punctuație* (1995, p. 49), punctuația constituie „un sistem de semne convenționale, care au rolul de a marca în scris pauzele, intonația, întreruperea cursului vorbirii".

Anumite semne de punctuație pot fi obligatorii, facultative sau interzise. Bunăoară, înainte de conjuncțiile *iar*, *dar*, *însă*, *ci*, virgula este obligatorie, între subiect și predicat este interzisă, iar înaintea unor circumstanțiale este facultativă. Ignorarea semnelor de punctuație obligatorii sau interzise constituie problema cea mai frecventă. Bunăoară, în *Atac de Cluj* (anul I, nr. 4, 17 iunie 1999, p. 10), un deputat este apostrofat pentru că, într-o scrisoare trimisă redacției respective (scrisoare reprodusă în facsimil), pune (de două ori, cu obstinație!) virgulă între subiect și predicat: „Ceea ce a apărut în urmă cu șase luni într-un cotidian național, n-avea cum..."; „Nici o instanță pământească, nu poate pedepsi...".

Semnele de punctuație au un caracter convențional, fiindcă forma acestora nu e cerută de conținutul exprimat (semnul întrebării și cel al exclamării din limba română sunt folosite bunăoară și în limba spaniolă, dar sub formă răsturnată, la începutul propoziției: *¡Hola!* („Salut!"); *¿Cómo te llamas?* („Cum te cheamă?"). S-a demonstrat că, inițial, câteva semne de punctuație puteau fi folosite unele în locul altora. S-a ajuns apoi la o specializare a funcției acestora, ținându-se seama de context.

3. Importanța punctuației

Implicându-se în organizarea sintactică a unui text, punctuația contribuie la claritatea, acuratețea și nuanțarea mesajului transmis. Iată câteva dintre funcțiile sale:

a) Poate preveni ambiguitatea unor exprimări. E celebru cazul când o sentință de condamnare la moarte a fost comutată din cauza unui... punct!

Un condamnat scrie o cerere de grațiere către rege. Neînduplecat, monarhul îi refuză iertarea. Înainte chiar de execuție, sosește telegrama expediată de la palat. Uzând de formulele comprimate sintactic ale telegramei, mesajul regal sună astfel: EXECUTAT. NU GRAȚIAT! Recepționând mesajul, funcționarul de la poștă, cuprins

> de sentimente umanitare demne de veacul XX, își permite o minimă intervenție grafică, mutând punctul după NU. Depeșa sună acum altfel: EXECUTAT NU. GRAȚIAT! (Funeriu, 1995, p. 229)

Într-un articol din *Făclia Ardealului* (nr. 1527, 22 august 1951, p. 6), care apărea la Cluj-Napoca, în articolul „Programul manifestațiilor în zilele de 20-23 august", tot din cauza lipsei unei virgule, se schimba sensul frazei:

> Pentru a cinsti memoria ostașilor sovietici căzuți pentru eliberarea patriei noastre în ziua de 22 august la ora 7,45, delegații de oameni ai muncii din Cluj vor depune coroane de flori.

Prin absența virgulei înainte de „în ziua", se înțelege că ostașii sovietici au căzut în ziua de... 22 august 1951, la ora 7,45!

b) Punctuația are o funcție substitutivă, prin care se realizează, în scris, economie lexicală. Astfel, printr-o linie de pauză, se pot substitui:

- predicatul: „Grădină îmi sta cerul,/ iar munții – parmalâc" (Beldescu, 1995, p. 15), unde linia de pauză substituie predicatul *sta(u)* din versul al doilea;
- diverse prepoziții: „S-a inaugurat ruta București – Cluj-Napoca", unde sunt substituite prepozițiile *de la... până la...*

4. Punctuația și ortografia

Așa cum scria G. Beldescu (1995),

> punctuația are tangențe cu ortografia în situații în care amândouă recurg la aceleași semne (punctul, cratima, linia de pauză și bara oblică), în care semne de punctuație se află în contact (în vecinătate) cu semne ortografice, cu consecințe prozodice, și în care

punctuaţia se corelează cu ortografia în scriere cu iniţială majusculă şi iniţială mică (p. 67).

Limba română are cinci semne ortografice: blancul sau pauza albă ( ), cratima (-), linia de pauză (–), bara oblică (/) şi apostroful ('). Dintre acestea, numai blancul şi apostroful nu sunt întrebuinţate şi ca semne de punctuaţie. De aici rezultă legătura intrinsecă între ortografie şi punctuaţie.

În cele ce urmează, vom lua în discuţie cazurile cele mai frecvente de folosire a semnelor de punctuaţie, fără pretenţia de a epuiza toate contextele, performanţă pe care nu şi-o propun nici măcar lucrările de strictă specialitate.

5. Semnele de punctuaţie

5.1. *Punctul*

Este cel mai important semn de punctuaţie folosit în scrisul românesc. E vorba despre textele scrise cu chirilice, atât în limba slavă, cât şi în româneşte. La apariţia scrisului, punctul marca nu numai sfârşitul unei fraze, ci delimita şi propoziţii din cadrul unei fraze sau chiar grupuri de cuvinte. În general, utilizarea punctului nu creează dificultăţi, cum se întâmplă în cazul altor semne de punctuaţie.

Prezentăm în continuare câteva reguli ale utilizării punctului.

Punctul marchează pauza care se face în vorbire între propoziţii sau fraze cu sensuri independente: „Săniile porniră încet. Frigul creştea odată cu lumina" (M. Sadoveanu).

În ceea ce priveşte punctuaţia grupurilor de cuvinte, a propoziţiilor sau frazelor care se află între paranteze, se disting două situaţii:

- când paranteza apare la sfârșitul unei propoziții sau fraze, punctul se pune, de regulă, după paranteză: „Numeralul ordinal își păstrează totdeauna articolul posesiv: a cincea sesiune, sesiunea a cincea (nu sesiunea cincea)" (*Îndreptar*..., 1995, p. 55);
- când propoziția sau fraza se află în întregime între paranteze, punctul se pune în interiorul parantezei, iar după paranteză nu se mai folosește un alt punct:

> Unele substantive au o formă deosebită și pentru vocativul singular: în *-e* substantivele masculine și în *-o* cele feminine. (Alteori însă forma de vocativ este identică cu cea de nominativ-acuzativ: frate, mamă.) (*Îndreptar*..., 1995, p. 55)

Regula este respectată de mulți lingviști: Iorgu Iordan, 1975, p. 231; Dumitru Irimia, 1999, p. 136; G.G. Neamțu, 1999, p. 7; G. Gruiță, 1994, p. 134; G. Beldescu, 1995. Într-un articol din *Tribuna* (Rad, 1998, p. 7), am arătat că această regulă poate părea pedantă, motiv pentru care nici măcar lingviștii nu o aplică în totalitate. Astfel, profesorul Theodor Hristea (1984), un campion al acribiei filologice (și nu numai!), în următorul context, folosește punctul după paranteză:

> În lingvistică, astfel de cuvinte și forme gramaticale se numesc *omografe*, întrucât se scriu la fel, dar diferă prin accent și, implicit, prin sensul pe care îl au. (Pentru *omografe*, vezi și pag. 22-23). (p. 171).

De altfel, nici chiar *Îndreptarul*..., care stipulează o asemenea normă, nu e consecvent, pentru că, la pagina 53, deci cu două pagini înainte de precizarea normei, dă următorul exemplu:

> Punctul apare și înaintea propozițiilor sau a frazelor independente introduse prin conjuncția *și*, când aceasta nu are rolul ei obișnuit

de conjuncţie coordonatoare, ci sugerează succesiunea neîntreruptă a unor acţiuni. (Cu acest rol conjuncţia *şi* apare mai ales în stilul narativ).

Un exemplu recent:

(Titlurile de nobleţe sunt incongruente cu forma de singular a verbului utilizat. Desigur, tema dialogului de asemenea contrastează cu titulaturile pretenţioase.).

După cum se vede, în acest caz autorul a pus punct atât înainte, cât şi după paranteză! Cred că ne aflăm în faţa unei situaţii în care practica va fi mai puternică decât norma, iar folosirea punctului după paranteză se va generaliza.

Punctul este utilizat în abrevieri: O.N.U., S.U.A. Tendinţa actuală este de a se renunţa la aceste prescurtări, în favoarea celor fără punct: CDR, PDSR, ONU, SUA, PNŢCD.

Punctul mai este utilizat în următoarele situaţii:

- după anumite prescurtări: cap. („capitol"), ed. („ediţie"), *op. cit.* („opera citată"), prof. („profesor"), dr. („doctor"). În aceste situaţii, punctul este semn de ortografie;
- după cifrele arabe care marchează subdiviziunile textului ştiinţific: 2.1.1; 2.1.2;
- după notele de subsol sau referinţele bibliografice: I. Funeriu, *op. cit.*, p. 6 sau I. Berg, *Dicţionar de cuvinte, expresii, citate celebre,* ediţia a II-a revizuită şi adăugită, Editura Ştiinţifică, Bucureşti, 1969.

Nu se pune punct în următoarele situaţii:

- după titlurile de cărţi, opere literare, muzicale etc.;
- după simbolurile şi prescurtările din chimie, fizică sau matematică: km, kg, m, cm, A (amper), V (volt) etc.;
- după punctele cardinale: E, V, N, S.

Observație

Punctul pune unele probleme de tehnoredactare. Iată câteva reguli:

- Nu se folosește spațiul (␣) înaintea punctului:
  Greșit: Apa trece, pietrele rămân␣.
  Corect: Apa trece, pietrele rămân.
- După punct se lasă un singur spațiu (când pe același rând începe un alt enunț), deși multe lucrări americane, chiar de dată recentă, folosesc un dublu spațiu. Acest obicei a apărut probabil din dorința de a asigura textului un caracter mai „aerisit", deși una dintre cele opt reguli ale lui Roger C. Parker afirmă: „Renunță la obiceiul de a adăuga două spații după punct" (*apud* Funeriu, 1996, p. 282).
  Greșit: Copilăria lui se sfârșise.␣ ␣Intra în adolescența plină de neprevăzut.
  Corect: Copilăria lui se sfârșise.␣Intra în adolescența plină de neprevăzut.
- O problemă disputată este dacă se lasă ori nu un spațiu între abrevierile unor prenume succesive urmate de numele de familie scris întreg: I.␣L. Caragiale sau I.L. Caragiale. I. Funeriu, un autor extrem de meticulos, recomandă cea de-a doua variantă:
  - D.R. Popescu, nu D.␣R. Popescu;
  - N.D. Cocea, nu N.␣D. Cocea;
  - I.L. Caragiale, nu I.␣L. Caragiale.

  Găsim aceeași recomandare și în câteva lucrări americane.
- Nu se tastează spațiu după punct, nici când acesta separă grupe de numere ce exprimă date calendaristice (18.02.1955, nu 18.␣02.␣1955), conturi bancare etc.

Mai nou, se obișnuiește să nu se mai tasteze spațiu în interiorul unor abrevieri precum: S.N.C.F.R., P.S.D., K.G.B.,

C.I.A. etc. Aşa cum am mai afirmat, aceste abrevieri se scriu şi fără punct: SNCFR, PSD, KGB, CIA etc. Atrag atenţia că procedeul nu trebuie generalizat sub nicio formă şi în cazul numelor de persoane, aşa cum am văzut deja în presă: CV Tudor, NC Munteanu.

5.2. *Semnul întrebării*

Acest semn a apărut prin secolul al XVI-lea, după modelul scrierii greceşti, fiind redat prin punct şi virgulă. După un secol, semnul întrebării este folosit într-o formă asemănătoare cu cea de astăzi. Faptul că semnul întrebării se pune doar la sfârşitul propoziţiilor şi al frazelor interogative poate crea anumite dificultăţi pentru cititor, care nu cunoaşte de la început sensul interogativ al propoziţiei sau frazei respective. Pentru a remedia acest neajuns, limba spaniolă, de pildă, foloseşte semnul întrebării în formă răsturnată şi la începutul propoziţiei sau al frazei. Sub influenţa limbii spaniole, s-a încercat şi la noi introducerea acestei metode, dar procedeul a rămas izolat. În general, nici acest semn nu creează mari dificultăţi. Iată câteva reguli de utilizare a semnului întrebării:

- după cuvinte, grupuri de cuvinte, propoziţii sau fraze cu caracter interogativ: „Iar vrei să te pupe cucul armenesc şi să te spurce, ca să nu-ţi meargă bine toată ziua?” (I. Creangă) sau „Să fie şi din cauza absenţei oricărui cuvânt însoţitor, iarăşi ca atunci când *este* are funcţie predicativă?” (I. Iordan);
- într-o conversaţie, când unul dintre interlocutori răspunde prin mimică şi gesturi:

  „– Ei, da! şi Costică...
  – ?
  – Costică Arion...” (I.L. Caragiale);

– după titlurile constituite din propoziții interogative directe: *Ce-i de făcut?* (N. Cernîșevski).

Nu se utilizează semnul întrebării după propoziții interogative indirecte, inclusiv atunci când acestea se constituie în titluri: „Cum am învățat românește" (C. Negruzzi); „Se-ntreabă ce să facă" (G. Topîrceanu); „Gheorghieș, copilul, are să-l întrebe ce i-a adus de la târg" (Beldescu, 1995, p. 84); „Cum îi numesc pe vrânceni vecinii și cum îi numesc pe aceștia vrâncenii" (Beldescu, 1995, p. 85).

În legătură cu folosirea inițialei majuscule, G. Beldescu (1995) face următoarea precizare:

> După semnul întrebării și semnul exclamării, inițiala majusculă marchează începutul altui enunț și presupune o pauză precedentă mai lungă, pe când inițiala mică semnalează continuarea comunicării în același enunț și o pauză interioară mai mică, deci un tempo mai grăbit al vorbirii (p. 72).

Exemple: „Da' slănină nu-i în pod? unt nu-i? ouă nu-s?" (I. Creangă); „Ce e cartea asta? De cine e? De unde vine? Ce scrie în ea? Ce gânduri ai cu ea? De ce ai cumpărat-o?" (Beldescu, 1995, p. 91).

Trebuie reținut faptul că după o propoziție care se termină cu semnul întrebării nu se pune punct, decât dacă aceasta constituie un citat reprodus între ghilimele:

Să ne oprim la replica: „Înțelegi sau nu înțelegi?".

Uneori, semnul întrebării poate fi folosit simultan cu cel al exclamării: „Tu ești, mă, tragedianule?!" (G. Galaction).

Între text și semnul întrebării nu se lasă blanc (spațiu alb), așa cum procedează unii tehnoredactori.

5.3. *Semnul exclamării*

Acest semn marchează grafic intonația frazelor și a propozițiilor exclamative și imperative. El se utilizează și după interjecțiile și vocativele care exprimă diverse stări afective.

Se pune semnul exclamării în următoarele cazuri:

- după o propoziție exclamativă: „Ce ochi frumoși avea Margareta în seara aceea!" (Al. Vlahuță);
- după o propoziție imperativă: „Fugiți! Fugiți!" (G. Galaction);
- după interjecții: „He-he-he! râse jupân Năstase, s-au trecut acele vremuri!" (M. Sadoveanu);
- după titluri exprimate prin substantive în cazul vocativ: *Absalom, Absalom!* (titlul unui roman de W. Faulkner);
- când autorul își exprimă îndoiala sau ironia față de cele exprimate în propoziție, semnul exclamării ținând locul cuvântului latinesc *sic* („chiar așa"): „Am scris lui Barbu în franțuzește (!), ca să-l felicit pentru discursul său" (I.L. Caragiale);
- în locul replicilor date prin mimică sau gesturi:

– Glumă e să mă arză odată cu o avere de om...
– ...!!!
– Patruzeci de mii de franci!...
– !!! (I.L. Caragiale).

Trebuie reținut faptul că, uneori, semnul exclamării se folosește în scrisori, după formula de adresare: „Salut!", „Fraților români!", „Stimați compatrioți!".

Dacă o interjecție este urmată de un substantiv în vocativ, semnul exclamării este înlocuit de virgulă: „O, mamă, dulce mamă, din negură de vremi/ Pe freamătul de frunze la tine tu mă chemi" (M. Eminescu).

Ca și în cazul semnului întrebării, după semnul exclamării, „inițiala majusculă marchează începutul altui enunț și presupune o pauză precedentă mai lungă, pe când inițiala mică semnalează continuarea comunicării în același enunț și o pauză interioară mai mică, deci un tempo mai grăbit al vorbirii" (Beldescu, 1995, p. 72): „Vai de mine! nu-i bună asta!" (I.L. Caragiale); „Domnilor!... Onorabili cetățeni!... Fraților!..." (I.L. Caragiale).

După o propoziție exclamativă se pune punct doar dacă aceasta este într-un citat: „Din schița lui Caragiale a reținut doar îndemnul: «La Peleș! și mai iute!»".

Uneori, se pot utiliza mai multe semne de exclamare, în funcție de caracterul emotiv al comunicării: „Atunci!!!! e-ngrozitor de spus!!!!!" (I.L. Caragiale).

5.4. *Virgula*

Dintre toate semnele de punctuație, virgula este cel mai des întrebuințată și, din această cauză, creează cele mai multe probleme. Conform *Îndreptarului...*, virgula

> delimitează grafic unele propoziții în cadrul frazei și unele părți de propoziție în cadrul propoziției. Virgula arată felul în care fraza și propoziția se despart în elementele lor constitutive, pe baza raporturilor sintactice dintre ele. Aceasta este funcția gramaticală a virgulei (p. 63).

Regimul folosirii virgulei trebuie studiat în propoziție și în frază.

5.4.1. Folosirea virgulei în propoziţie

Se pune virgulă în următoarele situaţii:

- între părţi de propoziţie de acelaşi fel (subiecte, predicate, nume predicative, complemente, atribute), dacă acestea nu sunt legate prin conjuncţia copulativă *şi* ori prin conjuncţia disjunctivă *sau*: „Chipul rumen, gura fragedă, apele ochilor şi focul părului spuneau atâta frumuseţe cutezătoare şi iritantă" (G. Galaction);
- în locul unui verb, predicativ sau auxiliar, omis prin elipsă: „Adesea, puse alături, caietul lui ai fi zis că este modelul de caligrafie tipărit, iar modelul de caligrafie, scris de mână" (I.L. Caragiale).

Observaţie

Considerăm că ar fi mai sugestivă elipsa verbului prin utilizarea liniei de pauză („iar modelul de caligrafie – scris de mână"), mai ales că, în asemenea context, linia de pauză este flancată de blancuri, care fac şi mai vizibilă elipsa.

- când izolează un substantiv de o apoziţie explicativă: „Zeus, feciorul lui Cronos, făcu semn din sprânceană că primeşte" (Al. Odobescu);
- construcţiile gerunziale şi participiale, cu sau fără determinări, aşezate la începutul frazei se despart prin virgulă: „Fiind mediocru şi ca învăţătură, şi ca inteligenţă, n-a putut să izbutească" (G. Galaction);
- se pune virgulă între complementele circumstanţiale aşezate între subiect şi predicat, dar numai când subiectul este aşezat înainte de predicat: „Povestea bătrână, în măreţia codrului, aduce înfiorări pe chipurile lor trudite" (M. Sadoveanu);

- se despart prin virgulă substantivele în cazul vocativ: „Am trei copii, Costică!" (I.L. Caragiale), „Deșteaptă-te, române!";
- după interjecții se pune virgulă: „Ei, ce veste ne mai aduci de pe la târg?" (I. Creangă).

Observație

După interjecție se poate pune, așa cum am văzut, și semnul exclamării. Când interjecțiile sunt urmate de un substantiv cu care formează în rostire o unitate, nu se pune niciun semn: „Bre Ilie, vină-ncoace!" (M. Sadoveanu), „Măi animalule!" (celebrul apelativ al lui Ion Iliescu, adresat la Constanța lui Paul Pârvu, pe atunci ziarist în presa scrisă).

- conjuncția *așadar* și locuțiunea conjuncțională *prin urmare*, așezate în interiorul unei propoziții, se pun între virgule: „Sâmbătă, așadar, de la amiazi, amândouă aceste doamne încep să se pregătească de plecare" (I.L. Caragiale).

Interdicții de folosire a virgulei în propoziție:

- nu se desparte prin virgulă subiectul de predicat: „Manoilă se uita la gura ei cu admirație" (M. Sadoveanu);
- nu se despart prin virgulă părțile de propoziție de același fel, legate prin conjuncția copulativă *și* ori prin *sau*: „Discuta dacă femeia are sau nu un suflet" (G. Galaction);
- complementele directe și indirecte ce urmează după predicat nu se despart prin virgulă: „El a măritat pe fiică-sa după un om bun și harnic" (I. Creangă);
- interjecția *ia* nu se desparte de verbul următor, cu care formează o unitate: „Ia fii bun dumneata și-i pune imediat la loc" (I.L. Caragiale);
- conjuncțiile *însă, deci* și adverbul *totuși*, plasate în interiorul unei propoziții, nu se despart prin virgulă: „Numai în cugetele cele mai eminente ale veacului păgân, fără însă

ca nimeni să bănuiască, amurgul contimporan avea tonuri şi clarităţi" (G. Galaction).

5.4.2. Folosirea virgulei în frază

Coordonarea:

- se pune virgulă între propoziţiile coordonate prin juxtapunere: „Mi-ai făcut un bine, ţi l-am făcut şi eu" (M. Eminescu);
- se pune virgulă între coordonatele copulative, legate prin *nici*, *nu numai*, *ci şi*: „Nu caut vorbe pe ales,/ Nici ştiu cum aş începe" (M. Eminescu);
- se pune virgulă între coordonatele adversative legate prin *dar*, *iar*, *însă*, *ci*: „I se părea că nu fuge, ci cade din înaltul ceriului" (M. Eminescu);
- se pune virgulă între coordonatele disjunctive, când amândouă încep cu *ba*, *când*, *fie*, *ori*, *sau*: „Fie că plec, fie că nu plec, tot aşa rămânem".

O atenţie deosebită necesită coordonatele legate prin *şi* copulativ ori prin *sau*, care nu se despart prin virgulă: „Dumneata cercetezi şi numeri marfa şi pui banii pe masă" (Beldescu, 1995, p. 152).

Subordonarea:

- propoziţiile subiective şi predicative nu se despart de regentă prin virgulă, indiferent de locul lor în cadrul acesteia: „Cine se scoală de dimineaţă departe ajunge"; „Cine ştie câştigă"; „Problema este ce va face după absolvire";
- subordonatele atributive (izolate) se despart prin virgulă de regentele lor: „Mesrur a adus pe Abu-Hasan într-altă odaie, unde aşteptau o droaie de cântăreţe" (I.L. Caragiale);
- completivele directe şi indirecte se despart, de obicei, prin virgulă când sunt aşezate înaintea regentei: „Că trenul

plecase de zece minute, a aflat înainte de a sosi la gară"; „Bucuros că vremea era frumoasă, și-a continuat drumul". Când urmează după regentă, cele două subordonate nu se despart prin virgulă de regenta lor: „Acum simțea că i-a dispărut frica"; „Mă tem că va veni ploaia";

- circumstanțiala de loc ce urmează după regentă nu se desparte prin virgulă de aceasta. Când o precedă, cu mici excepții, se desparte prin virgulă: „M-am oprit unde mi s-a spus inițial"; „Unde mi s-a spus inițial, acolo m-am oprit";
- în general, când precedă regenta, circumstanțiala de timp se desparte de regentă prin virgulă, iar când urmează regentei, nu se desparte prin virgulă de aceasta: „Când ajunse în poiană, Lizuca privi cu atenție în jur" *vs* „Lizuca privi cu atenție în jur când ajunse în poiană";
- de obicei, circumstanțiala de mod se desparte prin virgulă de regenta ei când se află înaintea acesteia și întotdeauna când este intercalată. Când urmează regentei, se desparte de ea prin virgule, dacă nu se insistă asupra subordonatei: „Cum îți vei așterne, așa vei dormi" *vs* „Vei dormi cum îți vei așterne"; „Merse încet, ca și cum i s-ar fi terminat puterile, până la marginea drumului";
- în general, circumstanțiala cauzală se desparte prin virgulă de regenta ei, indiferent de poziție: „N-am mai plecat în excursie, fiindcă a plouat toată ziua" *vs* „Fiindcă a plouat toată ziua, n-am mai plecat în excursie";
- circumstanțiala finală se desparte de regenta ei prin virgulă, dacă se află înaintea acesteia. Când îi urmează, se desparte prin virgulă numai când vrem să subliniem că este un element esențial în frază: „Ca să ajungem la epoca instituirii ei, trebuie să suim până aproape de leagănul bisericii" (I.L. Caragiale); „Se duce drept la frate-său, ca să-i ducă bucuria" (I. Creangă); „Veniseră la Călifar ca să-l pedepsească";

- circumstanțiala condițională se desparte de regenta ei prin virgulă, indiferent de poziția pe care o are, cu excepția cazului când se insistă în mod deosebit asupra condiționalei (caz în care nu se desparte prin virgulă): „În caz că mergi la seminar, te însoțesc și eu" *vs* „Te însoțesc și eu, în caz că mergi la seminar"; „Mergem la cursuri, dacă timpul este frumos";
- subordonata concesivă se desparte întotdeauna prin virgulă de regenta ei, indiferent de poziția față de aceasta: „Cu toate că întunericul s-a lăsat deplin, domnișoara vede" (M. Sadoveanu); „Cetatea n-avem de gând să i-o dăm cu una cu două, măcar că nu sunt în ea nici averi, nici merinde" (C. Negruzzi);
- subordonata consecutivă urmează întotdeauna după regenta ei și se desparte, în general, prin virgulă de aceasta: „I-oi face eu cumătrului una, de și-a mușca labele" (I. Creangă).

O atenție deosebită trebuie acordată propozițiilor incidente, intercalate într-o frază, care se despart prin virgulă sau linii de pauză: „Ia citește-mi-o și mie, zise Grigoriță cum stătea cu fața-n sus și căsca, să văd ce prostie ai scris" (C. Hogaș).

5.5. *Punctul și virgula*

Punctul și virgula constituie un semn de punctuație care marchează, de obicei, o pauză mai mare decât cea redată prin virgulă, dar mai mică decât cea exprimată prin punct. Punctul și virgula despart propoziții sau grupuri de propoziții care formează unități relativ independente în cadrul unei fraze. De multe ori, folosirea punctului și a virgulei rămâne la aprecierea scriitorului, căci pauza astfel notată ar putea fi marcată prin punct sau prin virgulă, fără ca sensul frazei să aibă de suferit. În general, utilizarea acestui semn de punctuație nu constituie prilejul unor erori în scris:

> Un râs; obrazul învăpăiat; o piruetă fluturând fustele; altă gâlgâire sonoră de hohot; privirea strecurată cu nevinovată șiretenie pe sub gene (Beldescu, 1995, p. 174);

> Euforia după '89 a fost generală; nu s-a mai întrerupt curentul; caloriferele s-au încins miraculos; am primit apă caldă nonstop; la PECO îți dădeau benzină cu 9 lei și nu te mai întrebau de bon; la pâine nu mai arătai buletinul... (Funeriu, 1995, p. 255)

5.6. *Două puncte*

Acest semn de punctuație are următoarea utilitate:

> anunță vorbirea directă sau o enumerare, o explicație, o concluzie și marchează totodată o pauză, în genere mai mică decât pauza indicată de punct. Ele se pun atât la sfârșitul unei fraze, cât și în interiorul ei (*Îndreptar...*, 1995, p. 76).

„Erau în casa aceea trei oameni: Busuioc, Iorgovan, Sofron" (I. Slavici).

Uneori, cele două puncte pot suplini virgula sau pauza: „Sufletul vostru: un înger, inima voastră: o liră..." (M. Eminescu).

După două puncte, cuvântul care urmează poate fi scris cu majusculă sau cu minusculă, în funcție de context. De cele mai multe ori, este folosită minuscula: „Veniți: privighetoarea cântă și liliacul e-nflorit!" (Al. Macedonski).

Observație

În unele limbi, cele două puncte pot fi folosite și în alte contexte. De pildă, în limba engleză, ele sunt folosite între oră și minute (5:30).

5.7. *Semnele citării (ghilimelele)*

Ghilimelele au început să fie folosite de prin secolul al XVII-lea, fiind create de către un presupus tipograf francez, Guillaume, de la care li se trage şi denumirea. Guillaume a creat aşa-zisele ghilimele franceze («...»). Acest semn de punctuaţie a fost extins apoi şi în alte culturi, în diverse forme: englezii folosesc ghilimelele alcătuite dintr-un fel de virgule, plasate la „umărul" cuvintelor ("..."), în timp ce germanii au ales o altă formă grafică (»...«). Modelul generalizat în cultura română este „...".

Semnele citării sau ghilimelele se folosesc atunci când reproducem *întocmai* un text scris sau rostit de cineva: „Cineva mă luă de mână şi-mi zise, sărutându-mă pe amândoi obrajii: «Iorgule, Iorgule, plângi, Iorgule, pe acela care nu se va mai întoarce!»" (B.Şt. Delavrancea).

Uneori, semnele citării pot exprima ironia: „Prietenii ţin să afle pentru care afacere «foarte serioasă» a venit în capitală munteanul lor" (I.L. Caragiale).

În lucrările de lingvistică, se obişnuieşte ca sensul unui cuvânt să se dea între ghilimele:

> Unele neologisme intrate în limba română nu au şansa generalizării: *a acuşa* „a naşte" sau *a badina* „a glumi". Nouă ni se pare mai sugestivă varianta: *a acuşa* = „a naşte".

Se întâmplă uneori ca în interiorul unui citat să apară un alt citat. Recomandarea este ca, în asemenea cazuri, să se folosească ambele tipuri de ghilimele: „Fiecare plecare «la ţară» îi producea o imensă bucurie".

Mai există un tip de ghilimele, pe care I. Funeriu le numeşte „ghilimele iterative", folosite în enumerări şi tabele, pentru a evita repetarea aceluiaşi cuvânt de prea multe ori (Funeriu, 1995, p. 130):

Volga	3 531	kilometri
Dunărea	2 860	"
Ural	2 828	"
Nipru	2 201	"

În ceea ce privește ghilimelele finale, I. Funeriu precizează:

> Ghilimelele se pun fie după punctul final, fie înainte de acesta, după cum cere fraza: când citatul reprezintă o propoziție sau o frază completă (încheiată), ghilimelele stau după punct, iar când citatul este o propoziție sau o frază incompletă, acestea se pun înaintea punctului (1995, p. 134).

Nu se lasă blanc între ghilimele și cuvântul care urmează sau cel anterior. Un tehnoredactor bun trebuie să știe că ghilimelele inițiale nu au ce căuta niciodată la sfârșit de rând, după cum un rând nu poate începe cu ghilimele finale.

I. Funeriu, care a consacrat ghilimelelor un întreg capitol în lucrarea sa, *Principii și norme de tehnoredactare computerizată*, afirmă:

> Cine urmărește problema, din curiozitate sau din interes profesional, observă imediat realitatea că, de când au apărut programele computerizate, aproape fiecare publicație folosește ghilimelele sale. Ba mai mult, dacă revistele, ziarele sau editurile au angajați mai mulți operatori pe computer, se întâmplă ca, în interiorul aceleiași publicații, să găsim inconstanțe grafice la tot pasul (p. 123).

Pentru a atrage atenția asupra dispersiei dezarmante în folosirea ghilimelelor, I. Funeriu a realizat o interesantă „colecție":

ADEVĂRUL [„...”], [„...“], [„...″], ["..."];
CAŢAVENCU [„...”], [”...”], [“...”], [‘...‘];
COTIDIANUL [”...”], [„...“], [„..."], [“...“];
EVENIMENTUL ZILEI ["..."], [„...″], [„...”], [„...”];
EXPRES [”...”], [„...″], ["..."], [“...“];
RENAŞTEREA BĂNĂŢEANĂ ["..."], [„...“], [„...”];
ROMÂNIA LIBERĂ [″...″], [”...”], [„...“];
TIMIŞOARA [„...”], ["..."], [”...”];
ZIUA [″...″], ["..."], [”...“], [’...’], [„...“] etc.

Dispersie dezarmantă în folosirea ghilimelelor (apud *I. Funeriu,* Principii şi norme de tehnoredactare computerizată*, Editura Amarcord, Timişoara, 1995, p. 123*)

5.8. *Linia de dialog sau de pauză*

Acelaşi semn de punctuaţie – un fel de cratimă dublă! – are două funcţii diferite:

- ca linie de dialog, marchează începutul vorbirii fiecărei persoane care participă la discuţie;
- ca linie de pauză, redă pauza dintre diferitele părţi ale propoziţiei, dintre propoziţii sau fraze.

Linia de dialog nu creează, în general, niciun fel de dificultăţi în folosire. Menţionăm că, în ultima vreme, probabil din nevoia de a economisi spaţiul tipografic sau de a urma modelul din alte literaturi (cea italiană, de exemplu), se renunţă la folosirea liniei de dialog în favoarea ghilimelelor, cuvintele sau propoziţiile aflate între ghilimele nemaiîncepând cu alineat. Aşa sunt scrise, de pildă, ultimele romane ale lui Augustin Buzura.

Linia de pauză se foloseşte în interiorul unei propoziţii sau fraze, pentru a delimita cuvinte şi construcţii intercalate, ea având aici rolul parantezelor (motiv pentru care unii cercetători o numesc „paranteză orizontală"): „Moșneagul nostru – Ilie Aldea a lui Ion – era om vechi" (M. Sadoveanu).

Linia de pauză poate marca, în construcțiile eliptice, lipsa predicatului sau a verbului copulativ: „În stânga – margine de pădure, până la râpa unui pârâu" (M. Sadoveanu).

Observație

Linia de pauză nu poate suplini, în unele situații speciale, și virgula. În cazul în care contextul impune și folosirea virgulei, aceasta se pune *după* linia de pauză:

> *Greșit*: Se vor folosi fie steluțe – dacă nu sunt prea numeroase, – fie cifre urmate de o paranteză.
> *Corect*: Se vor folosi fie steluțe – dacă nu sunt prea numeroase –, fie cifre urmate de o paranteză.

Linia de pauză se mai folosește și în situațiile în care avem un cuvânt compus scris cu cratimă: *americano – sud-coreean*; *nord – nord-vest* etc.

5.9. *Paranteza*

Parantezele rotunde ( ) sau drepte [ ] indică un adaos în interiorul unei propoziții sau fraze. În piesele de teatru, sunt puse între paranteze rotunde indicațiile de regie. Parantezele drepte sunt folosite pentru a închide un adaos făcut de noi în text, pentru ca acesta să fie mai clar: „Am găsit de cuviință să te poftesc [la praznic – n. I.R.] și pe d-ta" (I. Creangă).

Parantezele drepte se mai folosesc pentru a marca lipsa unui fragment, a unui cuvânt dintr-un text. Numite și „croșete", parantezele drepte au fost utilizate în timpul regimului comunist pentru a marca un cuvânt sau un pasaj eliminate de cenzură.

Ulterior, acest lucru nu s-a mai făcut, astfel că multe texte tipărite atunci nu mai reprezintă documente demne de încredere, tocmai din această cauză.

5.10. *Punctele de suspensie*

Punctele de suspensie arată o pauză mare în cursul vorbirii. Spre deosebire de punct, punctele de suspensie nu marchează sfârșitul unei propoziții sau al unei fraze, ci indică, în general, o întrerupere a șirului vorbirii (*Îndreptar*..., 1995, p. 86).

Mulți scriitori pun puncte de suspensie după anumite titluri: *O, mamă*..., *Departe sunt de tine*... (M. Eminescu); *D-l Goe*..., *Vizită*... (I.L. Caragiale), amănunt pe care mulți editori îl ignoră, deși valoarea stilistică a lor este ridicată în aceste contexte.

Trebuie reținut faptul că, în textele științifice, punctele de suspensie trebuie folosite cât mai puțin, tocmai datorită valorii lor conotative.

5.11. *Cratima (liniuța de unire sau de despărțire)*

Ca semn de punctuație, cratima se folosește în următoarele situații:

- în repetiții de cuvinte ce formează o unitate: „Gânduri-gânduri... treceau prin cugetul lui Dănilă” (G. Galaction);
- în interiorul unor expresii formate din părți de vorbire identice sau diferite: „Pe cer nouri: ici-colo clipesc stele” (M. Sadoveanu);
- între cuvinte care indică limitele unei distanțe sau ale unui interval de timp: „Șoseaua Turda-Abrud; Perioada 1 iunie-30 decembrie 1999”.

5.12. *Bara oblică*

Este cel mai nou semn de punctuație. Se folosește în următoarele situații:

> în interiorul enunțurilor, între cuvinte sau numerale reprezentate cifric, cu funcția generală de delimitare și substituire. Ca și parantezele ori ca și linia de pauză (cu care poate fi de multe ori înlocuită), bara oblică realizează în scris economie de mijloace verbale, compensate sau nu la lectură (Beldescu, 1995, p. 199).

Bara oblică poate substitui:

- prepoziții: „Legea 99/1998";
- conjuncții: „teme pentru sesiuni științifice/simpozioane";
- elementul *a* al formei de feminin pentru numeralul ordinal: „Sosesc cu acceleratul de prânz, în 22/III/1998".

DOOM (ediția a III-a) precizează că bara oblică „**nu** este precedată, **nici** urmată de **blanc**". Ea poate fi însă urmată de un blanc atunci când sunt citate versuri, situație impusă de practică.

Deși au trecut trei decenii de la reforma ortografică din 1993, regula recomandată de *DOOM* cu privire la transcrierea barei oblice nu s-a încetățenit. Este vorba de folosirea frecventă a unui spațiu (blanc) înainte și după *bara oblică*, deși, repet, în *DOOM* se precizează, la p. 58: „**Nu** este precedată, **nici** urmată de **blanc**". Realitatea arată urmarea fluctuantă a acestei recomandări: cu blanc atât înainte, cât și după bara oblică (*frază / enunț*; *anterior / anterior*); folosirea blancului doar *după* bara oblică (*prezentarea/ interpretarea*) sau doar înainte de bara oblică (*birou și /sau o cercetare*); fără blancuri înainte și după bara oblică (*domeniul/specializarea*). Aici este și o chestiune de estetică, încât fiecare autor își alege varianta dorită. Eu folosesc varianta fără blanc înainte, pe considerentul că bara oblica este şi semn de punctuaţie, iar toate semnele de punctuaţie se scriu „lipite" de cuvântul anterior. În cartea lui I. Funeriu, din care am mai citat, acesta spune:

> Din punctul de vedere al reprezentării grafice a semnului, tradiţia nu a impus un sistem unitar. Până şi în lucrări de excelentă ţinută filologică, pot fi înregistrate incertitudini şi ezitări în privinţa transcrierii lui. Este cazul fluctuaţiilor tipografice din studiul Mioarei Avram, unde găsim: „eul poetic / eul empiric", dar şi: „literar/neliterar" (2021, pp. 160-161).

5.13. *Tilda*

Este semnul grafic asemănător unui *s* culcat (~) şi e folosit în următoarele cazuri:

- pentru a marca substituirea unui cuvânt, mai ales în dicţionare:

> **definitiv, -ă** *adj.* care nu se mai poate modifica; absolut, categoric, irevocabil. *profesor* (sau *învăţător*) ~ = profesor (sau învăţător), care, după trecerea examenului de definitivat, obţine dreptul de a ocupa o catedră; *în* ~ = în sfârşit, la urma urmelor. (<fr. *définitif*, lat. *definitivus*) (*DN*, *s.v. definitiv*)

- în indicii de nume, unde substituie numele sau prenumele: „Maniu, Nicolae: 133; ~ Vasile: 161".

5.14. *Asteriscul*

Are următoarele funcţii:

- dacă se află după un cuvânt, trimite la o notă de subsol. Dacă există două sau mai multe asteriscuri alăturate (plasate tot în urma unui cuvânt), ele trimit la nota aferentă din subsolul paginii;

– dacă este plasat în fața unui cuvânt (mai ales în studiile de lingvistică), indică faptul că respectivul cuvânt nu este atestat.

Bibliografie specială

Avram, Mioara, 1979, „Compromiterea parantezei", în *Limba română*, nr. 1, pp. 95-98 (și în Avram, 1987, pp. 207-210).

Idem, 1979, „Un nou semn de punctuație", în *Limba română*, nr. 2, pp. 193-198 (și în Avram, 1987, pp. 211-216).

Idem, 1980, „Punctuația și implicațiile ei în limbă și comunicare", în *Limbă și literatură*, nr. 1, pp. 11-26 (și în Avram, 1987, pp. 193-206).

Beldescu, G., 1995, *Punctuația în limba română*, Editura Procion, București.

Blandiana, Ana, 1970, „Inefabila virgulă", în *Amfiteatru*, nr. 1, p. 1.

Cernicova-Bucă, Mariana, 1999, *Stilul publicistic actual. Cu privire specială asupra interviului*, Editura Augusta, Timișoara.

Idem, 2007, *Punctuația în publicistica românească actuală*, Editura Artpres, Editura Augusta, Timișoara.

Ciobanu, Fulvia, 1980, „Unele întrebuințări ale liniei de pauză în scrierea noastră actuală", în *Limba română*, nr. 3, pp. 193-196.

Colignon, Jean-Pierre, 1993, *Un point, c'est tout! La Ponctuation efficace*, CFPJ, Paris.

Drincu, Sergiu, 1983, „Punctuația lui «și»", în *Limba și literatura română*, nr. 4, pp. 11-13.

Foarță, Șerban, 1983, „Semne de punctuație", în *Orizont*, nr. 19, p. 2.

Funeriu, I., 1995, *Principii și norme de tehnoredactare computerizată*, Editura Amarcord, Timișoara.

Graur, Alexandru, 1974, *Mic tratat de ortografie*, Editura Științifică, București.

Hristea, Theodor, 1980, „Despre unele reguli de punctuație", în *România literară*, nr. 6, p. 9.

Iacob, Ştefan, 1955, „Despre unele reguli de folosire a virgulei", în *Limba română*, nr. 4, pp. 25-28.

Ilovici, Edith, 1972, *Îndreptar de ortografie şi punctuaţie a limbii engleze*, Editura Didactică şi Pedagogică, Bucureşti.

Jacquier, H., 1956, „Iarăşi despre punctuaţie", în *Steaua*, nr. 10, pp. 119-120.

Jacquier, H., 1956, „Liniomanie", în *Steaua*, nr. 7, p. 125.

Parker, Roger C., 1996, *Tehnoredactare computerizată & design pentru toţi*, traducere de Corneliu Catrina, Editura Teora, Bucureşti.

Partridge, Eric, 1963, *You Have a Point There. A Guide to Punctuation and Its Allies*, London.

Rad, Ilie, 1998, „G. Gruiţă şi gramatica normativă", în *Limba şi literatura română*, anul XXVII, aprilie-iunie, pp. 59-61.

Idem, 1998, „O scrisoare de la Romulus Todoran", în *Tribuna*, anul X, nr. 32-52 (2265), 5 august – 31 decembrie, pp. 6-7.

Richaudeau, François, 1993, *Manuel de typographie et de mise en page*, Éditions Retz, Paris.

Seche, Luiza; Mircea Seche, 1954, „Procedee grafice pentru realizarea comicului în opera satirică a lui I.L. Caragiale", în *Limba română*, anul III, nr. 4, pp. 64-70.

Soare, Gheorghe, 1981, „Funcţia stilistică a semnelor de punctuaţie", în *Buletinul ştiinţific al Facultăţii de Învăţământ Pedagogic*, sesiunea mai 1980, Piteşti, pp. 191-194.

Şerban, Vasile, 1996, *Exprimarea corectă în jurnalistică. Ortografie – ortoepie – punctuaţie. Stil publicistic. Acord gramatical*, Editura Augusta, Timişoara.

Zamfirescu, Ion, 1978, „Despre punctuaţie", în *Contemporanul*, nr. 2 (1627), p. 2.

VII
Bibliografia

1. Preliminarii

Când abordăm o temă de cercetare, este obligatoriu să cunoaștem bibliografia aferentă temei respective, fie pentru a duce măcar cu un pas cercetarea mai departe, fie pentru a ne detașa de anumite puncte de vedere, depășite sau viciate din diferite motive (cenzură, documentare incompletă, subiectivism etc.). Pentru un cercetător, este extrem de important să cunoască instrumentele de lucru, lucrările din care își va culege informația – cu alte cuvinte, *bibliografia*.

Pentru stabilirea bibliografiei, avem la dispoziție astăzi internetul, datorită căruia putem afla numeroase informații despre subiectul care ne interesează. La avantajele internetului se adaugă mijloacele clasice de informare: fișierele bibliotecilor, volumele specializate de referințe critice, indicele unor lucrări etc.

Conform *DEX*-ului (*s.v. bibliografie*), cuvântul *bibliografie* are mai multe sensuri:

> 1. Descriere de specialitate a lucrărilor unui autor sau a lucrărilor referitoare la o anumită problemă. 2. Carte care cuprinde o bibliografie (1). 3. Ramură a bibliologiei care se ocupă cu

descrierea, aprecierea, sistematizarea şi răspândirea publicaţiilor.
4. Material informativ asupra unei probleme.

În cazul de faţă, ne va interesa accepţiunea prezentată la punctul 4.

2. Clasificarea bibliografiilor

O lucrare ştiinţifică poate să conţină diverse tipuri de bibliografii, în funcţie de profilul acesteia.

2.1. *Bibliografia generală*

Consemnează toate lucrările aferente temei cercetate, chiar şi pe unele pe care, din diverse motive, nu le-am putut consulta, dar simpla lor menţionare denotă faptul că ştim de existenţa lor.

> Nu mi se pare a fi nici neglijenţă, nici rea intenţie să menţionăm la bibliografie titlurile unor cărţi pe care nu le-am putut citi, dar despre existenţa cărora am aflat din consultarea lucrărilor de referinţă. Aceasta poate orienta lecturile altor persoane preocupate de tema pe care am abordat-o noi (Chelcea, 2007, p. 170).

De exemplu, dacă facem o cercetare despre fenomenul manipulării în presa românească, trebuie să întocmim o bibliografie generală, cu tot ceea ce s-a scris despre fenomenul manipulării în spaţiul românesc şi în cel străin. Bibliografia generală poate constitui şi un suport teoretic pentru tema pe care o vom cerceta. Dacă tema se pretează la o tratare interdisciplinară, atunci la bibliografia generală vom aminti şi lucrări de istorie, politologie, lingvistică etc., în funcţie de profilul temei abordate. De exemplu, Romulus Vulcănescu a publicat în 1985 un autentic tratat de *Mitologie română*, lucrare cu o bogată bibliografie generală, grupată astfel: „I. Mitologie generală" („A. Despre mit", „B. Despre știința mitologiei") și „II. Mitologie română".

2.2. *Bibliografia specială*

Se referă la lucrările consultate efectiv, din care s-au preluat unele citate sau doar anumite idei. În cartea de față, de exemplu, la „Bibliografia generală" am stabilit o listă cu numeroase lucrări consultate, dar la sfârșitul fiecărui capitol am indicat câte o „Bibliografie specială", aferentă strict temei cercetate. Astfel, la „Bibliografie generală" am trecut lucrarea lui Septimiu Chelcea, *Cum să redactăm în domeniul științelor socioumane*, iar la „Bibliografia specială" de la sfârșitul capitolului în care am abordat redactarea indicelui am indicat strict capitolul din cartea lui Septimiu Chelcea, care se referă la acest aspect: Septimiu Chelcea, „Indicele de nume", în *Cum să redactăm în domeniul științelor socioumane*, Editura SNSPA, București, 2000, p. 100.

În limba engleză există termenii *references* pentru bibliografia specială și *bibliography* pentru bibliografia generală, care fac bine distincția între cele două categorii de bibliografii.

Din punctul de vedere al cantității de informație oferite în cazul unui titlu, există două tipuri de bibliografie: *signaletică* și *analitică*.

2.3. *Bibliografia signaletică*

Este cea mai răspândită și se rezumă la prezentarea fișei cărții respective (sau a articolului, studiului etc.): Marian Petcu, *Istoria jurnalismului și a publicității în România*. Cuvânt înainte de Mihai Coman, Polirom, Iaşi, 2007; Ilie Rad, „Journalistic Education at the «Babeş-Bolyai» University in Cluj-Napoca", în *Perpectives in Higher Education Reform*, vol. 13-14, pp. 166-173. Edited by Russel J. Meyer, Colorado State University-Pueblo. Published by The Alliance of Universities for Democracy, October 2007.

2.4. *Bibliografia analitică*

Include, pe lângă descrierea bibliografică, şi un scurt rezumat al lucrării consemnate. Magdalena Vulpe a dat următorul exemplu de bibliografie analitică, din *Dacoromania. Bibliografie*: Bogrea, V., *Studii de semantică. I. Observaţii semantice asupra „Irodot"-ului de la Coşula*, III, pp. 406-460. Sub raport semantic, această bibliografie se ocupă de unele cuvinte ca: *pildă, vers, lamură, păretar(iu), strajnic, har, a căsători, supărare, obraz, obraznic, vârhovnic, procajen, a răduce, troian* şi *Calea lui Troian* şi de expresii cum ar fi: *a rupe preţul* etc. Din traducerea românească a lui *Herodot* publicată în 1909 de N. Iorga, după manuscrisul găsit la mănăstirea Coşula, punând în evidenţă însemnătatea acestui manuscris, din jurul anului 1650, pentru istoria limbii române. În partea a II-a, „Probe de sinonimică românească", autoarea prezintă câteva serii de termeni sinonimi, cum sunt cei pentru: *gravidă, violonist, şobolan, gură, bot, cioc, cascadă, colină* (p. 56).

Desigur, astfel de bibliografii sunt utile pentru că oferă cititorului interesat de materia tratată un scurt rezumat al conţinutului.

2.5. *Bibliografia unui autor*

Aceasta consemnează tot ce a scris autorul în cauză, respectiv tot ce s-a scris despre el: Al. Zub, *A.D. Xenopol. Bibliografie*, Editura Enciclopedică Română și Editura Militară, București, 1973; D. Vatamaniuc, *Lucian Blaga, 1895-1961. Bibliografie*, Editura Științifică și Enciclopedică, București, 1977; Barbu Theodorescu, *Nicolae Iorga, 1871-1940. Bibliografie*, Editura Enciclopedică Română și Editura Militară, București, 1976.

3. Organizarea repertoriului bibliografic

Indiferent de tipul bibliografiei (generală, specială, analitică, signaletică, bibliografia unui autor), aceasta poate fi redactată în ordinea strict alfabetică a autorilor, respectiv în ordine cronologică.

3.1. *Bibliografia redactată în ordinea alfabetică a autorilor*

Este cea mai răspândită. Această variantă devine absolut obligatorie în cazul în care, pentru redactarea notelor, folosim sistemul *autor-dată* (sistemul Harvard). Exemplu:

Elbow, Peter, *Writing: without Teachers*, Oxford University Press, New York, 1987.

Ferréol, Gilles; Flageul, Noël, *Metode și tehnici de exprimare scrisă și orală*. Traducere de Ana Zăstroiu. Argument de Corneliu Bîlbă, Polirom, Iași, 1998.

Gherghel, N., *Cum să scriem un articol științific*, Editura Științifică, București, 1996.

Gibaldi, Joseph, *MLA Handbook for Writers of Research Papers*, Fourth edition, The Modern Language Association of America, New York 1995.

Gorrell, Robert M.; Laird, Charlton, *Modern English. Handbook*, Fourth edition, Prentice Hall, Englewood Cliffs, New Jersey, 1967.

Guéry, Louis, *Précis de mise en page*, Quatrième édition actualisée et argumentée, CFPJ, Paris, 1995.

Heffernan, James A.; Lincoln, John E., *Writing. A College Handbook*, Third edition, 1990, W.W. Norton & Company, New York, London.

Ilovici, Edith, *Îndreptar de ortografie şi punctuaţie a limbii engleze*, Editura Didactică şi Pedagogică, Bucureşti, 1972.

Jordan, R.R., *Academic Writing Course*, Collins Study Skills in English, London & Glasgow, Collins, 1989.

Laggett, Glenn; Mead, David C.; Charvat, William, *Handbook for Writers*, Seventh edition, Englewood Cliffs, Prentice Hall Inc., New Jersey, 1978.

Li, Xia; Crane, Nancy B., *Electronic Style: A Guide to Citing Electronic Information*, Westport, Conn., Mecklermedia, 1993.

Massoni, Vittorio, *Imparare a scrivere. Lettere. Relazioni. Rapporti*, Franco Angeli, Milano, 1995.

Miller, Casey; Swift, Kate, *The Handbook of Nonsexist Writing: For Writers, Editors, and Speakers*, 2nd, Harper and Row, New York, 1988.

Munteanu, Ştefan, *Introducere în filologia română*, Tipografia Universităţii, Timişoara, 1967.

Richaudeau, François, *Manuel de typographie et de mise en page*, Éditions Retz, Paris, 1993.

3.2. *Bibliografia cronologică sau retrospectivă*

Este utilizată pentru a evidenţia evoluţia studiilor dintr-un anumit domeniu. De exemplu, celebra lucrare a lui Iorgu Iordan *Stilistica limbii române*, ediţie definitivă, Editura Ştiinţifică, Bucureşti, 1975, are o astfel de bibliografie. Aceasta inventariază toate lucrările din domeniul stilisticii scrise la noi din 1798 până în 1972. În lucrarea Constantin Ciopraga, *Interviuri.*

Prefaţă şi notă asupra ediţiei de Ilie Rad. Ediţie îngrijită de Ilie Rad şi Raluca-Simona Deac, Editura Limes, Cluj-Napoca, 2007, am folosit tot bibliografia cronologică, pentru a arăta modul în care a fost receptat autorul (Constantin Ciopraga) de-a lungul anilor, înainte şi după 1989.

Bibliografia cronologică poate fi sugestivă mai ales în cazul unor autori a căror operă a răspuns unor comandamente politice. Despre Mihai Beniuc, de pildă, s-au scris zeci de studii şi recenzii în perioada proletcultistă, pentru ca, ulterior, autorul să cadă într-o totală uitare. Desigur, în cazul unei secvenţe de un an (bibliografiile retrospective se fac, în general, pe ani), criteriul alfabetic se îmbină cu cel cronologic.

4. Norme de redactare a bibliografiei

Redactarea bibliografiei pune foarte multe probleme. În acest caz, tradiţia diferă nu numai de la o ţară la alta, ci, în cadrul aceleiaşi ţări, de la o editură la alta, de la un redactor la altul sau de la o publicaţie la alta. Amintim aici câteva situaţii, care sunt departe de a epuiza evantaiul dificultăţilor pe care le întâlnim în cazul redactării unei bibliografii.

În conformitate cu STAS 866-82, lista bibliografică va fi alcătuită respectând mai multe reguli:

- ordinea alfabetică a numelui autorului:

Bogdan-Dascălu, Doina, *Principii şi norme de tehnoredactare a lucrării de diplomă*, Editura Augusta, Timişoara, 1997.

Rădulescu, Mihaela Şt., *Metodologia cercetării ştiinţifice. Elaborarea lucrărilor de licenţă, masterat, doctorat*, Editura Didactică şi Pedagogică, R.A., Bucureşti, 2006.

Vulpe, Magdalena, *Ghidul cercetătorului umanist. Introducere în cercetarea şi redactarea ştiinţifică*, Clusium, Cluj-Napoca, 2002.

BIBLIOGRAFIE

Nicolae Ceaușescu, *Cuvintare la plenara C.C. al P.C.R din 18—19 iunie 1973 cu privire la dezvoltarea și perfecționarea invățămîntului*, București, Editura politică, 1973

Borcilă, M., *Teoria limbajului poetic la Blaga*, în „Limbă și literatură", 1972, nr. 1, p. 33—46

Cisek, Eugen, *Poetica nouă și analiza literară în liceu*, în „Tribuna școlii", 1971, nr. 5, p. 4

Cohen, J., *Structure du langage poetique*, Paris, 1966

Dorcescu, E., *Metafora poetică*, Editura Cartea românească, București, 1975

Heridan, Mircea, *Tipuri de cititori*, în „Luceafărul", 1973, nr. 25, p. 9

Läudat, D. I., *Tradițional și modern în procesul de invățămînt*, în „Limbă și literatură", 1972, nr. 2, p. 199—204

Mancaș, M., *La synesthesie dans la création artistique de M. Eminescu, T. Arghezi et M. Sadoveanu*, în „Cahiers de linguistique théorique et appliquée" I, p. 55—87

Marcus, S., *Poetica matematică*, București, Editura Academiei R. S. România, 1970

Olteanu, V., *Limbajul analizei literare*, în „Tribuna școlii", 1971, nr. 16, p. 8

Roșca, Al., *Creativitatea*, Editura enciclopedică română, 1972

Urbanczyk, Franciszek, *Didactica pentru adulți*, București, Editura didactică și pedagogică, 1975

În timpul regimului comunist, ordinea alfabetică nu era respectată atunci când se citau cuvântările lui Nicolae Ceaușescu, așa cum se vede din această bibliografie întocmită în 1976 (era ignorată și ordinea nume de familie + prenume, obligatorie în bibliografii)

Îndreptar... (1953)	Îndreptar... (1983)
leít, *pron.* le-it	leít, *pron.* le-it
lejér	lejér
leninísm	lenáj, *pl.* lenájuri
lenáj, *pl.* lenájuri	léneș, *pl.* léneși, *f.* léneșă, *pl.* léneșe
léneș, *pl.* léneși ; *f.* léneșă, *pl.* léneșe	leninísm
lenjereásă	lenjereásă
lenjeríe (*nu* : lingerie), *gen.* lenjeríei	lenjeríe (*nu* : lingerie), *gen.* lenjeríei
lénjuri, *numai pl.*	lénjuri, *numai pl.*
lénto	lénto

Pagină din Îndreptar... *(1953) Pagină din* Îndreptar... *(1983)*

După cum se vede, în Îndreptarul... *din 1953, sub dictatura cenzurii, nu s-a putut respecta ordinea alfabetică a cuvintelor incluse în glosar, deoarece cuvântul* leninism *ar fi apărut între* leneș *și* lenjereasă, *două cuvinte... compromise!*

Observații

- Între numele și prenumele autorilor se pune virgulă tocmai pentru a sublinia că ordinea normală (nume + prenume) nu este aceasta, ci prenume + nume.
- În cazul în care o lucrare are doi autori, vom scrie fiecare autor cu nume + prenume, cum este la bibliografia generală a cărții:

Răduică, Georgeta; Răduică, Nicolin, *Dicționarul presei românești (1731-1918)*, Editura Științifică, București, 1995.

- Dacă lucrarea are trei autori, primului autor i se scrie numele și prenumele, legat prin punct și virgulă de al doilea, iar al doilea și al treilea se despart prin conjuncția *și*. Uneori, conjuncția *și* poate lipsi, locul ei putând fi luat de același „separator" ca și între primul și al doilea autor:

Barborică, Elena; Onu, Liviu; Teodorescu, Mirela, *Introducere în filologia română. Orientări în tehnica cercetării științifice a limbii române*, ediția a II-a, revăzută și adăugită, Editura Didactică și Pedagogică, București, 1978.

- Dacă lucrarea are mai mult de trei autori (mai ales în cazul cărților tehnice, unde munca în echipă este esențială), se trece doar numele primului autor, urmat de mențiunea *et al.* („și alții"):

Radu, Ioan *et al.*, *Metodologia psihologică și analiza datelor*, Editura Sincron, Cluj-Napoca, 1993 (prin formula *et al.*, sunt substituiți următorii autori: Mircea Miclea, Monica Albu, Olga Moldovan, Sofia Nemeș, Szamosközy Ștefan).

- În cazul în care o carte are un *coordonator* sau un *editor*, menționarea acestei calități este absolut obligatorie, în caz contrar putându-se înţelege că numele menţionat este *autor* (unii autori omit voit această menţiune). Exemple:

Rad, Ilie (coordonator), *Schimbări în Europa, schimbări în mass-media*, Editura Limes, Cluj-Napoca, 2005.

Rad, Ilie (coordonator), *Stil şi limbaj în mass-media din România*, Polirom, Iaşi, 2007.

Rad, Ilie (coordonator), *Secvenţe din istoria presei româneşti*, Editura Tribuna, Cluj-Napoca, 2007.

Într-o situaţie similară celei de mai sus, unele edituri folosesc următorul artificiu:

Rad, Ilie (coordonator), *Schimbări în Europa, schimbări în mass-media*, Editura Limes, Cluj-Napoca, 2005.

_______ (coordonator), *Stil şi limbaj în mass-media din România*, Polirom, Iaşi, 2007.

_______ (coordonator), *Secvenţe din istoria presei româneşti*, Editura Tribuna, Cluj-Napoca, 2007.

Se mai poate folosi soluţia cu *idem*:

Rad, Ilie (coordonator), *Schimbări în Europa, schimbări în mass-media*, Editura Limes, Cluj-Napoca, 2005.

Idem (coordonator), *Stil şi limbaj în mass-media din România*, Polirom, Iaşi, 2007.

Idem (coordonator), *Secvenţe din istoria presei româneşti*, Editura Tribuna, Cluj-Napoca, 2007.

- Dacă înscriem în bibliografie un studiu dintr-o lucrare colectivă sau dintr-o publicaţie periodică, folosim numele şi prenumele autorului, urmate de titlul articolului, la care se adaugă prepoziţia *în*, după care sunt prezentate datele cărţii respective. Exemple:

Rad, Ilie, „Aspecte ale cenzurii literare”, în Marian Petcu (coordonator), *Cenzura în spaţiul cultural românesc*, Comunicare.ro, Bucureşti, 2005, pp. 267-278.

Idem, „Liberi la exprimarea urii", în *Învățământul jurnalistic clujean*, anul II, nr. 11, septembrie 2007, p. 1.

Observație

- Dacă același autor a publicat două cărți în același an, iar noi folosim în note sistemul Harvard, este obligatoriu ca și la bibliografie să distingem anii prin adăugarea literelor mici (*a*, *b*, *c* etc.), după anul apariției:

Rad, Ilie (coordonator), *Stil și limbaj în mass-media din România*, Polirom, Iași, 2007a.

Idem (coordonator), *Secvențe din istoria presei românești*, Editura Tribuna, Cluj-Napoca, 2007b.

Făcându-se aceste mențiuni, în sistemul de note vom scrie: (Rad, 2007a, p. 45) sau (Rad, 2007b, p. 89).

- Foarte multe lucrări au pe copertă doar titlul, fără menționarea autorului. În acest caz, folosim trei asteriscuri, urmate de virgulă. Exemplu:

***, *Anuarul General al României. Adrese din București și Districte, 1896-1897*, editat de L'Indépendence roumaine, București, 1896.

Ca ordine de plasare, putem așeza titlul respectiv folosind ordinea alfabetică după titlul publicației, nu după numele autorului, care lipsește. În cazul de mai sus, *Anuarul* va fi plasat undeva între literele A și B.

- Când autorul unei lucrări nu apare pe copertă, în bibliografie, locul său va fi luat de instituția care editează cartea. Exemplu:

Academia Română. *Dicționarul general al literaturii române. P-R*, Editura Univers Enciclopedic, București, 2006.

Academia Română. Institutul de Lingvistică „Iorgu Iordan – Alexandru Rosetti", *DOOM. Dicționarul ortografic, ortoepic și morfologic al limbii române*, ediția a III-a revăzută și adăugită. Coordonatoare: Ioana Vintilă-Rădulescu, Editura Univers Enciclopedic Gold, București, 2021.

- Dacă o lucrare are şi subtitlu, va fi menţionat şi acesta, exact aşa cum apare pe pagina de titlu, şi va fi scris tot cu italice. Exemple:

Cristoiu, Ion, *În vestă, printre fracuri. Note de călătorie satirice din străinătate*, Editura Historia, Bucureşti, 2007.

Rad, Ilie, *Stilistică şi mass-media. Aspecte ale experienţei jurnalistice*. Prefaţă de prof. univ. dr. G. Gruiţă, Editura Excelsior, Cluj-Napoca, 1999.

Schneider, Wolf; Esslinger, Detler, *Die Überschrift. Sachzwänge, Fallstricke, Versuchungen, Rezepte*, List Verlag München-Leipzig, 1993.

- Unele cărţi sunt tipărite prin colaborarea a două edituri. În acest caz, trebuie menţionate ambele instituţii. Exemplu:

Cernicova-Bucă, Mariana, *Punctuaţia în publicistica românească actuală*, Editura Artpres & Editura Augusta, Timişoara, 2007.

Cuvântul *editură* va fi scris numai dacă face parte din numele editurii respective: Editura Ştiinţifică şi Enciclopedică, Editura Limes, Editura Dacia, dar Polirom, Humanitas, Institutul European. După 1989 a apărut tendinţa de a evita cuvântul *editură* pe pagina de titlu, editurile respective impunându-se ca „brand" ce nu mai are nevoie de alte precizări!

Uneori, numele editurii nu este menţionat, din diverse motive (politice, de cenzură, de securitate etc.). De exemplu, un titlu mult căutat şi discutat în anii '80 a fost *Teroarea horthysto-fascistă în nord-vestul Transilvaniei. Septembrie 1940 – octombrie 1944*, o carte extrem de documentată, cu multe fotografii, tabele etc., în legătură cu evenimentele petrecute în perioada amintită. În mod paradoxal, lucrarea nu precizează pe prima pagină editura, aşa cum cer uzanţele, ci doar la sfârşitul cărţii, înainte de caseta redacţională. Faptul că volumul a apărut la Editura Politică este o dovadă că avea girul autorităţilor politice din România. (De fapt, din colectivul de autori făceau parte și Ion Ardeleanu și Mircea Mușat, un fel de istorici oficiali ai regimului comunist. Nu întâmplător, academicianul Florin Constantiniu și-a intitulat astfel o carte recentă: *De la Răutu și Roller la Mușat și Ardeleanu*, Editura Univers Enciclopedic, București, 2007.)

Tot în timpul regimului comunist, Editura Fundațiilor Regale (ca și *Revista Fundațiilor Regale*) apărea fără termenul *Regale*, din motive de cenzură.

În orice caz, dacă editura lipsește de pe pagina de titlu, poate fi utilizată varianta *f.e.* („fără editură"). De precizat că, înainte de 1900, cărțile nu menționau numele editurii, ci, eventual, al tipografiei. La fel se procedează atunci când pe pagina de titlu nu este trecută localitatea sau anul editării: sunt utilizate mențiunile *f.l.* („fără loc"), respectiv *f.a.* („fără an") sau, cu termeni latinești, *s.l.* (*sine loco*), respectiv *s.a.* (*sine anno*).

Așa cum s-a spus și în privința modului de întocmire a fișei unei cărți, dacă o carte este tradusă în limba română, este obligatoriu să menționăm numele traducătorului (ale traducătorilor). Exemplu:

Ferréol, Gilles; Flageul, Noël, *Metode și tehnici de exprimare scrisă și orală*. Traducere de Ana Zăstroiu. Argument de Corneliu Bîlbă, Polirom, Iași, 2007.

Nu este nevoie să menționăm titlul ediției originale, așa cum recomandă unii autori (Rădulescu, 2006, p. 128).

Observații

După cum afirma și Șerban C. Andronescu (1997), „în general, din bibliografie se omit titlurile universitare, militare, de noblețe etc., care preced sau urmează numelui autorului" (p. 21).

Toate precizările făcute la „intrările" din cadrul indicelui de nume sunt valabile și la întocmirea bibliografiei; când avem nume compuse și unite prin cratimă, le ordonăm după primul cuvânt: Papadat-Bengescu, Hortensia; numele autorilor francezi care au particula de noblețe *La* sau *Le* vor fi trecuți la litera *L*: La Rochefoucauld, François; Le Bon, Gustave ș.a.

Unele edituri impun ca, la întocmirea bibliografiei, anul de apariție să fie trecut, între paranteze rotunde sau fără paranteze, imediat între autor și titlu. Exemplu:

Ferréol, Gilles; Flageul, Noël (2007), *Metode și tehnici de exprimare scrisă și orală*. Traducere de Ana Zăstroiu. Argument de Corneliu Bîlbă, Polirom, Iași, 2007.

Mai precizăm că, în conformitate cu ortografia limbii române, „separatorul" dintre nume, prenume, titlu, an, editură, localitate etc. este *virgula*, ca în exemplul de mai sus.

În cazul unui titlu cu mai mulți autori, sugerez despărțirea autorilor cu *punct și virgulă*, pentru a putea fi remarcată rapid individualitatea acestora, mai ales când numele poate fi un prenume cunoscut: Dragoș, Dacian; Alexandru, George. Punctuația sugerată (*punct și virgulă*) ne poate scoate rapid din încurcătură. Iată un exemplu în care se folosește exclusiv virgula:

Radu, Ioan, Miclea, Mircea, Albu, Monica, Moldovan, Olga, Nemeș, Sofia, Szamosközy, Ștefan. (1993). *Metodologia psihologică și analiza datelor*. Cluj-Napoca: Editura Sincron.

După cum se vede în acest exemplu, s-au folosit ca „separator" nu numai *virgulele*, ci și *punctul* sau *două puncte*, rezultând, din dorința modernizării cu orice preț și din folosirea combinată a unor reguli ce țin de ortografia limbilor engleză și română, un fel de „struțo-cămilă"!

Până la urmă, fiecare editură sau publicație va impune propriile reguli de întocmire a unei bibliografii, pe care cei care vor să publice la editura sau revista respectivă sunt obligați să le respecte.

5. Tehnoredactarea bibliografiei

Există mai multe modalități de a tehnoredacta lista bibliografică:

a) marcarea fiecărei „intrări" cu un asterisc:

* Heffernan, James A.; Lincoln, John E., *Writing. A College Handbook*, third edition, W.W. Norton & Company, New York, London, 1990.
* Ilovici, Edith, *Îndreptar de ortografie și punctuație a limbii engleze*, Editura Didactică și Pedagogică, București, 1972.
* Jordan, R.R., *Academic Writing Course*, Collins Study Skills in English, London & Glasgow, 1980, 1989.

b) marcarea fiecărei „intrări" cu o linie de dialog:

– Heffernan, James A.; Lincoln, John E., *Writing. A College Handbook*, third edition, W.W. Norton & Company, New York, London, 1990.
– Ilovici, Edith, *Îndreptar de ortografie și punctuație a limbii engleze*, Editura Didactică și Pedagogică, București, 1972.
– Jordan, R.R., *Academic Writing Course*, Collins Study Skills in English, London & Glasgow, 1980, 1989.

c) „retragerea" spre dreapta a rândului (rândurilor) care urmează după primul rând, care include și numele autorului:

Heffernan, James A.; Lincoln, John E., *Writing. A College Handbook*, third edition, W.W. Norton & Company, New York, London, 1990.

Ilovici, Edith, *Îndreptar de ortografie și punctuație a limbii engleze*, Editura Didactică și Pedagogică, București, 1972.

Jordan, R.R., *Academic Writing Course*, Collins Study Skills in English, London & Glasgow, 1980, 1989.

d) scrierea cu majuscule a numelui autorilor:

HEFFERNAN, JAMES A.; LINCOLN, JOHN E., *Writing. A College Handbook*, third edition, W.W. Norton & Company, New York, London, 1990.

ILOVICI, EDITH, *Îndreptar de ortografie şi punctuaţie a limbii engleze*, Editura Didactică şi Pedagogică, Bucureşti, 1972.
JORDAN, R.R., *Academic Writing Course*, Collins Study Skills in English, London & Glasgow, 1980, 1989.

Cea mai utilizată formulă este cea de la punctul c. Chiar edituri de mare prestigiu, precum Polirom, folosesc mai multe modalităţi de redactare şi tehnoredactare a bibliografiei, după cum se vede din exemplele care vor urma la paginile 171 şi 173.

De altfel, comentariile în privinţa celor şase fragmente de bibliografii „scanate" au rolul de a evidenţia lipsa de unitate a redactării acestora. Diferenţele se constată nu numai de la o editură la alta, ci chiar de la o carte la alta, apărută la aceeaşi editură, dar având alt redactor de carte. Comentariile făcute la fiecare caz (câte zece la număr!) nu vor să arate ce este bine şi ce este rău la fiecare bibliografie, ci au doar menirea să sublinieze diferenţele existente. La urma urmei, ca şi normele ortografice, normele de redactare ştiinţifică reprezintă o simplă convenţie.

Dacă în România ar exista un manual unitar, elaborat sub girul Academiei Române, am avea pretenţia ca normele stipulate acolo să fie respectate de toată lumea. Neavând un asemenea manual, existent în alte culturi, aşa cum spuneam, pretenţia noastră este aceea de a fi respectate norme identice măcar în elaborarea aceluiaşi text ştiinţific.

6. Comentarii la unele modele de bibliografii

Chelcea, Septimiu, Jderu, Gabriel şi Moldoveanu, Andreea. (2006). Cultura organizaţională universitară – cultură a plagiatului? *Psihologia socială*, 17, 57-76. [...]

Conea, Ion. (1940). *Clopotiva – un sat din Haţeg*. Bucureşti: Institutul de Ştiinţe Sociale al României.

Constantinescu, Cornel. (1999 decembrie). Tradiţia cercetărilor sociologice în Judeţul Argeş. În Ilie Bădescu (moderator), *60 de ani de la cercetarea sociologică a plasei Dâmbovnic*. Simpozion. Universitatea din Piteşti. [...]

Cuba, Lee. [2001] (2002). *A Short Guide to Writing about Social Science* (ediţia a IV-a). New York: Addison-Wesley Educaţional Publishers Inc. [...]

Dicţionarul explicativ al limbii române. (1975). Bucureşti: Editura Academiei R.S. România. [...]

Durkheim, Émile. [1895] (1974). *Regulile metodei sociologice*. Bucureşti: Editura Ştiinţifică şi Enciclopedică. [...]

Chelcea, 2007, p. 209

1. Anul apariției cărții este plasat între paranteze rotunde, între numele autorului și titlul cărții, care este scris cu *italice*:

Conea, Ion. **(1940)**. *Clopotiva – un sat din Hațeg*. București: Institutul de Științe Sociale al României.

2. Utilizarea mai multor „separatori" pentru a delimita elementele care compun fișa cărții: *punct, virgulă, două puncte*. De asemenea, în cazul citării unui articol din revista *Psihologie socială*, nu se folosește prepoziția *în*:

Chelcea, Septimiu**,** Jderu**,** Gabriel și Moldoveanu**,** Andreea**.** (2006)**.** Cultura organizațională universitară – cultură a plagiatului? *Psihologie socială***,** 17**,** 57-76**.**

3. La cărţile traduse nu se indică numele traducătorului:

Durkheim, Émile. [1895] (1974). *Regulile metodei sociologice.* Bucureşti: Editura Ştiinţifică şi Enciclopedică.

4. Titlurile publicate în reviste sunt culese cu *drepte*, nu cu *italice*:

Chelcea, Septimiu, Jderu, Gabriel şi Moldoveanu, Andreea. (2006). Cultura organizaţională universitară – cultură a plagiatului? *Psihologia socială*, 17, 57-76.

5. La lucrările care au cunoscut mai multe ediţii sau la cele traduse, se indică între paranteze drepte şi anul apariţiei ediţiei princeps.
6. Dacă o carte are mai mulţi autori, toţi autorii sunt trecuţi în ordinea nume + prenume, iar separarea numelor se face prin virgulă + conjuncţia *şi*:

Chelcea, Septimiu, Jderu, Gabriel şi Moldoveanu, Andreea. (2006). Cultura organizaţională universitară – cultură a plagiatului? *Psihologia socială*, 17, 57-76.

7. Dacă se citează cărţi de acelaşi autor, autorului i se repetă numele:

Durkheim, Émile. [1895] (1974). *Regulile metodei sociologice.* Bucureşti: Editura Ştiinţifică şi Enciclopedică.
Durkheim, Émile. [1897] (1993). *Despre sinucidere.* Iaşi: Editura Institutul European.

8. Lucrările fără autor sunt trecute în ordinea alfabetică a primului cuvânt din titlu:

Dicţionarul explicativ al limbii române. (1975). Bucureşti: Editura Academiei R.S. România.

9. Într-un titlu dat într-o limbă de circulaţie internaţională, se strecoară şi un cuvânt românesc:

Cuba, Lee.˙ [2001] (2002). *A Short Guide to Writing about Social Science* **(ediția a IV-a)**. New York: Addison-Wesley Educational Publishers Inc.

10. Sunt invocate și lucrări aflate în manuscris, respectiv surse orale (simpozionul *60 de ani de la cercetarea sociologică a plasei Dâmbovița*, organizat în decembrie 1999).

Academia Română, Institutul de Lingvistică „Iorgu Iordan", *Enciclopedia limbii române,* Univers Enciclopedic, Bucureşti, 2001. [...]

Aspecte ale dinamicii limbii române actuale, Editura Universităţii din Bucureşti, 2002.

Mioara Avram, *Cuvintele limbii române între corect şi incorect,* Cartier, Bucureşti-Chişinău, 2001. [...]

COR. Clasificarea ocupaţiilor din România, Meteor Press, Bucureşti, 2003.

Tullio De Mauro, *Dizionario italiano*, Paravia Bruno Mondadori Editori, Milano-Torino, 2000.

Dicţionar enciclopedic, vol. I-V *(A-Q)*, Editura Enciclopedică, Bucureşti, 1993-2004. [...]

Florica Dimitrescu, *Dicţionar de cuvinte recente* (DCR), ediţia a II-a, Logos, Bucureşti, 1997.

Duden. Die deutsche Rechtschreibung, 22., völlig neu bearbeitete und erweiterte Auflage, Duden Verlag, Mannheim, 2000.

Félix Gaffiot, *Dictionnaire latin-français.* Nouvelle édition revue et augmentée sous la direction de Pierre Fobert, HachetteLivre, Paris, 2000.

Ion Iscrulescu, Gheorghe Ispăşoiu, Vasile Petrescu, *Sistemul internaţional de unităţi de măsură (SI). Generalizarea aplicării sale,* Editura Tehnică, Bucureşti, 1970.

Academia Română. Institutul de Lingvistică „Iorgu Iordan – Al. Rosetti", DOOM. Dicționarul ortografic, ortoepic și morfologic al limbii române, *ediția a II-a revăzută și adăugită, Univers Enciclopedic, București, 2005, p. 870*

1. Când lipseşte autorul de pe coperta unei lucrări, iar în locul acestuia apare o instituţie, se trece instituţia respectivă, iar „intrarea" se face în ordinea alfabetică a primului cuvânt din numele instituţiei – în cazul de faţă, *Academia*:

Academia Română, Institutul de Lingvistică „Iorgu Iordan", *Enciclopedia limbii române*, Univers Enciclopedic, Bucureşti, 2001.

2. În cazul în care lucrarea nu are pe copertă numele vreunei instituţii, „intrarea" se face după primul cuvânt al titlului – în cazul de faţă, *Aspecte...*, fără a se mai folosi cele trei asteriscuri recomandate în unele lucrări:

Aspecte ale dinamicii limbii române actuale, Editura Universităţii din Bucureşti, 2002.

3. În toate situaţiile, „separatorul" elementelor care alcătuiesc fişa cărţii (autor, titlu, editură, localitate, an, ediţie etc.) este exclusiv virgula, aşa cum cere ortografia limbii române, cu excepţia punctului din final:

Florica Dimitrescu, *Dicţionar de cuvinte recente* (DCR), ediţia a II-a, Logos, Bucureşti, 1997.

4. Deşi s-a respectat ordinea alfabetică a numelui de familie al autorilor, nu s-a făcut inversarea dintre nume şi prenume:

Félix **Gaffiot**, *Dictionnaire latin-français.* Nouvelle édition revue et augmentée sous la direction de Pierre Fobert, Hachette-Livre, Paris, 2000.

Ion **Iscrulescu**, Gheorghe Ispăşoiu, Vasile Petrescu, *Sistemul internaţional de unităţi de măsură (SI). Generalizarea aplicării sale*, Editura Tehnică, Bucureşti, 1970.

5. Cuvântul *editură* nu a fost generalizat, folosindu-se doar acolo unde exista menţiunea ca atare pe pagina de titlu:

Univers Enciclopedic, Humanitas, Cartier, Meteor Press, Logos, dar Editura Universității din București, Editura Enciclopedică, Editura Tehnică etc.

6. Siglele unor lucrări academice – *Micul dicționar academic* (MDA), *Dicționar de cuvinte recente* (DCR) – nu sunt scrise cu italice atunci când se află după menționarea integrală a titlului, dar se scriu cu italice dacă se află la început:

COR. Clasificarea ocupațiilor din România, Meteor Press, București, 2003.

7. Dacă o lucrare a apărut prin colaborarea unor edituri din localități diferite sau editura are filiale în mai multe localități, se menționează toate localitățile respective:

Mioara Avram, *Cuvintele limbii române între corect și incorect*, Cartier, **București-Chișinău**, 2001.
Tullio De Mauro, *Dizionario italiano*, Paravia Bruno Mondatori Editori, **Milano-Torino**, 2000.

8. În cazul numelor care au o particulă de noblețe (*De*, în cazul de față), la stabilirea ordinii alfabetice se ține cont de această particulă:

COR. *Clasificarea ocupațiilor din România*, Meteor Press, București, 2003.
Tullio **De Mauro**, *Dizionario italiano*, Paravia Bruno Mondatori Editori, Milano-Torino, 2000.
Dicționar *enciclopedic*, vol. I-V (*A-Q*), Editura Enciclopedică, București, 1993-2004.

9. Titlurile în limbi străine nu sunt traduse în limba română, așa cum propun alți autori:

Duden. Die deutsche Rechtschreibung, 22., völlig neu bearbeitete und erweiterte Auflage, Duden Verlag, Mannheim, 2000.

10. În privinţa ordinii unor elemente din fişa cărţii, s-a optat pentru ordinea: *editură*, *localitate*, *an*, atât la cărţile româneşti, cât şi la cele străine:

Dicţionar enciclopedic, vol. I-V (A-Q), **Editura Enciclopedică, Bucureşti, 1993-2004.**

Duden. Die deutsche Rechtschreibung, 22., völlig neu bearbeitete und erweiterte Auflage, **Duden Verlag**, **Mannheim**, **2000**.

- GIVADINOVICI J.-M., ***Comment rédiger des notes et rapports efficaces ?***, Paris, De Vecchi, 1994.
- GUÉDON J.-F. şi LABORDE F., ***La Note de synthèse***, Paris, Éd. d'organisation, 1994.

- ***Dizertaţia***

- AMANCY N. şi VENTURA T., ***50 modèles de dissertations***, Alleur, Marabout, 1992.
- DÉSALMAND P. şi FOREST P., ***100 sujets de dissertation française analysés et commentés***, Alleur, Marabout, 1994.
- FERRÉOL G., ***La Dissertation sociologique***, Paris, A. Colin, 1997.
- GAUCHON P. (sub direcţia), ***La Dissertation d'histoire à l'entrée de Sciences Po.***, Paris, Ellipses, 1992.
- MIKOLAJCZAK-THYRION F., ***La Dissertation aujourd'hui. Du lieu commun au texte de réflexion personnelle*** (ediţia a doua revăzută şi adăugită), Louvain-la-Neuve, Duculot, 1992.
- SCHEIBER C., ***La Dissertation littéraire. Éléments de méthodologie pour la préparation aux examens et aux concours. Sujets et corrigés***, Paris, Bordas, 1989.
- THORIS G., ***La Dissertation d'économie aux concours***, Paris, PUF, 1996.

- ***Expunerea***

- BELLENGER L., ***L'Expression orale. Une approche nouvelle de la parole expressive***, Paris, ESF – Entreprise moderne d'édition et Librairies techniques, 1982.
- CHAMBON P., ***Comment vaincre le trac et convaincre son auditoire : radio, télé, conférences, réunions ?***, Paris, First, 1989.
- CLARET J., ***Le Choix des mots***, Paris, PUF, 1976.
- CLÉMENT È., ***Comment passer un examen oral ?***, Alleur, Marabout, 1994.

Ferréol, Flageul, 2007, p. 190

1. Bibliografia este împărțită pe capitole („Sinteza", „Dizertația", „Expunerea"), putând fi astfel considerată o bibliografie specială, așa cum se poate constata din pagina anterioară.
2. În privința tehnoredactării, fiecare „intrare" este dublu marcată: mai întâi prin linia de dialog, iar apoi prin scrierea cu majuscule a numelui autorilor:

   – **THORIS** G., *La Dissertation d'économie aux concours*, Paris, PUF, 1996.

3. Alături de elementele fișei cărții, date în limba de origine (în cazul de față, franceza), se strecoară și unele expresii românești, deși acestea puteau să fie redate tot în franceză:

   – MIKOLAJCZAK-THYRION F., *La Dissertation aujourd'hui. Du lieu commun au texte de réflexion personnelle* (**ediția a doua revăzută și adăugită**), Louvain-la-Neuve, Duculot, 1992.
   – GABAY M. (**sub direcția**), *Guide d'éxpression orale*, Paris, Larousse, 1991.

4. Autorii sunt trecuți în ordinea numelui de familie, iar prenumele sunt date exclusiv prin inițiale, deși e greu de presupus că astfel au fost semnate toate cărțile citate: AMANCY N., VENTURA T., GAUCHON P., SCHEIBER C. ș.a.
5. Separarea elementelor care alcătuiesc fișa cărții s-a făcut exclusiv prin virgulă, întocmai ca în ortografia românească:

   FERRÉOL G.**,** *La Dissertation sociologique***,** Paris**,** A. Colin**,** 1997.

6. În privința ordinii unor elemente din fișa cărții (editură, localitate, an), este preferată următoarea: *localitate, editură, an*: **Alleur**, **Marabout**, **1994**; **Paris**, **Bordas**, **1989**; **Paris**, **Larousse**, **1991**.
7. Dacă lucrarea are doi autori, numele acestora se leagă prin conjuncția *și*:

   AMANCY N. **și** VENTURA T., *50 modèles de dissertation*, Alleur, Marabout, 1992.

8. Dacă lucrarea e semnată de mai mult de trei autori, a fost indicat doar primul, apoi s-a folosit expresia latinească *et al.*:

MÉRAUD D. ***et al.***, *Guide de rédaction administrative*, Paris, Roudil, 1977.

9. Între nume și prenume nu s-a pus virgulă, deși ordinea firească în limba franceză, la fel ca în limba română, este prenume + nume: AMANCY N., VENTURA T., GAUCHON P., SCHEIBER C. ș.a.
10. A fost indicat anul de apariție al ediției princeps, dar, în cazul unei traduceri, nu s-a menționat numele traducătorului:

- BUZAN T., *Une tête bien faite: exploiter vos resources intellectuelles*, trad. fr., Paris, Éd. d'organisation, 1979 (prima ediție în limba engleză: 1974).

Hogwood, B.W.; Gunn, L.A., 2000, *Introducere în politicile publice*, Editura Trei, București. [...]

MacRae, Duncan Jr.; Whittington, Dale, 1997, *Expert Advice for Policy Choice: Analysis & Discourse*, Georgetown University Press, Washington D.C.

Malcolm, Jan, 2005, „Why are we spending so much and getting relatively little", prezentare pentru Citizens League, www.citi zens-league.org/what/events/publicfinance/Malcolm-Power-Point.ppt.

Marshall, Gordon (coord.), 2003, *Oxford. Dicționar de sociologie*, Editura Univers Enciclopedic, București.

Mărginean, loan, 2004, *Proiectarea cercetării sociologice*, Editura Polirom, Iași. [...]

Miroiu, Adrian; Rădoi, Mireille; Zulean, Marian, 2002, *Politici publice*, Editura Politeia, București. [...]

Parsons, Wayne, 1995, Public Policy: An introduction to the theory and practice of policy analysis, Edward Elgar, Cheltenham.

Vâlcu, 2007, p. 284

1. Numele autorilor sunt scrise la fel ca restul textului, iar „intrările" folosesc ordinea nume, prenume, despărţite prin virgulă:

Mărginean, Ioan, 2004, *Proiectarea cercetării sociologice*, Editura Polirom, Iaşi.

2. În cazul cărţilor cu mai mulţi autori, se respectă ordinea nume, prenume la toţi autorii (nu numai la primul), iar numele se despart prin *punct şi virgulă*, nu doar prin *virgulă*, pentru a evita confuzia despre care vorbeam mai sus:

MacRae**,** Duncan Jr.**;** Whittington**,** Dale, 1997, *Expert Advice for Policy Choice: Analysis & Discourse*, Georgetown University Press, Washington D.C.

3. În cazul lucrărilor traduse, numele traducătorului nu este menţionat:

Hogwood, B.W.; Gunn, L.A., 2000, *Introducere în politicile publice*, Editura Trei, Bucureşti.

4. Anul de apariţie a cărţii este trecut între numele autorului şi titlul cărţii, dar fără a fi pus între paranteze rotunde:

Mărginean, Ioan, **2004**, *Proiectarea cercetării sociologice*, Editura Polirom, Iaşi.

5. La unele titluri în limba engleză se respectă regula de a scrie toate cuvintele cu majusculă (cu excepţia cuvintelor de legătură), dar la alte titluri nu se aplică această regulă:

MacRae, Duncan Jr.; Whittington, Dale, 1997, ***Expert Advice for Policy Choice: Analysis & Discourse***, Georgetown University Press, Washington D.C.

Parsons, Wayne, 1995, ***Public Policy: An introduction to the theory and practice of policy analysis***, Edward Elgar, Cheltenham.

6. Toate elementele din fişa cărţii sunt separate exclusiv prin virgulă, cu excepţia autorilor, separaţi prin *punct şi virgulă*:

Miroiu, Adrian; Rădoi, Mireille; Zulean, Marian, 2002, *Politici publice*, Editura Politeia, Bucureşti.

7. Cuvântul *editură* este prezent şi în cazul în care paginile de titlu ale cărţilor nu fac această menţiune: Editura Polirom, Editura Univers Enciclopedic, Editura Politeia etc.
8. În cazul unui autor cu statut de coordonator, fişa cărţii face această menţiune:

Marshall, Gordon (**coord.**), 2003, *Oxford. Dicţionar de sociologie*, Editura Univers Enciclopedic, Bucureşti.

9. Referinţele luate de pe internet sunt trecute împreună cu cele clasice, respectând ordinea alfabetică a numelui autorului:

Malcolm, Jan, 2005, „Why are we spending so much and getting relatively little", prezentare pentru Citizens League, www. citizens-league.org/what/events/publicfinance/Malcolm-Power-Point.ppt.

10. Articolele publicate în reviste sunt puse între ghilimele, iar numele publicaţiei este scris cu *italice*, fără utilizarea prepoziţiei *în*:

Blalock, Ann Bonar, 1999, „Evaluation Research and Performance Management Movement – from Estrangement to Useful Integration?", *Evaluation*, vol. 5, nr. 2, Sage Publications, Londra, pp. 117-149.

Bibliografie specială

Chelcea, Septimiu, 2007, „Redactarea listei bibliografice, a indexului și a cuprinsului", în Septimiu Chelcea, *Cum să redactăm o lucrare de licență, o teză de doctorat, un articol științific în domeniul științelor socioumane*, ediția a IV-a, revizuită și adăugită, Comunicare.ro, București, pp. 170-179.

Rădulescu, Mihaela Șt., 2006, „Bibliografia", în Mihaela Șt. Rădulescu, *Metodologia cercetării științifice. Elaborarea lucrărilor de licență, masterat, doctorat*, Editura Didactică și Pedagogică, R.A., București, pp. 123-130.

Vulpe, Magdalena, 2002, „Documentarea bibliografică", în Magdalena Vulpe, *Ghidul cercetătorului umanist. Introducere în cercetarea și redactarea științifică*, Editura Clusium, Cluj-Napoca, pp. 51-57.

VIII

Redactarea indicelui

> „Cine vrea ca opera lui să fie utilizată cât mai mult trebuie să-şi dea toată silinţa s-o înzestreze cu indice bune."
>
> (D. Russo, 1912)

1. Importanţa indicelui într-o lucrare ştiinţifică

La fel ca în cazul bibliografiei, indicele de nume proprii, de cuvinte sau expresii este un accesoriu deosebit de important al unei lucrări ştiinţifice. D. Russo (1912) spunea în acest sens:

> De la ediţiuni de texte mai cu seamă nu trebuie să lipsească niciodată un indice de citate şi unul de mărturii [...], un indice de cuvinte necunoscute, rare sau interesante dintr-un punct de vedere oarecare şi unul gramatical şi, în fine, un indice de nume proprii şi de lucruri (p. 83).

Numai cercetătorii pot preţui aşa cum se cuvine importanţa indicelui, pe baza căruia pot fi găsite informaţii deosebit de utile, într-un timp record, despre o anumită personalitate, localitate sau temă care îi interesează. Cu ajutorul indicelui de nume, de pildă, putem identifica rapid autorii citaţi într-o lucrare. Când îmi întocmeam bibliografia pentru monografia mea consacrată lui Aron Pumnul, am constatat cât de important era indicele de autori în lucrările de critică și istorie literară. Fiecare citare a lui Aron Pumnul la un indice îmi putea semnala un studiu, un articol sau o informație utilă cercetării. Mi-am dat seama, pe de altă parte, cât de regretabilă era absența indicelui în diverse lucrări de profil. Mai trebuie amintit încă un amănunt: în condițiile în care, în anumite domenii de cercetare (chimie, fizică etc.), cifra care indică de câte ori este citat un autor poate deveni un criteriu de evaluare a performanței științifice a unei persoane, indicele de autori are importanța sa și din acest punct de vedere. O dovadă concretă a valorii indicelui o constituie și faptul că multe lucrări de specialitate alocă numeroase pagini acestuia. *Istoria României în date*, de pildă, are 526 de pagini, dintre care indicele de persoane și locuri ocupă un număr de 60, adică 12%, ceea ce este destul de mult.

Redactarea indicelui este o operație extrem de migăloasă, care solicită răbdare și perseverență din partea cercetătorului, precum și un larg orizont cultural. De multe ori, indicele este alcătuit de altă persoană decât autorul, al cărei nume nu apare întotdeauna menționat (Virgil Leon, care a redactat indicele de nume la monografia mea consacrată lui Aron Pumnul, nu este amintit pentru această operațiune.) Alteori, autorul indicelui este menționat, în semn de recunoaștere a efortului pe care l-a depus.

2. Redactarea indicelui

În general, redactarea unui indice comportă trei operații: inventarierea numelor de autori, localități, cuvinte etc.; ordonarea alfabetică și ordonarea numerică.

2.1. *Inventarierea*

Constă în lectura atentă a materialului respectiv (studiu, carte etc.) și notarea tuturor numelor, localităților sau termenilor care ne interesează, cu precizarea paginii în dreptul fiecărei „intrări". Se vor face atâtea fișe câte litere are alfabetul, sub rezerva că, la anumite litere (*W*, *Q*, *Y*), nu va fi probabil niciun nume notat, în timp ce la alte litere (*B*, *C*, *D*, *M*) va fi nevoie de mai multe fișe.

Formatul fișelor pentru indice este, în general, 1/4 dintr-o coală A4 („ministerială"). În dreptul fiecărei intrări se notează pagina la care apare numele (Caragiale: 3, 12, 29 etc.) sau, în cazul indicelui la bibliografii, numărul curent al titlului (Arsenie, Dan: 8471, pentru bibliografia la Lucian Blaga realizată de D. Vatamaniuc). E important de precizat că această inventariere trebuie făcută numai în forma tehnoredactată a materialului respectiv, pentru a putea indica pagina/paginile respective.

Observații

- Dacă o „intrare" apare de mai multe ori pe aceeași pagină, se subînțelege că indicarea paginii se face o singură dată. În cazul indicilor de bibliografii, pagina nu mai contează, ci doar numărul curent al titlului.
- În cazul traducerii sau al reeditării unei lucrări, indicele trebuie să fie refăcut, fiindcă avem de-a face cu un alt format al cărții, deci cu o altă paginație. E adevărat că vechiul indice ne poate ajuta, însă refacerea acestuia cere foarte multă atenție. *Stilistica limbii române*, ediția definitivă (1975), a lui Iorgu Iordan, precizează următorul aspect: „Indicele păstrează structura celui din ediția precedentă (1944). Adaptarea la ediția actuală a fost făcută de AUREL NICOLESCU".

2.2. *Ordonarea alfabetică*

Odată „intrările” inventariate, se poate începe ordonarea lor alfabetică. Aceasta se face în funcţie de prima literă a intrărilor respective: Oniţiu, Virgil: 181, 184; Oltean, Ioan: 14, 484, 513; Opriş, Tudor: 151; Popescu, Lucreţia: 347; Popa, Septimiu: 188; Popa, Mircea: 151.

După ce s-a făcut ordonarea în funcţie de prima literă, se trece la cea a intrărilor în interiorul fiecărei litere: Oltean, Ioan: 14, 484, 513; Oniţiu, Virgil: 181, 184; Opriş, Tudor: 151; Popa, Mircea: 151; Popa, Septimiu: 188; Popescu, Lucreţia: 347.

Observaţii

- Normele actuale impun diferenţierea literelor cu diacritice (*ă, â, î, ş, ţ*) de cele simple. Profesoara Magdalena Vulpe (2002) arăta că o asemenea normă „nu era operantă înainte de 1953 (ceea ce implică deosebiri în ordonarea intrărilor în dicţionare şi în indici)” (p. 112). Această exigenţă nu există, de pildă, în germană, unde coexistă *o şi ö* sau *u şi ü*. Aşa se face, de exemplu, ca Blühen să fie înainte de Blume, deşi în alfabetul german *ü* şi *ö* se află după *u*, respectiv *o*. În *Dicţionarul scriitorilor români*, vol. IV, 2002, Döblin şi Böll apar înainte de Dobre, respectiv Bolliac, iar Durkheim înainte de Dürrenmatt, ceea ce arată că autorul indicelui nu a fost consecvent în respectarea ortografiei limbii române.
- În cazul unor scriitori cu nume latinizate (Densusianu, Hasdeu), la redactarea indicelui se va lua în calcul varianta grafică, nu cea fonetică (Densuşianu, Haşdeu).

2.3. *Ordonarea numerică*

Pentru „intrările" ce apar de mai multe ori, cifrele care indică pagina se clasifică în ordine crescătoare: Eminescu, Mihai: 12, 29, 34, 90.

Observații

- Pentru economie de spațiu tipografic, numerele unor pagini succesive (18, 19, 20, 21) vor fi notate astfel: 18-21 (între cifre se va folosi cratima, nu linia de pauză).
- Toate observațiile de până acum se referă la redactarea manuală a indicelui. Apariția calculatorului a produs și aici avantaje enorme, fiindcă acum există programe ce preiau automat „intrările" evidențiate în text cu mărci distinctive (li se atribuie semne de index), clasificându-le automat în ordine alfabetică.

3. Tipologia indicelui

3.1. *Indicele de autori*

Cea mai răspândită categorie de indice este cel de autori, numit și indice de nume. El cuprinde lista tuturor autorilor citați în lucrarea respectivă, fie că e vorba despre text, fie de note, bibliografii etc. Indicele de acest tip poate fi total sau parțial. Indicele de nume total se referă la absolut toate numele ce apar de-a lungul unui text, putând cuprinde inclusiv numele personajelor literare menționate în text, respectiv numele proprii incluse în cuvinte și expresii celebre: *Amicus Plato, sed magis amica veritas* (indicele va menționa și numele lui

Platon). Indicele selectiv va cuprinde doar numele de persoane reale, importante dintr-un anumit punct de vedere. Desigur, din perspectiva cercetătorului, e de preferat indicele total, care ne oferă informaţii complete. Iată ce scria Şerban C. Andronescu (1997) în legătură cu acest aspect:

> Câteodată, indicele de nume este deficitar, în sensul că nu menţionează toate numirile şi numele din text. Faptul e păgubitor cercetării în sine, ca operaţiune complexă, în situaţia când alt autor de lucrare în acelaşi domeniu doreşte să citeze un episod din cartea celui dintâi, consultă indexul de nume şi, negăsind ceea ce caută, pune cartea deoparte şi uită de ea. Citatul nu mai apare. Faptul pare minor la prima vedere, dar în realitate nu este deloc minor – mai ales când episodul scos din circuitul cercetării printr-o astfel de neatenţie are oarecare importanţă. Omisiuni regretabile de această natură pot fi evitate uşor prin două-trei ore de muncă suplimentară dedicată întocmirii unui indice complet de nume (pp. 100-101).

Deşi este dificil de fixat reguli pentru toate situaţiile particulare cu care se va confrunta cel care întocmeşte un indice de autori sau de nume, vom enumera câteva recomandări:

- Pentru evitarea unor confuzii, se recomandă ca prenumele să nu fie redat în variantă prescurtată: Petrescu, C. ar putea însemna Petrescu, Camil sau Petrescu, Cezar. Desigur, fac excepţie de la această regulă autorii care au semnat cu iniţiala prenumelui: B. Elvin, V. Fanache, G. Gruiţă, D.D. Roşca, H. Tiktin. Evident, fiecare autor a avut motivele sale să semneze astfel, opţiune care, în principiu, ar trebui respectată. În calitatea mea de colaborator la *Dicţionarul scriitorilor români*, mi s-a recomandat să „deconspir" prenumele unor autori: Bernstein Elvin, Samuel Damian, Vasile Fanache. În schimb, din raţiuni de spaţiu tipografic, la capitolul „Referinţe critice", toţi autorii trebuiau citaţi cu prescurtarea prenumelui (M. Zaciu, N. Manolescu, E. Simion), doar prenumele feminine trebuind date în întregime: Mirela Roznoveanu, Dana Dumitriu, Irina Petraș.

- Magdalena Vulpe consideră că prescurtarea prenumelui poate varia în funcție de limba în care este publicată lucrarea. Este dat ca exemplu cazul lui Alexandru Rosetti, care a semnat Al. Rosetti lucrările tipărite în limba română, dar A. Rosetti pe cele publicate în franceză, „limbă în care se utilizează, în orice situații, numai inițiala". În cazul în care într-o lucrare apar ambele variante, Magdalena Vulpe (2002) făcea următoarea recomandare:

> Dacă cele două modalități de citare apar în același volum, se alege ca formă de bază una din ele, cea mai uzuală, sub care se dau toate atestările, iar de la cealaltă se face trimiterea (p. 114).

Autoarea dădea exemplul lingvistului rus de origine poloneză Baudouin de Courtenay, citat în literatura rusă cu inițialele I.A. (Ivan Aleksandrovici), iar în franceză cu inițiala J. (Jean):

> Baudouin de Courtenay, I.A. *v.* Baudouin de Courtenay, J.
> Baudouin de Courtenay, J.: 11, 59, 80.

Asemenea trimiteri se fac și în cazul unui autor care și-a schimbat numele ori a semnat cu mai multe nume. Se va lua, ca „intrare" de bază, numele care s-a impus mai mult în conștiința literară sau publicistică. De exemplu, primele mele articole și studii au fost semnate *Ilie Radu-Nandra. Dicționarul scriitorilor mureșeni* (2000) mi-a inventariat numele la Rad, Ilie, precizând că *Ilie Radu-Nandra* este un pseudonim, iar la Radu-Nandra, Ilie se face trimiterea: v. Rad, Ilie. La indicele de nume se fac însă mențiuni și la Rad, Ilie (129-130, 131, 208), și la Radu-Nandra, Ilie (13, 46, 54, 63, 129, 131, 136, 139, 161), ceea ce este incorect. Numărul paginilor ar fi trebuit trecut în dreptul intrării Rad, Ilie (Radu-Nandra, Ilie): 13, 46, 54, 63, 129-130, 131, 136, 139, 161, 208. Cine consultă doar indicele de nume ar putea trage concluzia că este vorba aici despre doi autori, nu despre unul singur, care a semnat cu două nume diferite.

3.2. *Indicele de nume*

Este în foarte strânsă legătură cu indicele de autori, ceea ce face ca în majoritatea cazurilor cele două tipuri de indice să fie amestecate, sub genericul „indice de nume proprii".

Dacă o lucrare este alcătuită din mai multe volume, indicele poate fi tipărit la sfârșitul ultimului volum, menționându-se imediat după nume numărul volumului, apoi paginile respective: Caragiale, I.L.: II, 43, 58, 95; VI, 23, 45, 67.

Fiecare intrare va cuprinde numele, prenumele, mențiunile de identificare (dacă e cazul), apoi cifra sau cifrele unde apare numele respectiv, cifrele fiind despărțite între ele prin virgulă. Unele edituri folosesc diverse semne de punctuație între prenume și prima cifră (două puncte, virgulă, linie de pauză sau cratimă), iar altele nu pun nimic, deși corect ar fi să se utilizeze două puncte:

Scridon, Gavril**:** 343, 481, 518
Scridon, Gavril**,** 343, 481, 518
Scridon, Gavril **–** 343, 481, 518
Scridon, Gavril 343, 481, 518.

Observații

- Numărul paginii se indică pur și simplu prin cifra respectivă, fără a se scrie *p.* sau *pp.* După ultima cifră punctul nu este obligatoriu.
- Când aceeași persoană apare în mai multe pagini consecutive, se notează doar prima și ultima pagină, punându-se cratimă între ele: Ovidiu, 310-318, ceea ce înseamnă că numele lui Ovidiu apare pe fiecare pagină, de la 310 la 318.

Se înţelege că, dacă un nume este amintit de mai multe ori pe aceeaşi pagină, aceasta este menţionată o singură dată.

- O altă precizare importantă se referă la reliefarea paginilor unde găsim cele mai multe informaţii despre persoana care ne interesează. De pildă, în lucrarea *O istorie deschisă a literaturii române din Basarabia* a lui Mihai Cimpoi, numele lui Grigore Vieru apare pe un total de 44 de pagini: 10, 11, 13, 22, 403 etc. Dintre acestea, paginile **192-193** sunt scrise cu bold, ceea ce înseamnă că la aceste pagini se găseşte secţiunea pe care autorul a rezervat-o cunoscutului poet român din Basarabia.
- În cele mai multe lucrări ştiinţifice, cifrele din dreptul numelor indică pagina de carte unde este amintită persoana respectivă. D. Russo (1912) era de părere că:

> trimiterile indicelui trebuie să se facă nu numai la pagini, ci şi la rândurile respective, căci cititorul pierde mult timp ca să caute un nume într-o pagină, mai cu seamă când acest nume nu se deosebeşte prin litere cursive sau rărite (p. 84).

Opinia mea este că e destul de dificil să îndeplinim acest obiectiv, mai ales în cazul cărţilor care nu au rândurile numărate (cum se întâmplă la ediţiile critice), ceea ce ar necesita un efort în plus: să numărăm rândurile! De altfel, nu am găsit niciun exemplu în acest sens.

În cazul unor bibliografii în care articolele inventariate sunt numerotate, cifra din dreptul numelui nu mai trimite la o anumită pagină, ci la numărul de inventar al referinţei respective. Raţiunea pentru care se procedează aşa este că pe o pagină pot fi 10-15 trimiteri bibliografice inventariate, astfel că lectorul are de parcurs mai puţin text pentru a găsi numele care îl interesează.

- Dacă avem mai multe nume cu aceeaşi iniţială, se ia în calcul a doua, respectiv a treia etc. literă din numele de familie: Alecsandri, Alexandrescu, Alexianu. Dacă numele de familie ale mai multor autori sunt identice, ordonarea se face tot alfabetic, conform iniţialei prenumelui: Ionescu, Eugen; Ionescu, Radu; Ionescu, Toma.

> Dacă e vorba de 3 persoane cu acelaş nume, tustrei d. p. se cheamă Iordachi Ghica, dintre cari unul e dragoman, altul vistier şi al treilea mitropolit, în indice trebuie pus întâi dragomanul, pe urmă mitropolitul şi pe urmă vistierul (ordinea alfabetică după numele funcţiei) (Russo, 1912, p. 85).

Persoanele care au acelaşi nume de familie vor fi notate cu ajutorul tildei: Roman, Alexandru: 60, 66; ~ Constantin, 48, 89; ~ Visarion, 170, 235. După tildă nu se pune virgulă.

Intenţionând să recomande întocmirea unui indice cât mai complex, învăţatul D. Russo (1912) recomanda ca în dreptul cuvântului indexat să trecem

> identificarea numelui localităţii sau a persoanei, ce se spune despre localitate sau persoană, dacă e vorba de un cuvânt, înţelesul lui, explicarea formei etc. [...] Cu privire la fiecare nume propriu, trebuie alături de pagină să se arate şi despre ce e vorba în acea pagină. Şi numai aşa indicele poate aduce servicii reale (pp. 84-85).

Russo dădea următorul exemplu: nu e suficient să scriem Mavrocordat: 3, 5, 6, <9>, 10, ci să facem precizările de rigoare: Mavrocordat, Nicolae, viaţa lui, 3; căsătoria sa cu Pulheria, 5; raporturile sale cu Bergler, 6; intrigi contra lui, <9>; discurs funebru la moartea sa, 10. Desigur, nu trebuie să cădem în extrema cealaltă şi să dăm în indice mai multe informaţii decât sunt în text. D. Russo amintea de ediţia *Hronicului* lui D. Cantemir, unde, la un text de 500 de pagini, indicele care urmează ocupă 300 de pagini, culese cu un corp mai mic! „Poarta e mai mare decât casa!", glumeşte Russo. Acelaşi D. Russo mai recomanda ca indicele să se facă

> nu numai pentru numele proprii sau lucrurile cari revin în text; chiar dacă e vorba de o aluzie la un nume sau lucru, fără ca numele sau lucrul să fie pomenit expres în text, chiar atunci e de neapărată nevoie ca în indice să se puie o trimitere (p. 84).

Să spunem că într-o pagină de istorie avem următoarea mențiune sau aluzie la regele Burebista: „Văzând permanenta stare de beție a unor locuitori, regele a ordonat să fie distruse toate viile, cei care ar fi făcut vin pe ascuns urmând a fi aspru pedepsiți". Noi știm că fapta cu pricina aparține lui Burebista, deci va trebui să-i trecem numele la indice, chiar dacă în text nu apare în mod expres numele faimosului rege dac. Din punct de vedere tehnic, indicarea paginii cu numele care nu apare efectiv ar urma să fie făcută între paranteze ascuțite, dacă numele mai apare la alte pagini: Burebista: 6, 19, <68>, 80, ceea ce înseamnă că la pagina 68 se face doar o aluzie la numele lui Burebista. Dacă numele respectiv ar apărea o singură dată în text, însuși numele ar putea fi pus între paranteze ascuțite (<Burebista>: 68). Se recomandă să se menționeze nu doar inițiala, ci prenumele întreg, acolo unde acesta se cunoaște și dacă suntem siguri că deconspirarea prenumelui nu produce iritare din partea autorilor. D. Russo se întreba dacă e nevoie să separăm indicele de persoane de indicele de nume geografice și de locuri, arătând că se pot aduce argumente pro și contra atât pentru o variantă, cât și pentru cealaltă, încât nu se poate stabili o regulă precisă.

Iată, în continuare, câteva reguli pe care trebuie să le respectăm în redactarea indicelui de nume:

Ca și în cazul bibliografiei, la redactarea indicelui se ia în calcul numele de familie. După numele de familie se pune obligatoriu virgulă, ca la fișa bibliografică, tocmai pentru a sublinia că nu e vorba despre o „ordine normală", ci una „inversă": Rebreanu, Liviu; Eminescu, Mihai; Sadoveanu, Mihail.

Aşa cum am mai spus, „ordinea inversă" poate fi, pentru multe culturi, „ordinea normală". Ne referim la culturile şi tradiţiile din Ungaria (Petöfi Sándor, Ady Endre, Joseph Attila), Turcia (Süleyman Demirel, Kedik Ahmed), China (Ciu En-lai, Mao Tze-dun, Hua Kuo-feng), Japonia (Yasunari Kawabata), Coreea (Kim Ir-sen), Vietnam (Le Duan), primele nume reprezentând numele de familie. În mod normal, când trecem la indice aceste nume, n-ar trebui să punem virgulă între nume şi prenume, lucru care nu se respectă întotdeauna. Mai remarcăm apoi faptul că în unele culturi există tendinţa ralierii la tendinţele europene. Astfel, fostul lider comunist maghiar era cunoscut drept János Kádár, un prim-ministru al Ungariei se prezenta Victor Orbán, iar cunoscutul politician român, György Frunda, aproape că a renunţat la ordinea inversă, tipic maghiară (Frunda György). Iată şi o întâmplare personală, care dovedeşte tendinţa despre care vorbeam. În 1999, am participat, la Budapesta, la o conferinţă internaţională a Alianţei Universităţilor pentru Democraţie (AUDEM). Preşedintele de atunci al Ungariei, Göncz Árpád, a trimis participanţilor un mesaj de salut în limbile maghiară şi engleză. Pe varianta engleză a mesajului a semnat *Árpád Göncz*, iar pe cea maghiară – *Göncz Árpád*. Exemplul demonstrează că se încearcă revenirea la ordinea practicată de majoritatea ţărilor din Europa şi din America: Charles de Gaulle, Bill Clinton, Helmut Kohl, Gerhard Schröder, Vladimir Putin, Todor Jivkov. Trebuie să reţinem că „ordinea inversă" este practicată doar la indice şi bibliografii, în alte situaţii (textele curente, notele de subsol, notele de la sfârşitul capitolelor) folosindu-se „ordinea normală". Fac excepţie de la această regulă numele consacrate, care nu se inversează: Neagoe Basarab se va trece la litera *N*, ca să nu mai vorbim despre nume precum Iancu de Hunedoara, Ioan Vodă cel Viteaz, Mihai Viteazul, Ştefan cel Mare, care se trec în funcţie de iniţiala prenumelui.

Observații

- În cazul unor nume de persoane identice, mai ales de domnitori și împărați, cărora nu le cunoaștem prenumele, este nevoie de precizări, pentru a fi evitată orice confuzie: Carol I de Habsburg; Carol I de Hohenzollern-Sigmaringen. La fel vom proceda în cazul unor nume identice, dintre care unul este mai puțin cunoscut: Agârbiceanu, Ion (fără nicio mențiune, fiindcă toată lumea se gândește la scriitorul cu acest nume), dar Agârbiceanu, Ion, fizician (mențiunea *fizician* este necesară pentru evitarea confuziei cu scriitorul omonim).
- Dacă unele cuvinte, nume proprii etc. apar în mai multe variante în cursul lucrării, unii autori (D. Russo) recomandă să se facă trimiterile de rigoare: Babilon v. Vavilon, Grecia v. Elada, Roma v. Râm etc. Consider că mai practic ar fi să menționăm între paranteze cele două nume diferite, pentru ca lectorul să știe că este vorba despre unul și același nume: Roma (Râm): 2, 4; Constantinopol (Vizantia, Țarigrad): 8, 19 etc.
- Unele lucrări dau în dreptul unor nume mai puțin cunoscute (sau știute doar de către specialiști) scurte explicații: Abaza, pașă de Rusciuk; Acornion, fiul lui Dionysos; Beatrice, soția lui Matei Corvin.
- Dacă numele de familie este format dintr-o combinație de două nume, vom proceda în funcție de prezența sau absența cratimei între ele. Astfel, dacă există o cratimă, vom inventaria persoana respectivă în funcție de primul nume de familie: Papadat-Bengescu, Hortensia; Brunea-Fox, Filip; Dumitrescu-Bușulenga, Zoe; Dobrogeanu-Gherea, Constantin (și nu Gherea-Dobrogeanu, cum se scrie în indicele de la *Istoria lumii în date*). Dacă lipsește cratima, vom inventaria numele în funcție de al doilea nume de familie: Dindelegan,

Gabriela Pană. Această regulă se aplică și persoanelor care și-au păstrat la nume pe cel al localității de origine: Fischer-Galați, Stephen; Snagov-Dumitru, Ion; Constantinescu-Iași, Petre; Mihăilescu-Brăila, Ștefan; Radu- Nandra, Ilie.

- În cazul persoanelor care au rămas în memoria posterității cu un grad științific (dr.), trecerea în indicele de nume se face astfel: Groza, Petru, dr. Numele cu anumite particule sunt ordonate în funcție de numele de după particula respectivă: particule precum *von*, *van* sau *de* necesită folosirea tildei: Beethoven, Ludwig van ~; Gaulle, Charles de ~; Guevarra, Antonio de ~; Saussure, Ferdinand de ~; Killinger, Manfred von ~. Această regulă nu se aplică însă întotdeauna: Martin du Gard, Roger ~.
- Există situații când majuscula face parte din nume: D'Istria, Dora; D'Orléans, Charles; O'Connel, Flannery.
- În cazul unor personalități cunoscute mai ales prin porecla lor, e bine să redăm între paranteze și numele lor real: Cloșca (Ioan Oargă), Crișan (Marcu Giurgiu), Horea (Vasile Nicola Ursu).
- Numele consacrate se scriu fără virgulă, fiindcă reprezintă o abatere de la ordinea normală: Neagoe Basarab, Alexandru Iliaș, Antim Ivireanul. Alte personalități au intrat în istorie doar prin numele de familie, deci menționarea prenumelui este facultativă: Augustus (Caius Iulius Octavianus), Aurelian (Lucius Domitius Aurelianus), Nero (Lucius Domitius Tiberius Claudius).
- Unele persoane pot fi cunoscute sub nume mai mult sau mai puțin schimbate, în funcție de documente și izvoare, de pronunție sau de tradiția fiecărei culturi. În aceste situații, se recomandă folosirea variantei cele mai cunoscute, urmând ca a doua să fie menționată eventual între paranteze: Asparuch (Isperich), conducător al unor triburi

protobulgare. La persoanele care au semnat cu nume și cu pseudonim, putem da ambele variante: Barbu, Ion (Barbilian, Dan).

3.3. *Indicele de localități*

Este mai puțin folosit, dar nu mai puțin util, fiind întâlnit în lucrări de istorie, geografie, folclor etc. Indicele de locuri/ localități își are importanța sa, mai ales în cazul cercetătorilor care își propun să facă monografia unor localități, istoricul unor bătălii etc. De exemplu, dacă un istoric militar ar dori să scrie despre bătălia de la Călugăreni, din 23 august 1595, când Mihai Viteazul a înfrânt oastea otomană condusă de Sinan Pașa, el va căuta la indicele unor diverse lucrări de istorie numele localității Călugăreni, obținând rapid un mare număr de informații. La fel va proceda când se interesează de luptele desfășurate la Borodino, Waterloo etc.

În mare, problemele care se pun în cazul indicelui de persoane rămân valabile și la redactarea indicelui ce cuprinde numele de locuri. Unele reguli trebuie respectate cu o și mai mare strictețe, așa cum e cazul localităților care și-au schimbat de mai multe ori denumirea, datorită faptului că domeniul toponimiei a fost mai puternic influențat de imperativele politice, decât cel al onomasticii, de exemplu. Puțini tineri mai știu astăzi că orașul Brașov s-a numit cândva Stalin, că Onești a purtat numele lui Gheorghe Gheorghiu-Dej sau că Ștei a fost multe decenii cunoscut drept orașul Dr. Petru Groza. Satele I.L. Caragiale, G. Coșbuc, Ion Creangă s-au numit cândva Haimanale, Hordou și Humulești. Iată câteva reguli minime, care trebuie respectate și aici:

- Va fi avută în vedere ordinea strict alfabetică a localităților: Săcuieni, Sălciua, Săliște.

- În cazul unor localităţi cu nume identice, e nevoie de precizarea comunei sau a judeţului. Sălişte este o comună în judeţul Sibiu (renumită prin faptul că a dat ţării mulţi academicieni), dar o regăsim şi în judeţul Alba.
- Alături de numele vechi vor apărea şi denumirile actuale: Ampelum (azi Zlatna, oraş în judeţul Alba), Axiopolis (azi oraşul Cernavodă, judeţul Constanţa), Callatis (azi Mangalia, oraş în judeţul Constanţa).
- Dacă denumirea este formată din mai multe elemente (republică, munte, mare, masiv, ocean, insulă, peninsulă etc.), se foloseşte tilda: Africa Centrală, Republica ~; Ghimeş, Valea ~; Tatra, Munţii ~.
- Dacă denumirile de localităţi sunt luate din surse româneşti, ele vor fi trecute în varianta românească: Londra, Cracovia, Atena, Belgrad.

Pentru lămurirea unor probleme privind denumirea exactă a unor localităţi, poate fi consultat *Codul localităţilor din România*, editat de Poşta Română, sau cartea semnată de Eliza şi Dan Ghinea, *Localităţile din România. Dicţionar*, Editura Enciclopedică, Bucureşti, 2000.

3.4. *Indicele de cuvinte*

Acesta este folosit mai ales în lucrările de lingvistică, filosofie etc. De exemplu, dacă mă interesează destinul conjuncţiei *căci*, pe care unii vorbitori ezită să o folosească, apreciind că este un cuvânt învechit, voi căuta în *Gramatica Academiei*, unde voi găsi informaţii utile, la paginile: 386, 387, 401; II 285, 301, 302, 462.

La pagina 386 aflăm că această conjuncţie, la fel ca şi altele, a fost cândva o conjuncţie compusă, fiindcă provine din *că* + *ce*. Dar elementele care o compun şi-au pierdut individualitatea, atât ca formă, cât și ca sens, lucru reflectat și în grafie: conjuncția se scrie acum într-un singur cuvânt.

La pagina 387 aflăm despre conjuncția *căci* că este subordonatoare, introducând propoziția cauzală.

La pagina 401 ni se dau două citate din Creangă și Negruzzi, de unde putem vedea că această conjuncție aparținea mai ales limbii vechi: „Eu îi cunosc pre boierii noștri, *căci* am trăit cu dânșii" (C. Negruzzi).

La pagina 285 aflăm că este greșită construcția în care, în locul lui *că*, se folosește *căci*, o conjuncție specifică propoziției cauzale: „Aflați despre mine *căci* sunt sănătos".

La pagina 301 se dă exemplu de o cauzală introdusă prin *căci*: „Rămâi cu noi, *căci* ne zice gândul că vei pieri".

La pagina 302 găsim o informație foarte interesantă: *căci* e un cuvânt livresc, iar *că* unul popular.

În sfârșit, la pagina 462, se dă exemplu din nou de o propoziție cauzală introdusă prin *căci*.

Am dat aceste exemple pentru a vedea la ce ne poate servi un indice de cuvinte.

3.5. *Indicele de materii*

Este ceva mai complex, fiindcă se inventariază grupuri de cuvinte-cheie. De pildă, *Stilistica limbii române* a lui Iorgu Iordan are un bogat indice de materii. Cine este interesat de valoarea diminutivelor, găsește aici următoarele informații:

> diminutive 158-175; sensurile și nuanțele semantice exprimate de sufixele diminutivale 158-166 (depreciative 159-160, 166; dezmierdătoare 160-163; ironice 163-166); sufixe diminutivale cu valoare augmentativă 166-169; cazuri speciale de diminutive (la substantive) 170-171; alte părți de vorbire întrebuințate sub formă diminutivală 171-175 (pronume 171-172; adjective 172-173; diverse 173-175).

Un alt exemplu din aceeaşi lucrare: „sintaxa: sintaxa afectivă (= stilistica) 20; sintaxa în raporturile ei cu stilistica 19, 20 şi ca izvor de fenomene stilistice 19; construcţii sintactice 19".

4. Locul indicelui în sumarul unei lucrări

De la început precizăm că locul indicelui este la finalul lucrării, nu înaintea bibliografiei, cum sugerează Şerban C. Andronescu (1997): „Locul lui [al indicelui de nume – n.n.] este la sfârşitul volumului, înaintea bibliografiei" (p. 99). Motivul pentru care se recomandă aşezarea indicelui *după* bibliografie este că indicele va inventaria inclusiv numele de autori citaţi în bibliografia finală.

5. Tehnoredactarea indicelui

Aşa cum scria şi Septimiu Chelcea (2000), „indicele de nume se dactilografiază (culege) pe două sau trei coloane, în funcţie de formatul cărţii, respectiv de oglinda paginii" (p. 100).

Trecerea la o nouă literă se marchează fie prin amplasarea acesteia la începutul clasificării la litera respectivă, fie prin scrierea cu bold a primei litere de la noua clasificare:

A

Almeida, Guilherme de: 2151
Alterescu, S.: 4810, 4816
Aman, Teodor: 1853, 6786

B

Beraru, P.: 2445, 3934, 6543
Bergner, Rudolf: 66, 790, 987
Berindei, Dan: 1984, 2966a, 3470

6. Comentarii la unele modele de indici

Al. Zub, A.D. Xenopol. Bibliografie, *Editura Enciclopedică Română şi Editura Militară, Bucureşti, 1973*

1. Este un indice de nume, redactat pe două coloane, cifrele din dreptul intrărilor indicând numărul titlului, nu al paginii.
2. Între prenume şi prima cifră nu s-a pus niciun semn de punctuaţie.
3. Autorii care au două nume de familie legate între ele prin cratimă au fost inventariaţi în funcţie de primul nume de familie: Bengescu-Dabija, G; Bogdan-Duică, Gh.; Botez-Sachelar, Al.
4. În cazul unor autori, prenumele este deconspirat cu ajutorul parantezelor drepte (Berthelot, [Marcelin]; Boerescu, V[asile]; Bogrea, V[asile]; Boroianu, D[umitru]; Botiş, T[eodor]), în timp ce un autor apare doar cu iniţialele (B.O.), iar alţii doar cu numele de familie (Bertelli, Bismarck, Blondel).
5. Atestările autorilor la mai mult de două pagini consecutive au fost notate prin utilizarea liniei de pauză (ar fi trebuit folosită cratima): 85 – 88; 2080 – 2083.

6. Atestări de tipul 3980a, 3980b arată (consultând lucrarea cu acest indice) că e vorba despre citarea unor volume colective.

Andreescu-Ladmiss, N. 4637, 5293, 6054, 6292, 7093, 7620 [...]

Apollonius (pseudonim) 4857, 6222 [...]

Aprily Lajos XXXI, 2107, 2109, 2115, 2123, 2125, 2138, 2149, 2160, 2168, 2190, 2193, 2194, 2283, 5773, 5776, 5777 [...]

Arbiter (pseudonim) 6066 [...]

Aristarc vezi Călinescu G. [...]

Asociaţia română pentru legăturile de prietenie cu URSS (ARLUS) 6155 – 6157

Asociaţia Scriitorilor Români din Transilvania XXXIX, 5965, 5966, 6852

Asociaţiunea transilvană pentru literatura şi cultura poporului român (Astra) XXXII, XXXVII, XL, XLII, 1620, 1784, 1807, 1813, 1820, 2103, 3051, 4555, 5968-5974, 6867, 6922, 7029, 7720

Assisi vezi Francesco d'Assisi

Ateneul Român XLII, 1747, 2921, 6145, 6148, 6158, 6160, 6940, 6941, 8431 [...]

D. Vatamaniuc, Lucian Blaga, 1895-1961. Bibliografie, *Editura Ştiinţifică şi Enciclopedică, Bucureşti, 1977*

1. Cifrele din dreptul intrărilor indică titlurile, nu paginile (cu excepţia cifrelor romane, care trimit la paginile din prefaţă).
2. Sub denumirea „Indici" sunt incluse numele de autori, de persoane, precum şi denumirile unor asociaţii (Asociaţia Scriitorilor Români din Transilvania) sau instituţii (Ateneul Român).
3. Între prenume şi prima cifră nu s-a pus niciun semn de punctuaţie.
4. La Apollonius şi Arbiter se menţionează că sunt pseudonime, fără a se preciza cine se ascunde în spatele acestora, dar la Aristarc se face trimiterea la G. Călinescu.

5. Numele sunt despărțite de prenume prin virgulă, cu excepția numelui maghiar, Áprily Lajos.
6. Numele lui N. Andreescu-Ladmiss este inventariat în funcție de inițiala primului nume de familie, fiindcă cele două nume sunt legate prin cratimă.
7. Francesco d'Assisi a fost scris fără virgulă, fiind un nume consacrat.
8. Atestările autorilor la mai mult de două pagini consecutive au fost notate prin utilizarea liniei de pauză (ar fi trebuit folosită cratima): ARLUS: 6155 – 6157; Astra: 5968 – 5974.

Barbu Theodorescu, Nicolae Iorga, 1871-1940. Bibliografie, *Editura Enciclopedică Română și Editura Militară, București, 1976*

1. Este un indice de nume proprii, incluzând nume de autori, de persoane, dar și de localități (Războieni, Recea, Rîșca).
2. Numele cu particule au fost ordonate în funcție de numele de după particula respectivă: Renver, Reinhard van.
3. Autorul indicelui nu a ținut cont de diferențierea literelor cu diacritice (*ă, î, ș, ț*) de cele simple, ceea ce face ca, în mod greșit, Rătești să fie înainte de Rathenau, Walter, iar Rîșca înainte de Rist, Ch.
4. Între prenume și prima cifră nu s-a pus niciun semn de punctuație.
5. Numele consacrate sunt scrise fără virgulă: Raoul cel Spân, Richard Inimă de Leu.

Al. Zub, Mihail Kogălniceanu, 1817-1891. Bibliografie, *Editura Enciclopedică şi Editura Militară, Bucureşti, 1971*

1. Cifrele din dreptul intrărilor indică titlurile, nu paginile.
2. Indicele de materii cuprinde un spectru larg de informaţii: periodice (*Curierul de Iaşi*, *Datina*, *Dimineaţa*), informaţii despre Divanul Ad-hoc al Moldovei, despre decorări, medalii, constituţia daneză etc.
3. Între prenume şi prima cifră nu s-a pus niciun semn de punctuaţie.
4. În dreptul publicaţiilor s-a trecut şi locul apariţiei: *Curentul*, Bucureşti; *Dacia*, Iaşi; *Datina*, T. Severin etc.
5. Atestările autorilor la mai mult de două titluri consecutive au fost notate prin utilizarea liniei de pauză (ar fi trebuit folosită cratima): 642 – 644; 862 – 865; 958 – 982.

Horia Nestorescu-Bălceşti, Nicolae Bălcescu. Contribuţii bibliografice. *Cu un studiu introductiv de Dan Berindei, Editura Enciclopedică Română şi Editura Militară, Bucureşti, 1971*

1. Așa cum arată și denumirea indicelui, acesta e general, incluzând autori, nume de persoane, locuri, materii etc.
2. Cifrele din dreptul intrărilor indică titlurile, nu paginile.
3. Între prenume și prima cifră nu s-a pus niciun semn de punctuație.
4. Atestările inventariate la mai mult de două titluri consecutive au fost notate prin utilizarea liniei de pauză (ar fi trebuit folosită cratima): 44 – 46; 237 – 239. În mod greșit, s-a folosit linia de pauză și în cazul a două atestări succesive: 113 – 114; 260 – 261; 277 – 278.
5. Autorii care au două nume de familie, legate între ele prin cratimă, au fost inventariați, în mod corect, în funcție de primul nume de familie: IONESCU-GULIAN, C.I.; IONESCU-SISEȘTI, G.
6. În mod greșit, la numele maghiar Jancsó Elemér s-a folosit virgula între nume și prenume.
7. Trecerea clasificării de la o literă la alta s-a făcut prin majuscule (urmate de punct), amplasate la început de coloană (Î., J.).

Bibliografie specială

Chelcea, Septimiu, 2000, „Indicele de nume", în Septimiu Chelcea, *Cum să redactăm în domeniul științelor socioumane*, Editura SNSPA, București.

Lăzărescu, Georgeta, 1966, *Introducere în metoda de indexare ordonată*, Academia Republicii Socialiste România, Centrul de Documentare Științifică, București.

Russo, D., 1912, „Indicele", în D. Russo, *Critica textelor și tehnica edițiilor*, extras din Buletinul Comisiei istorice a României, 1, Atelierele Grafice Socec & Co, Societate Anonimă, București.

Vulpe, Magdalena, 2002, „Indicele", în Magdalena Vulpe, *Ghidul cercetătorului umanist. Introducere în cercetarea și redactarea științifică*, Editura Clusium, Cluj-Napoca.

IX

O problemă dificilă: transcrierea textelor

1. Preliminarii

Problema transcrierii unui text este deosebit de importantă pentru autorul unui text științific. Nu mă refer aici la transpunerea unui text de pe bandă audio sau video, care pune probleme de o cu totul altă natură, ci am în vedere exclusiv transcrierea unui text scris. Dificultatea acestui proces este cu atât mai mare cu cât textele sunt mai îndepărtate de epoca actuală.

Despre Tudor Vianu se spune că venea de la Belgrad, unde era ambasador, la Academia Română, pentru a verifica... un citat! I.L. Caragiale, autoexilat la Berlin, suna de-acolo prin redacții pentru a verifica o... virgulă! Chiar dacă aceste fapte țin de domeniul legendei, semnificația lor este profundă, fiindcă demonstrează cât de importantă este transcrierea corectă și exactă a unui citat.

Greșelile de transcriere au devenit infinit mai multe în perioada postdecembristă, când numărul editurilor a crescut miraculos (în 1999, la Ministerul Culturii erau înregistrate circa 10.000 de edituri, față de aproximativ 10-15, câte erau în perioada comunistă; acum au mai rămas pe piaţă în jur de 1.000!), iar în cadrul lor lucrează, se-nţelege, nu doar filologi şi editori experimentaţi, ci şi mulţi „nechemaţi”. O altă cauză a înmulţirii greşelilor de transcriere constă în faptul că nicăieri nu se învaţă această meserie lipsită de spectaculozitate, însă care necesită un studiu asiduu în biblioteci.

Problema editării şi a transcrierii unui text este veche în cultura română şi în cea universală (unde coboară până în epoca alexandrină, adică secolele III î.Hr. – III d.Hr.). I. Funeriu (1995) afirma:

> Editările aproximative, neprofesionale, false, într-un cuvânt: neştiinţifice au caracterizat şi marile culturi ale lumii, ceea ce ar trebui nu să ne atenueze exigenţele filologice, nici spiritul critic, ci doar să ne exonereze de inhibantele complexe de inferioritate, căci vorba scriitorului: „au mai păţit-o şi alţii” (p. 6).

În literatura română, calitatea editării este direct proporţională cu progresele filologiei şi cu implicarea în actul editorial a unor mari personalităţi, care au avut şi vocaţie benedictină. Exemplul care ne vine în minte este, desigur, Perpessicius, omul care a orbit de-a lungul redactării ediţiei monumentale a operei eminesciene. Pentru a demonstra importanţa transcrierii textelor, vom da câteva exemple de erori de transcriere în cazul unor poezii.

În general, cu excepţia filologilor, celelalte categorii de specialişti (istorici, sociologi, filosofi, jurnalişti etc.) nu acordă prea mare importanţă transcrierii corecte a textelor. Uneori, nici filologii nu sunt prea atenţi. De exemplu, I. Funeriu a scris o carte, *Al. Macedonski. Hermeneutica editării*, bazată pe modul (nu întotdeauna exigent) în care a fost editată opera lui Al. Macedonski de către cunoscutul critic literar Adrian Marino.

În cazul în care transcriem un text în care există o greșeală de conținut, de datare, de stil, de gramatică (nu una de tipar), vom utiliza cuvântul *sic!* („așa!"), prin care atragem atenția cititorului asupra acestei greșeli. De pildă, Magdalena Vulpe (2002, p. 51) reproduce următorul citat din Umberto Eco:

> Cercetătorul bun este cel care este capabil să intre într-o bibliotecă fără a avea nici cea mai mică idee despre subiect și a ieși (*sic!*) de acolo știind ceva mai mult despre asta (2000, p. 64).

În cazul de față, cuvântul latinesc *sic!* ne atrage atenția asupra faptului că verbul *a ieși* este incorect folosit în context, el fiind la modul infinitiv, comparativ cu *să intre*, care este la conjunctiv, ignorându-se aici principiul simetriei sintactice. Corect ar fi fost: „Cercetătorul [...] este capabil *să intre* [...] și *să iasă...*".

Problema cea mai dificilă pe care o avem de soluționat pe parcursul elaborării unei lucrări care citează texte din secolele trecute este aceea a transcrierii corecte a textelor. Dacă este vorba despre lucrări din secolul al XIX-lea, dificultățile pe care le vom întâmpina vor fi mai numeroase, pentru că ne aflăm în perioada de formare și consolidare a ortografiei românești cu litere latine, după înlocuirea alfabetului chirilic cu cel latin (1862), etapă care a coincis și cu procesul de cristalizare a limbii române literare. În plus, trebuie luat în calcul și un aspect de natură tehnică: multe tipografii nu aveau semnele diacritice pe care le doreau scriitorii, corecturile nu se făceau întotdeauna cu scrupulozitate, ceea ce contribuia la relativizarea străduinței de a fi cât mai fideli textului original.

În practica editorială, se obișnuiește ca, imediat după prefață, într-o „Notă asupra ediției", să se precizeze și normele de transcriere.

NOTĂ ASUPRA EDIŢIEI

Sub titlul *Game şi pendulări*, corespunzînd conţinutului celor două volume proiectate de Horia Bottea şi anunţate de revista *Bilete de papagal* (nr. 509 / 1938, p. 627: „Ne facem plăcerea să anunţăm două volume aflate sub tipar, ale talentatului nostru colaborator, D-l Horia Bottea: *Game*, versuri, şi *Pendulări*, crochiuri literare"), ediţia de faţă reuneşte partea cea mai importantă şi mai extinsă a scrierilor literare datorate poetului, traducătorului, pamfletarului şi eseistului. [...]
Erorile de tipar au fost corectate tacit.

Z. M. şi I. R.-N.

„Nota asupra ediției", la volumul Horia Bottea, Game și pendulări. *Cu o evocare de Geo Bogza și patru scrisori inedite ale lui Tudor Arghezi către autor. Ediție îngrijită de Zaharia Macovei și Ilie Radu-Nandra. Postfață de Ilie Radu-Nandra, Editura Dacia, Cluj-Napoca, 1983*

2. Exemple de transcrieri greșite

Ca să ne dăm seama de valoarea unei transcrieri corecte, să ne imaginăm că versul lui Eminescu, „Fiind *băiet* păduri cutreieram", l-am transcrie „Fiind *băiat* păduri cutreieram". Cum ar suna?

Actualul imn de stat al României conține o greșeală de transcriere: versul „Înalță-ți *lata frunte* și cată-n giur de tine" a fost transcris astfel: „Înalță-ți *a ta frunte* și cată-n giur de tine", ceea ce schimbă imaginea poetică a textului de bază.

În cartea *Al. Macedonski. Hermeneutica editării,* Ionel Funeriu aduce în discuție mai multe exemple de lecțiuni greșite.

Astfel, într-o ediție din *Țiganiada*, din 1953, s-a înregistrat următoarea eroare de transcriere:

Însă nu știu cum, totdeauna pare
Că mintea bună fu cu sărăcia
Prietenă, iară tâmpa dezmerdare
Cu bogătatea și cu boieria.

Cuvântul *buiecia* a fost transcris *boieria*. Cuvântul *buiecia* este un derivat al substantivului *buiac*, cu sensul de *răsfățat, nechibzuit, zburdalnic, nebunatic*. Introducerea cuvântului *boierie* a prilejuit, în climatul anilor de atunci, „glose de «critică socială», de-a dreptul vulgarizatoare și ridicole" (Funeriu, 1995, p. 13), fiindcă întregul context este interpretat din această perspectivă.

Un alt exemplu de transcriere eronată provine dintr-o poezie populară. Un culegător a transcris un vers astfel: „Vântul bate pe răpică", *răpică* însemnând, în zona Banatului „arac de viță-de-vie". Contextul în care era plasat versul ne oferă altă soluție:

Colo sus lângă pădure
Este-un păr cu pere sure
Cu crengile la pământ.
Vântul bate, peră pică.

Un mare număr de greșeli de editare au suferit versurile lui Eminescu. Astfel, în 1989, când, cu ocazia centenarului morții poetului, s-a retipărit ediția princeps, lista de emendări și corecții cuprinde 22 de pagini, conținând 350 de corecturi pentru doar 303 pagini și 61 de poezii, ceea ce înseamnă, după calculele lui I. Funeriu (1995), „o medie de peste o greșeală pentru fiecare pagină și aproape șase pentru o poezie" (p. 14). Prezentăm în continuare câteva exemple.

Versul 27 din poemul *Venere și Madonă* este transcris de Maiorescu astfel: „Din demon făcut o sfântă, dintr-un chiot simfonie". Sunt aici cel puţin patru erori de transcriere: *făcut* pentru *făcui*, o evidentă greşeală de tipar, îndreptată de însuşi Maiorescu, începând cu ediţia a IV-a, din cele opt pe care le-a pregătit pentru tipar criticul junimist; următoarele două erori de transcriere sunt *sfăntă* (termen de origine slavă) pentru *sfântă* (termen de origine latină), precum şi *chiot* pentru *chicot;* în fine, ar fi trebuit folosită linia de pauză pentru a marca elipsa predicatului *făcui* între *chicot* şi *simfonie.*

Un alt caz de transcriere greşită este atunci când se face confuzia articulat/nearticulat, care poate să producă structuri sintactice diferite, cu alte direcţii de interpretare. Versul „Vreme trece, vreme vine" din *Revedere* şi din *Glossă* este adesea transcris „Vremea trece, vremea vine". I. Funeriu arată că tot astfel se găseşte textul în interpretarea vocală a lui Nicolae Herlea şi David Ohanesian, respectiv în lectura, de altfel inimitabilă, a lui Mihail Sadoveanu. În general, opţiunea lui Eminescu este pentru nearticulare. I. Funeriu (1995) afirma:

> Hotărât lucru, opţiunea eminesciană are resorturi estetice serioase, motivaţia fundamentală fiind aceea că substantivele nearticulate sunt mai vagi, mai puţin precizate, mai tainice, mai misterioase şi mai „ne-lămurite", prin urmare mai proprii limbajului poetic, câtă vreme acesta manifestă o repugnanţă vizibilă faţă de orice tendinţă către explicit; „articulatele" sunt mai apropiate de ştiinţă decât de poezie, întrucât limbajul ştiinţific cunoaşte o tendinţă cu totul contrară, justificată prin nevoia de explicitare şi precizare (p. 17).

Un alt caz interesant îl găsim în versul „Trecut-au anii ca nori lungi pe şesuri", variantă propusă de Perpessicius. Petru Creţia aduce argumente în favoarea variantei „Trecut-au ani ca nouri lungi pe şesuri". Dacă acceptăm varianta lui Petru Creţia, ar trebui să modificăm şi titlul poeziei în *Trecut-au ani...*

În monografia consacrată operei lui Mihai Eminescu, G. Călinescu a transcris astfel un vers din *Memento mori*:

„Când în straturi luminoase basmele copite cresc”, corect fiind „basmele copile”, cu sensul de *tinere, inocente, pure,* sens pe care *copile* îl are în multe alte contexte eminesciene. Plecând de la transcrierea greșită *copite* în loc de *copile,* G. Călinescu a făcut un comentariu „seducător și persuasiv, dar, vai, funciarmente fals” (Funeriu, 1995, p. 19). Iată comentariul lui G. Călinescu:

> Scena e însă de mare umflătură barocă. Basmul este văzut ca un animal fabulos în continuă generare, contemporană cu ninsoarea stelelor, metaforă minunată, prin chiar greșeala prefacerii lui *cresc* în verb tranzitiv, din rațiuni poetice, fiindcă metric se putea foarte bine zice „basmelor copite cresc” (*apud* Funeriu, 1995, p. 19).

Multe erori de transcriere sunt cauzate de punctuație. Uneori, se impune ca aceasta să fie modernizată, fiindcă au fost introduse reguli ulterioare redactării textului original. Editarea modernă trebuie să aducă la zi ortografia. I. Funeriu ilustrează un caz din *Luceafărul*:

> Iar tu, Hyperion, rămâi
> Oriunde ai apune...
> Cere-mi cuvântul meu dentâi –
> Să-ți dau înțelepciune?

Unii editori au pus virgulă după cuvântul *Hyperion.* Această virgulă, din punct de vedere gramatical, l-a pus în cazul vocativ, în loc să aibă funcția de nume predicativ, soluție total antipoetică și în contrast cu marele număr de exegeze consacrate capodoperei eminesciene. Acestei capcane i-au căzut pradă și unii traducători. De fapt, aici, Demiurgul îl sfătuiește pe Luceafăr: „Tu rămâi deasupra omenescului (HYPER EON), chiar dacă, din când în când, undeva, te lași pradă slăbiciunilor omenești” (Funeriu, 1995, p. 20).

Credem că aceste exemple au fost edificatoare pentru a demonstra cât de necesară și de importantă este transcrierea corectă. În continuare, vom arăta o parte din principiile transcrierii corecte.

3. Principii de transcriere a textelor

> Principiul de bază al transpunerii în ortografia modernă a unui text mai vechi constă în respectarea grafiei atunci când ea notează realitatea lingvistică şi în aplicarea ortografiei obişnuite, în cazurile când avem de-a face cu simple particularităţi grafice (Fisher, 1955, p. 71).

Acelaşi experimentat lingvist spunea în continuare:

> O unificare totală în sensul noii ortografii nu este recomandabilă, deoarece nu avem dreptul să falsificăm apartenenţa cronologică şi dialectală a scriitorului (p. 76).

Aş adăuga faptul că a schimba textul unui scriitor este la fel de grav ca atunci când am încerca să „întinerim" cu pensula tablourile lui Grigorescu sau Michelangelo sau să „modelăm" cu dalta o statuie de-a lui Brâncuşi! În orice caz, există nenumărate reacţii (cronici literare, articole de atitudine) care critică transcrierea deficitară a textelor, făcută uneori din ignoranţă lingvistică şi lipsă de acribie filologică, iar alteori din cauza cenzurii. De pildă, într-un poem declarat anticomunist de-al lui Aron Cotruş, toate referinţele la ruşi au fost înlocuite cu „putrezii capitalişti", denaturând foarte grav textul poemului. O modernizare excesivă a textului a cunoscut, de pildă, o ediţie din corespondenţa lui Al. Papiu Ilarian, realizată de Iosif Pervain şi Ioan Chindriş, ediţie căreia reputatul lingvist Liviu Onu (1995) îi reproşa faptul că

> nu ne oferă posibilitatea să cunoaştem direct şi să putem deci studia ortografia emitenţilor scrisorilor. Editorii au actualizat ortografia, fără să ne ofere o analiză detaliată a ei în nota asupra ediţiei sau într-un studiu introductiv (p. 329).

În 1959, F. Asan, Gh. Bulgăr şi C. Căplescu au publicat un *Proiect de transcriere a textelor cu caractere latine din secolul al XIX-lea*, ale cărui principii au rămas în cea mai mare parte valabile și astăzi. Principiile de transcriere se referă la aspecte fonetice, morfologice și lexicale. Cei trei autori afirmă:

> Principala dificultate în transcrierea citatelor din autorii secolului al XIX-lea se datorează imensei varietăți de principii ortografice aplicate de scriitori, editori și tipografi.
> Principiul general pe care l-am adoptat în proiectul de față este acela al interpretării grafiilor pentru restabilirea realității lingvistice (p. 21).

Prezentăm în continuare câteva reguli ce trebuie respectate la transcrierea textelor, preluate din studiul amintit.

3.1. *Păstrarea particularităților fonetice*

> Se vor păstra acele particularități care corespund unei pronunțări învechite sau regionale, fie că ele corespund intenției autorului de a caracteriza prin particularități de grai un personaj, de a obține anumite efecte artistice etc., fie că sunt proprii vorbirii autorului însuși (Asan, Bulgăr, Căplescu, 1959, p. 21).

Conform acestui principiu, o ediție din Sadoveanu, de pildă, va conserva forme precum: *barbat*, *băiet* (cum întâlnim și la Eminescu: „Fiind băiet păduri cutreieram..."), *calare*, *carare*, *cămeșă*, *cutriera*, *dadacă*, *galbăn*, *năcaz*, *pacat* etc., care sunt specifice scriitorului și Moldovei, zona de unde provenea.

- „Se vor înlătura particularitățile grafice, aplicându-se în mod obligatoriu normele ortografice în vigoare." De exemplu: *ḑ→ z*: *ḑille → zile*; *liveḑi → livezi*; *verḑi → verzi*; *urmeaḑă → urmează*; *c → ț*: *oficer → ofițer*; *ă → î(â)*: *pălpăe → pâlpâie*; *ó → oa*: *frumóse → frumoase*; *póte → putea*; *é → ea*: *poté → putea*; *dela → de la*; *înegri → înnegri* etc.

Observaţie

Se vor înlătura grafiile etimologiste, chiar dacă ele au determinat o pronunţare pedantă. De exemplu: *me* → *mă*; *resare* → *răsare*; *rezbi* → *răzbi*; *respuns* → *răspuns*; *reu* → *rău*; *seu* → *său*; *zimbet* → *zâmbet*; *zină* → *zână*; *sin* → *sân*; *ved* → *văd* etc.

- Se vor aplica regulile de punctuaţie în vigoare. Aceasta înseamnă că, de pildă, dacă într-un text pe care îl avem de transcris constatăm folosirea greşită a virgulei sau absenţa acesteia din poziţii unde era absolut necesară (de exemplu, înainte de *dar*, *iar*, *însă*, *ci*), vom pune virgula în mod tacit. În felul acesta, textul cu pricina nu numai că nu are nimic de pierdut, dar poate câştiga în precizie şi nuanţare.

Detalii în legătură cu aplicarea principiilor adoptate:

- *a* se păstrează în: *barbat*, *daca*, *pacat*, *tatar*, atunci când corespunde unei pronunţări regionale (după cum am văzut mai sus, în textele lui Sadoveanu);
- *ă*, *e*, *î*, care puteau reda pe *ă* şi *î*, se vor transcrie *ă* sau *â*, conform pronunţării literare actuale, în afara cazurilor în care se cunoaşte o pronunţare diferită (regională) de cea literară. De exemplu: *întemplari* → *întâmplări*; *vezănd* → *văzând*; *cănd* → *când* etc., dar *pănă*, *întăi*;
- *ă se transcrie e în cazuri ca: bucuriă → bucurie; fiă → fie, filologiă → filologie; gloriă → glorie; patriă → patrie; viă → vie;*
- *e* la început de silabă se transcrie *ie*, conform ortografiei actuale. De exemplu: *băeţi* → *băieţi*; *boer* → *boier*; *întemeere* → *întemeiere*; *eri* → *ieri*; *ertare* → *iertare*; *eşi* → *ieşi* (mult timp, în cinematografele noastre se putea vedea scrisă inscripţia *eşire*, care corespundea, desigur, unei anumite perioade ortografice); *epure* → *iepure*; *voeşte* → *voieşte* etc.;

- *e* se păstrează în: *beutură, strein, pasere, omet, țipet, gemet, șepte, jele* etc. și în: *ușe, mătușe, jeratic* etc., conform pronunțării regionale;
- *h pentru ch: duch → duh; monarch → monarh; paroch → paroh;*
- *i* se înlocuiește cu *â* în:
  a) gerunziile și participiile verbelor în *î*; de exemplu, *urind → urând; urit → urât*;
  b) în poziție inițială, urmat de nazală, potrivit ortografiei actuale. De exemplu, *imbăta → îmbăta; imbrăca → îmbrăca; impăca → împăca; inapoi → înapoi; intreg → întreg* etc.;
- *u* în poziție finală se suprimă, conform ortografiei actuale. Ortografierea cu *u* final era foarte răspândită, mai ales în Transilvania. În textele lui Cipariu, vom găsi forme precum: *organu, decursulu, elementeloru, câtu, firulu, întreruptu, alu, acestoru, totu, voru.* În revista *Familia*, care apărea la Budapesta, Eminescu a publicat, în 1870, articolul „Repertoriul nostru teatral" („Repertoriulu nostru teatralu"), unde *u* final era frecvent: *naționalu, multu, fiindu, va fi permisu, într-adevăru, omulu, judecându, prętindu, potu, se ferescu, redactoru* etc. De aceea, când Alexandru Roman, primul profesor de literatură română la Universitatea din Budapesta, a fost primit în Academia Română, Caragiale l-a întâmpinat cu următoarele cuvinte: „Vine Roman din Ardeal/ Călărind pe *u* final!";
- se poate păstra *u* final în cuvinte precum: *ajutoriu, învățătoriu* etc.;
- *ea* (sau *iea*) se transcrie *ia*, conform ortografiei actuale. De exemplu, *datoriea → datoria; earbă → iarbă; eată → iată; Mariea → Maria; trebuea → trebuia; sfătuiea → sfătuia; Vieana → Viana; vieața → viața* etc.;

- *oă* și *ue* se transcriu *uă* în: *zioă* → *ziuă*; *doă* → *două*; *noue* → *nouă*; *doue* → *două*;
- consoanele duble nu se păstrează decât în cazurile prevăzute de ortografia actuală;
- *qu* se transcrie *c* în următoarele situații: *qualitate* → *calitate*; *que* → *ce*; *quantitate* → *cantitate*; *quare* → *care* sau *cv* în: *eloquent* → *elocvent*; *adequat* → *adecvat*;
- *s* intervocalic, urmat de sonore sau în poziție finală, se transcrie *z*, conform ortografiei actuale. De exemplu: *desgust* → *dezgust*; *isbuti* → *izbuti*; *poesie* → *poezie*; *rosă* → *roză*; *tesă* → *teză*; *isvor* → *izvor*; *desbrăca* → *dezbrăca*; *frances* → *francez*; *engles* → *englez* etc.;
- *s* se păstrează în: *esemplu*, *espunere*, *estract* etc., unde corespunde pronunțării unei anumite etape lingvistice. Formele recomandate azi de limba literară sunt: *exemplu*, *expunere*, *extract* etc.

O problemă specială se pune în cazul lui *s* intervocalic din cuvântul *filosofie*. Revista de specialitate continuă să se numească *Revista de filosofie*. *DOOM* (ediția a III-a) acceptă ambele variante.

Grupurile *ti* (pentru *ț*) și *si* (pentru *ș*) se vor transcrie *ț* și *ș*. De exemplu: *fatia* → *fața*; *asia* → *așa*; *prefatiune* → *prefațiune* etc.

Grupurile sci, sce se transcriu ști, ște. De exemplu: Bucuresci → București; Branisce → Braniște; nisce → niște; pesce → pește; sciu → știu.

Conform acestor principii, trebuie păstrate toate particularitățile fonetice: *duminecă*, *fineță*, *întunerec*, *strein*, *sălbatec* etc. Dacă într-un text avem forme fonetice duble (*chiema/chema*), acestea se interpretează pe linia indicelui de evoluție fonetică a limbii. Deci vom transcrie *chema*.

3.2. *Păstrarea particularităţilor morfologice*

Se vor conserva formele de plural cu caracter regional: *cară* (pluralul cuvântului *car*), *credinţi*, *făgăduinţi*, *răchiţi*, *roate* (*cf. a pune beţe în roate*), *ruini*, *suliţi*, *şcoale*, *uliţi*, *umilinţi* etc.

Se va păstra genitiv-dativul în *-ei*: *atenţiunei*, *firei*, *inimei*, *magistraturei*, *mărirei*, *mătuşei*, *nopţei* etc. În 1902, poetul Ştefan Petică a publicat volumul de versuri *Când vioarele tăcură*. O antologie de poezie apărută în 1993 la Editura Teora a modificat acest titlu în *Când viorile tăcură*. Pentru „consecvenţă", ar fi trebuit să modifice, de exemplu, şi versul lui Bacovia „Te uită cum ninge *decembre*!" în „Te uită cum ninge *decembrie*!".

Dacă în acelaşi text există dublete morfologice (*inimii/ inimei*, *făgăduinţe/făgăduinţi*), avem două soluţii: fie să lăsăm ambele variante, pentru a oferi cititorului interesat o perspectivă exactă a stadiului în care se găsea limba română literară, fie să unificăm aceste dublete, pe linia indicelui de evoluţie morfologică a cuvântului respectiv. În orice caz, în prefaţa lucrării sau în nota asupra ediţiei (dacă este vorba despre o ediţie din opera unui scriitor), trebuie să-l avertizăm pe cititor asupra intervenţiilor noastre în textul transcris.

DOOM (ediţia a III-a) recomandă pluralul *făgăduinţi* şi forma *inimii* pentru genitiv-dativ.

3.3. *Păstrarea particularităţilor lexicale*

Se vor păstra toate particularităţile lexicale, specifice mai ales scriitorilor cu un pronunţat registru regional al limbii: Ion Creangă, Ion Luca Caragiale, Pavel Dan, Mihail Sadoveanu,

Ion Marin Iovescu. Aşadar, vom păstra forme precum *atenţiune*, *avantagiu*, *complect*, *humor*, *personagiu*, *soluţiune* etc.

O problemă specială o ridică aici transcrierea neologismelor. Forme ca *budget*, *interview*, *match* etc. au circulat o vreme în paralel cu formele adaptate sistemului limbii române: *buget*, *interviu*, *meci* etc. Cuvântul *lied* continuă să se scrie astfel, în timp ce *show* a apărut deja scris *şou*! (*cf.* emisiunea „Teo şi Mircea şou").

Numele lunilor care se abat de la formele actuale trebuie menţinute: *fevruarie* şi *fevruar*, *mart*, *april*, *septemvrie*, *octomvrie*, *noiemvrie*, *decembre* (*cf.* titlul unui volum al lui Emil Botta, *Întunecatul April*, sau versul lui Bacovia, „Te uită cum ninge decembre!").

Problema grafiei *sunt/sînt* este una extrem de complicată şi o vom discuta cu altă ocazie. Consider că aici este mai mult decât o problemă *ortografică*, fiind vorba şi despre una *politică*. De aceea, propun păstrarea ambelor forme, în funcţie de opţiunea autorului. Nici chiar atunci când avem texte de acelaşi autor, scrise în epoci diferite (Iorgu Iordan, de pildă, a scris *sunt* în perioada interbelică, apoi *sînt* în anii comunismului) nu avem voie să unificăm. *Dicţionarul scriitorilor români*, de exemplu, care nu aplică măsurile recente ale Academiei Române, a respectat totuşi forma *sunt* în titlul lui Ion Minulescu, „Nu sunt ce par a fi". Nu acelaşi lucru s-a întâmplat cu un manual de literatură pentru clasa a VIII-a, în care era reprodusă poezia lui Nichita Stănescu, *Noi*, în care aveam rima „*pământ*/ Sub noi străbunii *sînt*". Voind să actualizeze ortografia, autorii manualului au săvârşit un sacrilegiu faţă de memoria lui Nichita Stănescu, transcriind *pământ/sunt*.

Ilustrez aplicarea normelor de mai sus (sau cel puţin a unora dintre ele) cu următorul text din Timotei Cipariu:

Prefatiune

Aceste studia asupr'a limbei romanesce incepusem a le publicá inca in a. 1847 in Orgaxnulu Luminarei, inse greutatea obiectului sî ocupatiunile cu redactiunea sî publicarea acelui organu amenara continuarea sî in decursulu anului 1848, forá de a le poté terminá. [...]

După edarea elementeloru de limb'a romana in 1854, cugetu-mi erá numai de câtu a reprende firulu intraruptu alu acestoru studia, ce erau basea aceloru elemente, sî la carele totu atunci me provocasem.

Blaj, 1 ian. 1866 T.C.

Principia de limba și de scriptura de T. Cipariu. *Editiunea II revediută și inmultită. Blasiu, MDCCCLXVI. Cu Tipariul Seminariului*

Iată transcrierea fragmentului, făcută de un specialist, Carmen-Gabriela Pamfil:

Prefaţiune

Aceste studie asupra limbei româneşti începusem a le publica încă în a. 1847 în *Organul luminarei*, însă greutatea obiectului şi ocupaţiunile cu redacţiunea şi publicarea acelui *Organ* amânară continuarea şi în decursul anului 1848, fără de a le putea terminá. [...]

După edarea *Elementelor de limba română*, în 1854, cugetu-mi era numaidecât a reprinde firul întrerupt al acestor studie, ce erau basca acelor *Elemente*... şi la carele tot atunci mă provocasem.

Blaj, 1 ian. 1866 T.C.

Timotei Cipariu, Opere, *I. Ediție îngrijită de Carmen-Gabriela Pamfil. Introducere de Gavril Istrate, Editura Academiei Republicii Socialiste România, București, 1987*

Autorii *Proiectului de transcriere a textelor cu caractere latine din secolul al XIX-lea* au dat următoarele trei exemple de texte, preluate din I. Heliade Rădulescu, V. Alecsandri și I. Slavici:

Toamna	*Toamna*
Salutare ! lemne triste, que verḑi galbene 'nnegriți, Frunḑi, que căḑênd risipite pe liveḑi ve vesteḑiți !	**Salutare, lemne triste, ce verzi galbene-nnegriți, Frunzi ce căzînd risipite pe livezi vă vestejiți !**

Leonaș. Ha, ha, ha, ha ! ... încă așa babă strechietă !...Auḑi ? ...ha, ha, ha... Cică] sĕ nu fac abus ! (imitând pe Chirița), Ah, Leonaș...dacă mĕ iubești...menajarisește-mĕ...lasă-mĕ, sĕ fug... mĕ muncește cugetul...	**Leonaș. Ha, ha, ha, ha ! ... încă așa babă strechietă !...Auzi ? ...ha, ha, ha... Cică să nu fac abuz ! (imitînd pe Chirița), Ah, Leonaș... dacă mă iubești... menajarisește-mă... lasă-mă să fug... mă muncește cugetul...**

Ciasurile treceau și în trecerea lor ea tot mai mult se amețea, încât, sosind zioa de Sămbătă, ea umbla buiguită, fără de a-și mai putea da samă despre vre-un gănd hotărit. (*Novele din popor* de Ioan Slavici, București, 1881, p. 63)	**Ceasurile treceau și în trecerea lor ea tot mai mult se amețea, încît, sosind ziua de sîmbătă, ea umbla buiguită, fără de a-și mai putea da samă despre vreun gînd hotărît.**

Fragmente din Ion Heliade Rădulescu, Vasile Alecsandri și Ioan Slavici, în text paralel (original și transcris) (Asan, Bulgăr, Căplescu, 1959, pp. 23-24)

55. Дрептатеа ла Першĭ.

(Dȣпъ „Ікóna лȣmiĭ“.)

Ꙟнтре Першĭ се фаче жȣdекатъ скȣртъ, фъръ прокȣрърторĭ сéȣ̆ adвокацĭ.

Ашá ꙟтѫлнindȣ̆ ꙟнтр'ȣна de zілe ȣнȣ̆ коmicapiȣ̆ пре ȣнȣ̆ церанȣ̆ вenindȣ̆ dела mъчелърiе кътръ касъ, л'ѫнтребѣ: че dȣче? Церанȣлȣ̆ ръспȣнсе кȣ mѫнiе: Карнеа, че о-amȣ̆ кȣmпъратȣ̆ de ла mъчеларiȣ̆. Коmicapiȣлȣ̆, ȣĭmітȣ̆ de тонȣлȣ̆, ꙟн кареле ꙟĭ dedece церанȣлȣ̆ ръспȣнсȣ̆, ші воindȣ̆ съ штiъ кáȣса неmȣлцъmipiĭ лȣĭ, л'ѫнтребѣ maĭ denapte: нȣ кȣm-ва ар фі карнеа преа скȣmпъ!

Un text din Lepturariu, *scris cu caractere chirilice*

55. Dreptatea la perşi*

(După Icoana lumii[1])

Între perşi se face judecată scurtă, fără procurători[2] sau advocaţi[3].

Aşa, întâlnind într-una de zile un comisariu pre un ţeran venind de la măcelărie cătră casă, l-întrebă: Ce duce?

Ţeranul răspunse cu mânie:

– Carnea ce o-am cumpărat de la măcelariu!

Comisariul, uimit de tonul în carele îi dedese ţeranul răspunsu' şi voind să ştie cauza nemulţămirii lui, l-întrebă mai departe: Nu cumva ar fi carnea prea scumpă!?

* Text preluat din *Lepturariu rumânesc* cules den scriptori rumâni pren Comisiunea denumită de cătră Naltul Ministeriu al Învăţământului, aşăzat spre folosânţa învăţăceilor den clasa I şi II a gimnaziului de jos de Arune Pumnul, profesoriu de limba şi literătura rumână în Gimnaziul Plinariu den Cernăuţi. Tomul I. La C.-R. Edătură a Cărţilor Scolastice, Viana, 1862, p. 81.

1 *Icoana lumei* era o publicaţie periodică săptămânală de literatură şi ştiinţă, apărută la Iaşi, între 20 mai 1865 şi 4 august 1866, avându-l ca redactor pe Gh. Asachi (vezi Remus Zăstroiu, *Dicţionarul literaturii române de la origini până la 1900*, Editura Academiei Republicii Socialiste România, Bucureşti, 1979, pp. 447-448).

2 „*Procuratór, procuratori*, s.m. 1. Magistrat roman, ales de obicei dintre liberţi, însărcinat cu strângerea dărilor şi cu conducerea provinciilor imperiale. [...] – Din fr. *procurateur*, lat. *procurator, -oris*." (DEX) Conform teoriei lingvistice a lui Aron Pumnul, a neaccentuat s-a transformat, în cuvintele latine, în ă (*fontana* > *fântână*; *masa* > *masă*; *terra* > *ţară*). Prin urmare, trebuie să scriem şi să rostim: *căritate*, nu *caritate*; *lătină*, nu *latină*; *literătură*, nu *literatură*; *măterial*, nu *material*, deci şi *procurător*, nu *procurator*.

3 *Advocat* – forma veche, etimologică a cuvântului *avocat* (< lat. *advocatus*).

Observaţie

Uneori, la transcrierea textelor e nevoie de lungi note explicative. Aici sunt doar câteva precizări lingvistice, istorice etc.

O precizare importantă: Aşa cum se ştie, la 17 februarie 1993, Academia Română a emis Hotărârea privind schimbarea celor două norme ortografice: „revenirea la â din *a* şi păstrarea lui î din *i*, în condiţiile regulilor ortografice elaborate de Sextil Puşcariu, precum şi înlocuirea lui *sînt* cu *sunt*" (*Ortografia*..., 1992, p. 19). Această măsură a Academiei Române a fost numită de Mioara Avram „diversiunea *â*". Fără a intra în detalii, noile norme ortografice trebuie respectate cu stricteţe, inclusiv în textele ştiinţifice.

Există o normă care nu este respectată nici în prezent, fie din ignoranţă, fie din spirit de frondă faţă de Academia Română: în textele anterioare anului 1993 (deci în toate textele scrise între 1953 şi 1993), forma *sînt* trebuie transcrisă *sânt*, nu *sunt*! Nu este vorba doar de transcrierea versurilor, pe considerente de rimă: *sânt* (şi nu *sunt*!) rimează cu *pământ*, *vânt* etc.

La p. 93 a ediției a III-a din *DOOM*, scrie, negru pe alb: „În reproducerea formelor verbale în cauză din texte mai vechi, populare etc., formele din seria *sînt* trebuie redate acum în grafice **sunt**". Repet, nu este o regulă ușor de aplicat, din cauza obișnuinței noastre, a adversității față de reforma neștiințifică din 1993, dar regula ca atare trebuie respectată.

Personal am editat peste 15.000 de pagini din opera lui Ion Agârbiceanu (practic toată opera lui literară din volumele antume), unde am aplicat această normă (pentru cărțile apărute între 1953 și 1993): formele *sînt* și derivatele au fost transcrise cu â din *a*: *sânt, sântem, sânteți*! *Dura lex, sed lex!*

Bibliografie specială

Asan, F.; Gh. Bulgăr; Căplescu, C., 1959, „Proiect de transcriere a textelor cu caractere latine din sec. al XIX-lea", în *Limba română*, anul VIII, nr. 1, pp. 21-24.

Avram, Mioara, „Diversiunea *â*", în *România liberă*, anul XLIX, 1991, nr. 14389 (355), p. 4, și nr. 14.390 (356), p. 4.

Fisher, I., 1955, „Aplicarea noii ortografii în editarea scriitorilor noștri", în *Limba română*, anul IV, nr. 3, mai-iunie, pp. 55-81.

Idem, 1962, „Principii de transcriere a textelor românești", în *Limba română*, anul IX, nr. 5, pp. 577-581.

Funeriu, I., 1995, „Cuvânt înainte", în I. Funeriu, *Al. Macedonski. Hermeneutica editării*, Editura Amarcord, Timișoara, pp. 5-38.

Istrate, G., 1956, „O problemă controversată: literarizarea", în *Studii și cercetări științifice*, Seria Filologie, Iași, VII.

***, 1992, *Ortografia limbii române. Trecut, prezent, viitor*, Institutul European, Iași.

Rad, Ilie, 1994, „Și eu *sînt* pentru *sunt*!", în *Excelsior*, anul IV, nr. 9, p. 5.

Ursu, N.A., 1960, „Problema interpretării grafiei chirilice românești din jurul anului 1800", în *Limba română*, anul IX, nr. 3, pp. 33-46.

X

Originalitate și plagiat

1. Considerații generale

Termenul *plagiat* provine din limba latină, în care *plagiarius* însemna „răpitor" sau „negustor de oameni (vânduți ca sclavi)". Cuvântul a evoluat de-a lungul timpului, cunoscând o restrângere a sensului. Cum negustoria cu sclavi a luat sfârșit, a rămas doar înțelesul de „răpitor", de data aceasta fiind vorba despre „răpirea" unor bunuri intelectuale. Aceeași definiție o găsim și în lucrări apărute în străinătate: *using an author's words or ideas without giving credit* (Rubin, Piele, 1996, p. 324). Termenul *plagiat* nu trebuie confundat cu termenul foarte răspândit *piratare*, prin care se înțelege reproducerea fără autorizație a unei melodii, a unui disc sau CD, a unui spot publicitar sub numele autorului, dar fără autorizația acestuia, în scopul obținerii unor câștiguri materiale. Se vorbește, de exemplu, despre ediții-pirat, scoase fără aprobarea autorilor și ignorându-se copyrightul.

Dată fiind structura societății – cariată de invidii, orgolii, suspiciuni și parvenitism, de corupție și de alte metehne orientale –, e de presupus că plagiatul are o lungă tradiție în cultura noastră, mai ales în literatură. Într-adevăr, încă din 1935, G. Călinescu scria:

> Cel mai absurd și mai inutil furt mi se pare cel literar, și pentru aceea că e mai devreme sau mai târziu descoperit, și fiindcă, esența creației fiind sentimentul puterii personale, plagiatul e o mințire în sine. Cu toate acestea, furtul literar se practică des și uneori cu o astfel de naivitate, încât se vede limpede că intenția „autorului" a fost de a mistifica pe cineva (1973, p. 276).

Dacă în literatura beletristică sau științifică plagiatul este destul de răspândit, în presă plagiatul este mai rar. Se cunosc puține cazuri în care o instituție mass-media să revendice dreptul de proprietate asupra unui articol/material difuzat sau publicat de o altă instituție de profil, iar această constatare echivalează cu un elogiu adus presei românești dintotdeauna. Explicația constă în faptul că ziarele și emisiunile de radio și televiziune au milioane de cititori, ascultători sau telespectatori, astfel încât șansele ca acela care plagiază să fie prins sunt infinit mai mari decât în cazul unei lucrări științifice, de pildă, tipărită într-un număr limitat de exemplare, despre care se presupune că se adresează unui cerc relativ restrâns de specialiști. Dacă în practica mass-media plagiatul este, așadar, foarte rar, trebuie să recunoaștem presei deconspirarea multor cazuri de plagiat în domeniul științific, literar, diplomatic, parlamentar, muzical etc.

În ultimii ani, această chestiune a cunoscut o mediatizare fără precedent în România (în special când vine vorba de doctorate), din cauza înmulțirii plagiatelor și a diversificării modalităților de plagiere, ca urmare a facilităților oferite de internet.

Conform unor date furnizate de Emilia Șercan (2017, p. 62), între 1900 și 1990, deci într-o perioadă de 90 de ani, în România s-au acordat numai 1.500 de titluri de doctor, în timp ce pe durata a doar 25 de ani, în perioada 1991-2016, numărul acestora a ajuns la peste 67.000! În legătură cu numărul mare de doctorate, este interesantă o declarație a academicianului

Viorel Barbu, fost candidat la preşedinţia Academiei Române şi fost preşedinte al CNATDCU, care afirma că, din cele 67.000 de teze de doctorat, „20.000-30.000 sunt «teze slabe, plagiate sau compilate»" (*apud* Şercan, 2017, p. 62).

În intervalul 2016-2021, 60 de titluri de doctor au fost retrase (*cf.* Ştefan, 2021, p. 243) la solicitarea autorilor sau în urma deciziei unor instituţii abilitate. Interesul atât de mare pentru titlul de doctor se explică, în primul rând, în majoritatea cazurilor, prin faptul că doctoratul este văzut ca un instrument de legitimare publică şi intelectuală, iar în al doilea rând, prin existenţa unei motivaţii financiare (pentru bugetari, titlul de doctor însemna un spor salarial de 15%).

Odată cu explozia titlurilor de doctor, a apărut şi problema plagiatului, care s-a inflamat şi ca urmare a acuzaţiilor de plagiat aduse unor importante personalităţi politice (premieri, miniştri, generali, magistraţi, secretari de stat, primari, directori etc.). Au apărut zeci de articole care deconspiră cazurile de plagiat, unii ziarişti (precum Emilia Şercan) specializându-se pe devoalarea acestei hoţii. Avem în prezent o legislaţie (la nivel naţional, la nivelul fiecărei universităţi şi şcoli doctorale) menită să combată acest fenomen, considerat, pe bună dreptate, un adevărat cancer al cercetării ştiinţifice. Au apărut şi numeroase cărţi consacrate exclusiv acestei probleme: Emilia Şercan, *Fabrica de doctorate sau Cum se surpă fundamentele unei naţii*, Humanitas, Bucureşti, 2017; Elena Emilia Ştefan, *Etică şi integritate academică*, curs universitar, Editura Pro Universitaria, Bucureşti, 2018 (ediţia a II-a, revăzută şi adăugită, Editura Pro Universitaria, Bucureşti, 2021); Bujorel Florea, *Reflecţii despre plagiat*, Editura Hamangiu, Bucureşti, 2018; Emilia Şercan, *Cazul Ponta. Reconstituirea celui mai infam plagiat din istoria României*, cu un scurt cuvânt înainte de Gabriel Liiceanu,

Humanitas, Bucureşti, 2021; Mirel Anghel, *Plagiatul*, Editura Pro Universitaria, Bucureşti, 2022.

Trebuie spus că regulile scrierii textului ştiinţific funcţionează în spaţiul românesc de multă vreme, de cel puţin 150 de ani, de când există Academia Română (1867) – desigur, la început într-o formă mai simplă, dar care avea în vedere rolul ghilimelelor şi referinţele de rigoare. Scuza unor doctori acuzaţi de plagiat că teza a fost redactată la nivelul legislaţiei din momentul redactării este puerilă. Nu a existat o legislaţie în acest sens, ci doar nişte reguli de scriere academică, pe care mulţi le-au ignorant cu bună ştiinţă, săvârşind astfel un furt intelectual. Totodată, aceste reguli există în toate culturile. Iată, de pildă, ce se spune într-o lucrare americană de profil:

> Nu poţi folosi cuvintele exacte ale altui autor fără a utiliza ghilimele şi a da o citare completă, care indică sursa citatului, astfel încât cititorul să poată localiza citatul în contextul său original. Ca regulă generală, luarea unui pasaj de *opt sau mai multe cuvinte fără citare* [subl. n.] reprezintă o încălcare a legilor federale privind drepturile de autor (Babbie, 1998, p. A18).

2. Definirea plagiatului

Într-o carte recentă, *Scrierea academică în domeniul ştiinţelor umaniste. Tehnici şi norme* (Presa Universitară Clujeană, Cluj-Napoca, 2022), Oana Boc, alegând o ordine „piramidală", prezintă „diferite documente şi acte normative, care prevăd nu doar definirea şi conţinutul acestor norme, ci şi formele de abatere de la acestea, funcţionând, astfel, şi ca un ghid în formarea unei conduite adecvate în scrierea academică" (p. 169). Se face astfel trimitere la *Legea nr. 206 din 2004 privind buna conduită în cercetarea ştiinţifică, dezvoltarea tehnologică şi inovare*, la *Legea nr. 1 din 2011 a educației naționale* și la *Ghidul pentru identificarea plagiatului în lucrările științifice*, elaborat în 2017 de Consiliul Național de Etică a Cercetării Științifice, Dezvoltării Tehnologice și Inovării din cadrul Ministerului Cercetării și Inovării, la care se adaugă *Codul de etică și deontologie profesională al Universității „Babeș-Bolyai"* (2019), respectiv *Etică și onestitate academică – un ghid pentru studenții Universității „Babeș-Bolyai"*. În toate aceste documente invocate, plagiatul este definit, în termeni oarecum asemănători, ca „furt intelectual".

În *Legea nr. 206 din 2004*, de pildă, se spune că *plagiatul* este

> expunerea într-o operă scrisă sau o comunicare orală, inclusiv în format electronic, a unor texte, expresii, idei, demonstrații, date, ipoteze, teorii, rezultate ori metode științifice extrase din opere scrise, inclusiv în format electronic, ale altor autori fără a menționa acest lucru și fără a face trimitere la sursele originale" (*apud* Boc, 2022, p. 173).

În *Ghidul pentru identificarea plagiatului în lucrările științifice* (2017, p. 3), se arată că:

> Plagierea este preluarea de către un autor a unor elemente din opera de creație intelectuală a altui autor și prezentarea lor în spațiul public drept componente ale unei opere proprii. Plagiatul este rezultatul acțiunii de a plagia și se referă la opera generată prin preluarea ilegitimă, intenționată sau nu, din punct de vedere deontologic (*apud* Boc, 2022, p. 178).

În fine, în *Codul de etică și deontologie profesională al Universității „Babeș-Bolyai"*, se precizează condițiile în care un autor poate fi acuzat de plagiat:

> Din punct de vedere etic, proprietatea intelectuală și drepturile de autor sunt încălcate, iar autorul acestor încălcări devine culpabil din punct de vedere moral atunci când recurge la: a) copierea unor texte sau pasaje, indiferent de numărul și dimensiunea lor,

> ale unor opere ce aparţin unor autori la care nu se face direct referinţă; b) preluarea unor idei, argumente, date, rezultate fără a face referinţă la autorul de la care au fost preluate; c) însuşirea creaţiilor intelectuale ale altor autori şi prezentarea lor drept rezultate proprii, fără menţionarea explicită a surselor acestor contribuţii, fără a preciza că paternitatea acelor contribuţii nu îi aparţine (Art. 29) (*apud* Boc, 222, pp. 174-175).

3. Autoplagiatul

Lucrările şi actele normative care abordează plagiatul discută şi delicata problemă a *autoplagiatului*, cuvânt neconsemnat în *Dicţionarul explicativ al limbii române*, dar despre care se vorbeşte foarte mult, în directă legătură cu plagiatul.

Astfel, în *Legea nr. 206 din 2004*, invocată mai sus, la art. 4, alin. (1), lit. e, autoplagiatul este definit ca

> expunerea într-o operă scrisă sau o comunicare orală, inclusiv în format electronic, a unor texte, expresii, demonstraţii, date, ipoteze, teorii, rezultate ori metode ştiinţifice, extrase din opere scrise, inclusiv în format electronic, ale aceluiaşi sau acelorași autori fără a menţiona acest lucru şi fără a face trimitere la sursele originale (*apud* Florea, 2018, p. 29).

O definiţie asemănătoare găsim şi în *Ghidul pentru identificarea plagiatului...*, în care se spune că:

> Autoplagiatul nu este plagiat, în sensul strict, adoptat prin definiţia dată. Preluarea în acest caz se face nu după opera unui alt autor, ci din lucrări proprii autorului în discuţie, dar fără specificarea faptului că opera actuală reproduce, total sau parţial, o operă mai veche a aceluiaşi autor. Autoplagiatul este de inclus mai mult în seria practicilor de conduită ştiinţifică inadecvată. Trebuie descurajat, însă, pentru că poate duce la recunoaşteri profesionale nefundamentate, prin multiplicarea aceleiaşi lucrări ca fiind probă de nouă producţie intelectuală (*apud* Boc, 2022, p. 221).

IV. Doi scriitori chilieni • 177

a murit liniștit în patul lui și încă mai sunt și azi persoane, în Chile, care îl apără.

– *Ce scriitori credeți că v-au influențat cel mai mult în activitatea Dvs. de scriitoare?*

– Toți cei din Boom-ul literaturii latino-americane și cărțile autorilor clasici din acea vreme, cum ar fi Balzac, Dikens, Hugo, London, Wilde și alții, pe care i-am citit în copilărie și tinerețe. Îmi place să citesc istorioare, să le ascult și să le povestesc.

– *Știți că romanele și cărțile Dvs. se bucura de un mare succes în țara noastră, fiind apărute la una dintre cele mai importante edituri din România, Humanitas. Ați dori să veniți în țara pe care mama Dvs. a vizitat-o deja?*

– Desigur, mi-ar plăcea să vizitez România! Problema mea e că nu am suficient timp să-mi împlinesc toate dorințele, fiindcă vreau să scriu, să scriu, să scriu! Și pentru asta am nevoie de liniște și singurătate.

(*România literară*, an LI, nr. 20, 10 mai 2019, p. 26-27)

care au decapitat o femeie, în 1973, au fost și ei arestați; în fine, unsprezece militari au fost condamnați la pedepse între trei și 10 ani, pentru moartea unui fotoreporter și tentativă de omor în cazul unei studente, care au fost incendiați în cursul unei manifestații în timpul dictaturii lui Augusto Pinochet (1973-1990), în timp ce dictatura chiliană a provocat moartea a peste 3.000 de persoane, iar alte 38.000 au fost torturate, potrivit estimărilor oficiale.

Ultima pagină a interviului cu celebra scriitoare chiliană Isabel Allende publicat în volumul Doina Rad, Ilie Rad, O călătorie la capătul pământului, *Editura Tribuna, Cluj-Napoca, 2019, p. 177. La finalul textului se poate vedea precizarea locului primei apariții:* România literară, *anul LI, nr. 20, 10 mai 2019, pp. 26-27. Făcând această precizare (existentă la toate capitolele din carte), nu putem fi acuzați de autoplagiat!*

Din cele două definiţii asemănătoare, rezultă cel puţin două concluzii:

a) Autoplagiatul constituie o abatere de la buna conduită în cercetarea ştiinţifică doar atunci când nu se fac trimiterile necesare la propriile lucrări anterioare. De exemplu, publicând prezenta lucrare, *Cum se scrie un text ştiinţific*, ediţia a III-a, eu aş fi fost suspectat de autoplagiat doar în cazul în care nu aş fi menţionat, pe contrapagină sau pe pagina de titlu, că această carte reproduce ediţia a II-a, din 2017, într-o formă revăzută şi adăugită. Prin urmare, nu este o carte nouă, ci o reeditare a uneia mai vechi, cu anumite completări şi revizuiri. Probabil că legiuitorul a introdus noţiunea de *autoplagiat* pentru a preveni un act de impostură intelectuală: o carte sau un studiu se poate reedita modificând eventual titlul, iar la raportarea cercetărilor noastre anuale, obligatorii în mediul academic, putem să le prezentăm ca şi când ar fi un studiu nou sau o carte nouă. E interesant că, în evantaiul criteriilor de promovare în ierarhia universitară, reeditările se pot menţiona, dar ele nu figurează, pe bună dreptate, ca opere noi.

Reeditarea trebuie precizată nu doar în cazul cărţilor, ci şi al studiilor ştiinţifice, al cronicilor literare, al eseurilor, al interviurilor etc. În toate cărţile mele, care au fost publicate în seriale, în diferite reviste (*Peregrin prin Europa. File de jurnal: Viena, Praga, Varşovia, Budapesta*, 1998; *De la Moscova la New York*, 2005; *Un ardelean la Bucureşti*, 2011; *O călătorie în Ţara Kangurului*, 2012; *O călătorie la capătul lumii*, în colab. cu Doina Rad, 2019), am menţionat data şi locul primei apariţii. Mulţi autori (mai ales de cronici literare, eseuri, interviuri etc.) nu respectă această cerinţă, cu explicaţia că vor să ofere publicului o carte nouă! Or, cartea este nouă doar pentru necunoscători.

b) Un autor are toate drepturile asupra operei sale. Articolul 12 al *Legii nr. 8 din 14 martie 1996* arată că:

> Autorul unei opere are dreptul patrimonial exclusiv de a decide dacă, în ce mod și când va fi utilizată sau exploatată opera sa, inclusiv de a consimți la utilizarea operei de către alții.

4. Tipologia plagiatului

Odată cu dezvoltarea tehnologică, în special a internetului, s-au dezvoltat, adică „s-au rafinat", cum se spune acum, cu un termen la modă, și metodele de plagiere. Chiar dacă au apărut numeroase platforme de identificare a plagiatului (iThenticate, Turnitin etc.), acestea au o putere de analiză limitată, în sensul că nu pot verifica decât studiile și cărțile digitalizate și disponibile pe internet. Or, cum e puțin probabil că se va ajunge vreodată ca tot ce s-a tipărit de-a lungul istoriei să se digitalizeze, va rămâne mereu un fond de publicații din care plagiatorii se pot înfrupta, cu șanse mari de a nu fi prinși. Pe baza multor documente și cărți de specialitate consultate, Oana Boc stabilește următoarea tipologie a plagiatului, în funcție de metodele utilizate și de raportul dintre textul original și cel plagiat: *plagiatul de tip „copy-paste"*, *plagiatul de tip „mozaic"*, *plagiatul de tip traducere*, *plagiatul disimulat*, *plagiatul de idei*, *plagiatul mixt* etc. (2022, pp. 182-188).

4.1. *Plagiatul de tip „copy-paste"*

Așa cum se deduce și din numele lui (*copy* = a copia; *paste* = a lipi), un asemenea tip de plagiat presupune preluarea cuvânt cu cuvânt, fără a utiliza ghilimelele și referințele bibliografice, a unui fragment dintr-o lucrare și „lipirea" lui la textul inițial, fără trimiterea necesară. Prin această metodă se preiau nu doar citate din autorul A, să spunem, ci şi din autorul B citat de A, fără ca plagiatorul să utilizeze norma recomandată în acest caz (*apud*), pentru a se crea impresia că plagiatorul a consultat direct sursa B. În afară de texte, formula „copy-paste" se mai poate referi la grafice, desene, statistici, anchete sociologice etc.

4.2. *Plagiatul de tip „mozaic"*

După cum se arată în *Ghidul pentru identificarea plagiatului*..., plagiatul de tip „mozaic" se practică astfel:

> Se preia un bloc de text, fără citarea de rigoare, iar în interiorul textului respectiv se înlocuiesc cuvinte, dar cu păstrarea structurii de ansamblu a frazării (*apud* Boc, 2022, p. 183).

Schimbarea topicii, adăugarea unor elemente în plus, utilizarea sinonimelor sunt alţi paşi făcuţi pentru mascarea plagiatului.

4.3. *Plagiatul de tip traducere*

În *Ghidul pentru identificarea plagiatului*... se spune:

> Preluarea prin traducere a unor texte, de orice fel, dintr-o limba străină şi prezentarea lor – în bloc compact sau în stil mozaicat – ca text propriu nu este decât altă formă de plagiat intenţionat (*apud* Boc, 2022, p. 184).

Se ştie că în prezent există programe tot mai performante pentru traducerea unui text dintr-o limbă în alta. Plagiatorul nu foloseşte această capacitate a calculatorului pentru utilizarea corectă (cu ghilimele şi referinţe) a unui text dintr-o limbă pe care nu o cunoaşte, ci pentru a induce în eroare platforma care face raportul de similitudine, căci e puțin probabil (dar nu exclus, evident!) ca textul respectiv să existe pe internet în varianta românească. În literatura științifică autentică, citatul într-o limbă străină este foarte des folosit, cu respectarea riguroasă a regulilor citării. Dacă textul științific este scris în limba română, recomandăm, pentru fluența lecturii, folosirea textului tradus, iar într-o notă de subsol dăm citatul în original, cu toate referințele necesare. În practică se folosește și metoda inversă (cu citatul original în text și cu traducerea lui în nota de subsol). În cartea sa consacrată scrierii academice, Oana Boc are o remarcă interesantă legată de plagiatul de tip traducere:

> Am întâlnit în mediul online, pe unele rețele de socializare, diferite „sfaturi", pentru a face „greu de depistat" un text plagiat, printre acestea regăsindu-se metode precum: traducerea textului original într-o limbă străină (sau chiar în mai multe limbi), apoi retraducerea lui în limba română. Dar ne întrebăm: de ce atâta risipă de efort, când o citare sau o parafrazare onestă ar fi mult mai ușor de realizat și nu ar presupune riscul unei acuzații de fraudă? (2022, pp. 183-184, n. 165)

4.4. *Plagiatul disimulat*

Acesta este, de fapt, o parafrazare greșită, în sensul că se fac trimiterile de rigoare (numele autorului, titlul cărții, pagina etc.), însă textul nu reprezintă o parafrazare a citatului original, ci este citatul însuși, dar fără ghilimele. Asupra acestui tip de citat atrage atenția și Umberto Eco:

> Dar cititorul care, din întâmplare, își dă seama că pagina nu parafrazează textul original, ci de fapt îl *copiază*, fără a folosi ghilimelele, își face o impresie proastă (1977/2006, p. 234, *apud* Boc, 2022, p. 185).

De aceea este important ca, la lectura unei cărţi şi notarea unor citate (uneori fiind şi în criză de timp – închiderea bibliotecii, accesul limitat la o sursă online etc.), să fie transcris cu rigurozitate citatul (cu ghilimele şi trimiteri), urmând să îl parafrazăm în momentul redactării, când poate dispunem de timpul necesar pentru aceasta (fiindcă o parafrazare corectă şi onestă ia mai mult timp decât copierea *tale quale* a citatului respectiv). Pe vremea folosirii fişelor de lucru, aceasta era cauza principală a plagiatului: conspectarea unei cărţi se făcea pe fişe, ce reproduceau de fapt citatul integral, dar fără ghilimele. La redactare, ce putea avea loc după câţiva ani de la conspectare, posesorul fişelor nu mai ştia dacă fragmentele copiate sunt citate sau parafrazări şi le dădea ca parafrazări, deşi erau citate.

4.5. *Plagiatul de idei*

Conform *Ghidului pentru identificarea plagiatului...*, „constituie plagiat atât preluarea de idei, cât şi preluarea de text fără citările de rigoare" (*apud* Boc, 2022, p. 186). O să dau două exemple de plagiat de idei. În 1992, am înfiinţat revista *Excelsior*, subintitulată *Revistă de aspiraţii şi cultură pentru învăţământul preuniversitar*. Expresia „revistă de aspiraţii şi cultură" îmi fusese sugerată de profesorul Mircea Borcilă, pentru a evita formula „revistă de educaţie şi cultură", prea des întâlnită înainte de 1989. Formula a prins, revista a avut succes. La câţiva ani după aceea, o revistă şcolară din judeţul Sălaj s-a subintitulat şi ea *Revistă de aspiraţii şi cultură*. Am protestat, iar respectiva expresie a fost retrasă de pe frontispiciul revistei sălăjene. Prin 1996, stăteam de vorbă, la Biblioteca Centrală Universitară „Lucian Blaga" din Cluj-Napoca, cu o studentă la Jurnalism, care voia să facă o lucrare de licenţă dedicată publicisticii lui Corneliu Coposu. „Seniorul" murise cu un an înainte şi se bucura de o mare faimă în toate straturile societăţii. Ideea mea era ca, după licență, studenta respectivă să facă și o antologie cu publicistica lui Corneliu Coposu, care se manifestase și ca ziarist. La discuția noastră a asistat și un coleg de-al meu, critic și istoric literar. Acesta nu a zis nimic, dar, după câteva luni, poate un an, am văzut în librării un volum cuprinzând o parte din articolele lui Corneliu Coposu. În prefață nu există, evident, nicio precizare privind nașterea ideii cărții!

4.6. *Plagiatul de tip ChatGPT*

La tipologia de mai sus aș mai adăuga o modalitate de plagiere, bazată pe un program de inteligență artificială: adresezi programului o întrebare, iar el îți răspunde pe baza informațiilor existente în mediul online. Programul a fost lansat abia anul trecut, are limitele lui, dar sunt convins că tentațiile de a-l folosi, inclusiv în activitatea științifică, sunt foarte mari.

Se înțelege că, având atâtea modalități de manifestare, plagiatul poate fi întâlnit în cele mai diverse medii (literatură, știință, mass-media, muzică, legislație etc.).

Ne vom referi în continuare la plagiatul studențesc, fiindcă acestuia trebuie să îi acordăm cea mai mare atenție. Dacă studenții sunt obișnuiți, încă din facultate, cu normele și rigorile scrierii științifice, dacă devin conștienți că plagiatul este un *furt intelectual*, poate vor avea ezitări în a plagia când ajung la formele superioare de pregătire (masterat și doctorat).

5. Plagiatul studențesc

Are o tradiție bogată, ca urmare a faptului că lucrările de diplomă, unde acest fenomen se manifestă cel mai frecvent, nu se publică, pentru a putea intra în circuitul științific. În felul acesta, o lucrare prezentată la Bucureşti, de exemplu, poate fi susţinută cu uşurinţă şi la Cluj de alt student, fără ca acesta să poată fi prins asupra faptului. De altfel, în anunţurile de la mica publicitate apar frecvent oferte de vânzare a unor lucrări de diplomă, specificându-se domeniul şi nota care a fost luată la susţinere! Pentru eradicarea acestui fenomen, consider că este esenţial rolul profesorului îndrumător, care trebuie să se implice mai mult în etapele elaborării lucrării, pentru a vedea în ce măsură lucrarea este efectiv munca studentului în cauză. La fel stau lucrurile şi în învăţământul preuniversitar, în cazul întocmirii lucrărilor pentru obţinerea gradului didactic I.

Aviz amatorilor! Jandarmii au primit noi competenţe

• interviu cu inspectorul şef al Inspectoratului de Jandarmi Judeţean "Gelu Voievod", colonelul Ionel Cimuca

Ultimele modificări în legislaţia existentă au sporit competenţele jandarmilor. Despre ce este vorba?

Într-adevăr, în conformitate cu prevederile Legii 210/2007, privind modificarea şi completarea unor acte normative prin care se stabilesc şi se sancţionează contravenţii, personalul Jandarmeriei Române a primit competenţa de a constata şi sancţiona faptele de natură contravenţională prevăzute în trei acte normative: Legea 12/1990 privind protejarea populaţiei împotriva unor activităţi comerciale ilicite, Legea 31/2000 privind stabilirea şi sancţionarea contravenţiilor silvice şi OUG 27/2000 privind produsele petroliere.

Concret, în ce constau aceste modificări?

Personalul Jandarmeriei Române este abilitat să constate contravenţiile din sfera comerţului ilicit, exploatării materialului lemnos, precum şi a recuperării de produse petroliere, ceea ce va contribui la simplificarea procedurii de sancţionare, acoperirea mai bună a zonelor în care se săvârşesc astfel de fapte, scopul final fiind diminuarea fenomenului contravenţional în cele trei domenii. Acest act normativ se înscrie în Strategia de Dezvoltare a Jandarmeriei Române, prin care se urmăreşte o sporire a prezenţei "în stradă", alături de cetăţeni, şi implicarea tot mai activă a jandarmilor în prevenirea şi combaterea faptelor antisociale.

Care ar fi "avantajele" Jandarmeriei în urma intrării în vigoare a Legii 210/2007?

Avantajul acestor atribuţii sporite conferite de Legea nr. 210/2007 îl constituie, printre altele, şi simplificarea procedurii de sancţionare. Potrivit noii legi, contravenienţii nu mai trebuie conduşi la secţia de poliţie pentru a fi amendaţi. Infracţiunile în domeniul silvic sunt sancţionate drastic: în ce priveşte contravenţiile silvice, jandarmii vor putea amenda şi întocmi dosare penale în cazul tăierii, ruperii sau scoaterii din rădăcini a arborilor, dar şi în cazul transportului lemnelor fără documente de provenienţă, situaţie în care Legea nr. 31/2000 la art. 1, lit."p" conferă jandarmilor dreptul de a opri în trafic mijloacele de transport auto sau hipo încărcate cu material lemnos, în vederea verificării legalităţii transportului.

Mai aveţi şi alte competenţe în domeniul silvic, cinegetic sau piscicol?

Pădurile din România au avut de suferit foarte mult după 1989, mai ales atunci când a început şi fenomenul retrocedării. Dacă ţinem seama şi de incendiile cu care ne confruntăm în ultimul timp, în sectorul forestier, este clar că se impun anumite măsuri pentru a mai salva câte ceva din "plămânul verde" al patriei. Aşa că, jandarmii vor putea sancţiona şi deteriorarea amenajărilor silvice, vânătoreşti, piscicole din apele de munte, a împrejmuirilor, barierelor sau a altor lucrări asemănătoare, aflate în fondul forestier naţional. Aceste fapte au fost catalogate ca infracţiuni, pentru care pedeapsa a fost stabilită prin lege, cu închisoare de la 2 luni la 6 luni sau cu amendă de la 1000 la 3000 de lei.

Fragment din interviul publicat în Mesagerul de Bistriţa-Năsăud *(6 septembrie 2007), realizat de Ovidiu Lăzăroaie*

Interviu

Interviu cu d-l Ion Cimuca inspectorul sef al Inspectoratului de Jandarmi Judetean "Gelu Voievod"

Reporter: Ultimele modificări în legislația existentă au sporit competențele jandarmilor. Despre ce este vorba?

I.C.: Într-adevăr, în conformitate cu prevederile Legii 210/2007, privind modificarea și completarea unor acte normative prin care se stabilesc și se sancționează contravenții, personalul Jandarmeriei Române a primit competența de a constata și sancționa faptele de natură contravențională prevăzute în trei acte normative: Legea 12/1990 privind protejarea populației împotriva unor activități comerciale ilicite, Legea 31/2000 privind stabilirea și sancționarea contravențiilor silvice și OUG 27/2000 privind produsele petroliere.

Reporter: Concret, în ce constau aceste modificări?

I.C.: Personalul Jandarmeriei Române este abilitat să constate contravențiile din sfera comerțului ilicit, exploatării materialului lemnos, precum și a recuperării de produse petroliere, ceea ce va contribui la simplificarea procedurii de sancționare, acoperirea mai bună a zonelor în care se săvârșesc astfel de fapte, scopul final fiind diminuarea fenomenului contravențional în cele trei domenii. Acest act normativ se înscrie în Strategia de Dezvoltare a Jandarmeriei Române, prin care se urmărește o sporire a prezenței "în stradă", alături de cetățeni, și implicarea tot mai activă a jandarmilor în prevenirea și combaterea faptelor antisociale.

Reporter: Care ar fi "avantajele" Jandarmeriei în urma intrării în vigoare a Legii 210/2007?

I.C.: Avantajul acestor atribuții sporite conferite de Legea nr. 210/2007 îl constituie, printre altele, și simplificarea procedurii de sancționare. Potrivit noii legi, contravenienții nu mai trebuie conduși la secția de poliție pentru a fi amendați. Infracțiunile în domeniul silvic sunt sancționate drastic: în ce privește contravențiile

Același interviu, plagiat de studentul I.Gh.M. și prezentat la un examen, ca interviu realizat de el

Mircea Cărtărescu tradus iņ portugheză , de Oana Popiţiu

(Material propus pentru publicare la data de: 19-03-2007)
"De ce iubim femeile" în Lisabona

Cea mai vândută carte în România, „De ce iubim femeile" a lui Cărtărescu a fost tradusă şi în portugheză. Traducătorii, profesorul român Simion Doru Cristea şi Maria Joao Coutinho, au fost aleşi de către cei de la editura "Guerra e Paz" (Război şi pace) din Portugalia. Marea dramă a traducătorilor aflaţi în Portugalia este tocmai carenţa publicaţiilor româneşti contemporane. Aparuta la Editura Humanitas, Colectia Cartea de pe noptiera, cartea lui Mircea Cartarescu, De ce iubim femeile, a incitat publicul cititor in special pe cel feminin. Daca pana acum, in modernism, autorii se straduiau sa fie amorezii perfecti ai misterioaselor doamne, postmodernul Cartarescu isi intreaba, in genere, propriul sine ce iubeste la femeie. Alcatuita initial din texte ce au aparut in reviste prestigioase, „De ce iubim femeile", devine o oda inchinata femeii, un soi de inaltare pe un piedestal, impus de insasi conditia ei. Ei bine, nu va asteptati sa gasiti aici femei fantastice, spatiale si mirobolante. Idealul feminin este regasit cu perspicacitatea unui chirurg in fiecare femeie, fie ea mama, adolescenta, copila, bunica. Fiecare primeste doza de dragoste, de adulare sau de adorare. Caci in acest nesemnificativ detaliu consta impetuozitatea cartii. Cartarescu nu iubeste idealul, perfectiunea. El iubeste si daruieste dragostea sa tuturor. Adeziunea salbatica pe care a avut-o asupra reprezentantelor sexului frumos aceasta carte este unul dintre criteriile de baza care sustin ipoteza conform careia cartea reprezinta o scriitura exceptionala. Experientele destainuite in roman aduc in prim plan aceea nota de veridicitate, de realism exacerbat in viziunea unora, in fine o nota de autenticitate. Care este, oarecum, acel detaliu semnificativ si sugestiv in acelasi timp pentru introducerea experientei proprii in general este insusi faptul ca autorul prin retrospectiva femeilor care au intrat in viata lui starneste amintirile cititorului. Caci proiectia sinelui in fiecare carte aduce cu sine proiectia receptorului a carui memorie se dezlantuie odata cu lectura. Finalul este intr-adevar apoteotic. Ce poate fi mai frumos decat enumerarea unor serii de motive pentru care ai putea sa iubesti femeia. Plecand de la cele mai insignifiante detalii, trecand la cele mai importante lucruri, Cartarescu reuseste sa surprinda tumultul sentimentelor intr-un singur capitol. Registrul lingvistic este accesibil si publicului mai putin avizat, poate intr-o anumita masura datorat stilului jurnalistic pe care il adopta autorul. Ei bine, „De ce iubim femeile" nu este nici „Levantul", nici „Nostalgia", aici il avem in fata pe Cartarescu dezgolit, plin de pudoare un amorez tardiv care proclama in fata intregii natiuni o declaratie de dragoste fulminanta. Un Cartarescu de care cu siguranta ne vom indragosti numai pentru ca...

Articolul „Mircea Cărtărescu tradus în portugheză", semnat de Oana Popiţiu şi publicat în România liberă, *din 19 martie 2007* recenzie copiată din România Liberă

Jurnalism, an III

Mircea Cartarescu ne spune "De ce iubim femeile"

Aparuta la Editura Humanitas, Colectia Cartea de pe noptiera, cartea lui Mircea Cartarescu, De ce iubim femeile, a incitat publicul cititor in special pe cel feminin. Daca pana acum, in modernism, autorii se straduiau sa fie amorezii perfecti ai misterioaselor doamne, postmodernul Cartarescu isi intreaba, in genere, propriul sine ce iubeste la femeie. Alcatuita initial din texte ce au aparut in reviste prestigioase, „De ce iubim femeile", devine o oda inchinata femeii, un soi de inaltare pe un piedestal, impus de insasi conditia ei. Ei bine, nu va asteptati sa gasiti aici femei fantastice, spatiale si mirobolante. Idealul femenin este regasit cu perspicacitatea unui chirurg in fiecare femeie, fie ea mama, adolescenta, copila, bunica. Fiecare primeste doza de dragoste, de adulare sau de adorare. Caci in acest nesemnificativ detaliu consta impetuozitatea cartii. Cartarescu nu iubeste idealul, perfectiunea. El iubeste si daruieste dragostea sa tuturor. Adeziunea salbatica pe care a avut-o asupra reprezentantelor sexului frumos aceasta carte este unul dintre criteriile de baza care sustin ipoteza conform careia cartea reprezinta o scriitura exceptionala. Experientele destainuite in roman aduc in prim plan aceea nota de veridicitate, de realism exacerbat in viziunea unora, in fine o nota de autenticitate. Care este, oarecum, acel detaliu semnificativ si sugestiv in acelasi timp pentru introducerea experientei proprii in general este insusi faptul ca autorul prin retrospectiva femeilor care au intrat in viata lui starneste amintirile cititorului. Caci proiectia sinelui in fiecare carte aduce cu sine proiectia receptorului a carui memorie se dezlantuie odata cu lectura. Finalul este intr-adevar apoteotic. Ce poate fi mai frumos decat enumerarea unor serii de motive pentru care ai putea sa iubesti femeia. Plecand de la cele mai insignifiante detalii, trecand la cele mai importante lucruri, Cartarescu reuseste sa surprinda tumultul sentimentelor intr-un singur capitol. Registrul lingvistic este accesibil si publicului mai putin avizat, poate intr-o anumita masura datorat stilului jurnalistic pe care il adopta autorul. Ei bine, „De ce iubim femeile" nu este nici „Levantul", nici „Nostalgia", aici il avem in fata pe Cartarescu dezgolit, plin de pudoare un amorez tardiv care proclama in

Aceeași recenzie prezentată ca lucrare originală de studentul V.A., jurnalist la o publicație clujeană. Nici măcar diacriticele nu au fost puse. Adnotările sunt ale cadrului didactic

6. Concluzii

Plagiază românii mai mult decât alte popoare? Nu cred că se poate afirma aşa ceva. Plagiatul este şi el o formă a corupţiei, iar acest fenomen îl găsim peste tot în lume. Diferenţa este că democraţiile îndelungate şi stabile reuşesc să diminueze acest flagel, lucru care se va întâmpla şi în societatea românească în anii care vor veni.

În democraţiile consolidate, oamenii politici acuzaţi de plagiat au demisionat imediat din funcţiile pe care le deţineau în momentul respectiv, ceea ce nu s-a întâmplat şi la noi. În România, unii politicieni cel mult şi-au retras titlul de doctor, la presiunea mass-mediei şi a opiniei publice.

Dezvoltarea şi răspândirea plagiatului în cele mai diverse medii intelectuale are mai multe explicaţii.

În primul rând, acesta a rămas, de cele mai multe ori, nepedepsit din cauza inexistenţei unei legislaţii de profil. În „cultura" academică română s-a pus atât de puţin accent pe subiectul furtului intelectual, încât, nesancţionat cu adevărat, plagiatul a devenit, pentru mulţi, o adevărată regulă.

Abia în 1996 a apărut în România *Legea nr. 8*, privind dreptul de autor şi drepturile conexe, lege care nu se aplică riguros nici acum. Alta este situaţia în ţările cu tradiţie democratică. Iată, de exemplu, ce aflăm dintr-un articol publicat în ziarul *Gardianul*, din 23 ianuarie 2004:

> Tribunalul Suprem din Paris l-a condamnat pe cineastul Jean-Luc Godard pentru plagiat. Godard s-a folosit în filmul său *Regele Lear* de un fragment din cartea scriitoarei Viviane Forrester *La violence du calme* fără să ceară permisiunea acesteia. „Reproducând şi difuzând acel paragraf în filmul său, d-l Godard şi Casa de Producţie Bodega Films au atentat la dreptul moral al d-nei Forrester şi la drepturile editiilor Seuil", a declarat judecătorul.

> Hotărârea judecătorească a interzis firmei Bodega Films de a continua difuzarea filmului [...].

Iată o altă cauză a plagiatului, formulată de academicianul Solomon Marcus (2002):

> Plagiatul a fost, pe de o parte, eludat, tolerat și stimulat, pe de altă parte, diabolizat, pus la stâlpul infamiei. Să intrăm în normalitate și să judecăm proprietatea intelectuală cu rigoarea, dar și cu relativitatea inevitabilă. Să stigmatizăm plagiatul, mai cu seamă în formele sale grave, extreme, dar nu și pe plagiatori, pe care trebuie, desigur, să-i judecăm, să-i pedepsim, dar nu să-i înlăturăm, ca pe niște paraziți. Acum, a devenit o modă să se fure cu ajutorul internetului, unde pentru orice temă găsești paginile potrivite. Profesorii au obligația de a educa simțul onestității intelectuale, de la vârsta cea mai fragedă (p. 3).

Un alt motiv vizează spațiul nostru sociocultural, în care mai funcționează încă principiul „ai carte, ai parte”, în care cuvântul originar *carte* (scrisoare, document, dovadă) a fost deturnat spre sensul „învățătură”. Un om cu carte este un om învățat, care se bucură de stima celor din jur, nemaivorbind de alte avantaje (accederea la posturi și funcții înalte, beneficii financiare etc.).

Se plagiază și pentru că mulți autori nu își fac ei înșiși tezele de doctorat, ci îi plătesc pe alții să le redacteze. În cartea sa *Fabrica de doctorate sau Cum se surpă fundamentele unei nații*, Emilia Șercan relatează:

> Un cunoscut mi-a povestit că a scris, pe bani, mai multe lucrări de doctorat pentru câțiva oameni politici, fără să-mi dezvăluie numele. După ce subiectul plagiatelor a căpătat anvergură, a început să fie sunat, chiar de mai multe ori, de foștii „clienți”, pentru a fi întrebat dacă nu cumva copiase. O altă persoană mi-a spus că, după ce a scris o lucrare pentru un politician, i-a făcut și o prezentare în PowerPoint, pe care să o citească în fața comisiei de referenți (2017, p. 10).

Practica a demonstrat că, de fapt, cele mai frecvente cazuri de plagiat se întâlnesc în rândul oamenilor politici. Fiind foarte ocupați, aceștia nu au timpul necesar pentru pregătirea și finalizarea unei teze de doctorat.

Eu le-aș interzice prin lege oamenilor politici ca, pe durata exercitării funcției politice, în care au fost numiți ori aleși, să se înscrie la doctorat, pentru că timpul lor trebuie dedicat comunității care i-a ales sau în slujba căreia au fost numiți. Dacă am extrapola termenul *scrisoare* (= scriere) și la textul științific, nu doar la cel literar sau istoric, ar fi valabile cuvintele lui Miron Costin: „Și la acestŭ fel de scrisoare, gândŭ slobod și fără valuri trebuiește". Or, un om politic nu are nici gândul „slobod", adică liber, nici viața ferită de „valuri".

În fine, o responsabilitate imensă în elaborarea unei teze de doctorat îi revine conducătorului științific, al cărui nume este trecut și pe coperta tezei, o dovadă clară a solidarității implicite dintre conducător și doctorand. Când conducătorul este el însuși om politic, se înțelege că nu are timpul fizic necesar pentru îndrumarea adecvată a tezei de doctorat.

Faptul că, în doar cinci ani (2016-2021), au fost retrase 60 de titluri de doctor (*cf.* Ștefan, 2021, p. 243) (motivul principal fiind acuzația posibilă sau dovedită de plagiat) constituie un pas important spre însănătoșirea mediului nostru științific și academic.

Se poate lupta împotriva plagiatului, care este acum atât de favorizat de dezvoltarea internetului? În România, s-a creat site-ul www.plagiat.ro, unde putem citi următoarele:

> Acest site este dedicat tuturor celor care, prin munca lor, încearcă să arate că a fi creativ este o virtute. Toți ceilalți vor fi aspru sancționați și apostrofați. Aici îi veți găsi deopotrivă pe inspirați și pe plagiatori. Și, dacă nici măcar de rușine nu vor îndrepta lucrurile, blocați-le adresa de mail cu mesaje, dați-le telefon în miez de noapte sau sunați la ușă și fugiți! (http://www.plagiat.ro/, 19 mai 2008)

Sperăm, de asemenea, să fie modificat Codul Penal din 2014, care prevede, cum scrie Radu Paraschivescu, în capitolul „Chipul românesc al imposturii” din *Cartea râsului și a cercetării*, „diminuarea pedepselor pentru deținuții care redactează, pe durata detenției, lucrări profitabile pentru publicul larg – e vorba de lucrări cu caracter științific, de demersuri care țin de cercetare, nu de beletristică” (2017, p. 28).

Bibliografie specială

Anghel, Mirel, 2022, *Plagiatul*, Editura Pro Universitaria, București.

Boc, Oana, 2022, „Deontologia și etica cercetării științifice. Norme și tehnici textuale de raportare la sursele bibliografice”, în Oana Boc, *Scrierea academică în domeniul științelor umaniste. Tehnici și norme*, Presa Universitară Clujeană, Cluj-Napoca, pp. 169-224.

Călinescu, G., 1935, „Furt”, în *Adevărul literar și artistic*, anul XIV, seria a II-a, nr. 746, p. 10 (și în Călinescu, 1973, pp. 276-277).

Cioculescu, Șerban, 1977, *I.L. Caragiale. Caragialiana*, Editura Eminescu, București.

Eco, Umberto, 2000, „Citat, parafrază și plagiat”, în Umberto Eco, *Cum se face o teză de licență. Disciplinele umaniste*. Traducere de George Popescu, Editura Pontica, Constanța (ediția a II-a, Polirom, Iași, 2006), pp. 177-181.

Florea, Bujorel, 2018, *Reflecții despre plagiat*, Editura Hamangiu, București.

Hangiu, I., 1996, *Dicționarul presei literare românești. 1790-1990*, ediția a II-a revăzută și completată, Editura Fundației Culturale Române, București.

Marcus, Solomon, 2002, „La școala plagiatului”, în *România literară*, nr. 48, p. 3.

Paraschivescu, Radu, 2022, „Chipul românesc al imposturii”, în Radu Paraschivescu, *Cartea râsului și a cercetării. Ce se întâmplă cu creierul dacă înveți cuvinte noi în timp ce faci sex*, Humanitas, București, pp. 15-76.

Pecican, Ovidiu, 1998, *Lumea lui Simion Dascălu*, Editura Fundației pentru Studii Europene, Cluj-Napoca.

Rubin, Rebecca B.; Rubin, Alan M.; Piele, Linda J., 1996, *Communication Research: Strategies and Sources*, ediția a IV-a, Wadsworth Publishing Company, Belmont, California.

Scridon, Gavril, 2003, *Viața lui George Coșbuc*. Prefață de Ion Vlad, Editura Fundației Culturale Române – Centrul de Studii Transilvane, Cluj-Napoca.

Șercan, Emilia, 2017, *Fabrica de doctorate sau Cum se surpă fundamentele unei nații*, Humanitas, București.

Idem, 2022, *Cazul Ponta. Reconstituirea celui mai infam plagiat din istoria României*. Cu un Scurt cuvânt înainte de Gabriel Liiceanu, Humanitas, București.

XI

Corectura textului științific

> Corectura e o meserie ingrată, care surmenează, uzând atențiunea și nervii, din cauza marii încordări și concentrări sub care stai tot timpul. Cu toate acestea, corectura este ucenicia unui bun ziarist, căci nicăieri ca la această corectură nu prinzi mai bine secretele gazetăriei.
>
> (Nicolae Straje, 1933)

1. Exigențe sporite în corectarea textului științific

Corectura este una dintre cele mai importante etape în drumul pe care textul îl are de parcurs de la autor la cititor. Ea este cu atât mai importantă în textul științific, caracterizat prin rigoare și exactitate. Se recomandă ca această corectură să se facă în faza de tehnoredactare a cărții sau articolului de revistă, fiindcă tehnoredactarea la calculator a unui text corectat poate genera noi greșeli, cum ar fi despărțirea arbitrară a cuvintelor în silabe, semne de ortografie sau de punctuație poziționate la început de rând etc.

Până la apariția calculatorului, traseul unui text de la manuscris la pagina tipărită era destul de anevoios. După ce autorul își scria textul, și-l dactilografia sau îl preda unei dactilografe de meserie, care îl bătea la mașină. Odată obținută dactilograma, ea era corectată de autor sau chiar de dactilografa respectivă, uneori prin colaționarea cu manuscrisul original. De multe ori, această colaționare nu se făcea cu textul inițial, ceea ce avea ca rezultat numeroase confuzii, mai ales la transcrierea citatelor. Cum nu existau copiatoare, autorii își copiau cu mâna citatele din cărți sau reviste, iar la corectură era greu, dacă nu chiar imposibil, să confrunți dactilograma cu toate cărțile sau publicațiile din care s-au reprodus anumite fragmente. E adevărat și faptul că foarte mulți autori aveau prea mare încredere în dactilografe, încât nu mai verificau textul înaintat spre tipărire, deschizând astfel poarta unor greșeli, mai ales de transcriere.

Textul era dus la tipografie, pentru a fi cules de către linotipist. După ce textul era cules și tehnoredactat, se dădea o listare (șpalt). Când șpaltul era gata, urma o corectură în paralel a textului, făcută de către autor, respectiv de corectorul sau redactorul cărții. Șpalturile erau trimise apoi la cenzură (când aceasta exista în mod oficial), care putea să opereze noi modificări în text. În general, fiecare șpalt avea două corecturi, notate ca atare: corectura I și corectura II, fiecare cu data și semnătura celui care a făcut-o. Abia după aceea se dădea BT-ul (bunul de tipar). De multe ori, bunul de tipar se dădea sub rezerva înlăturării unor greșeli care mai rămăseseră în urma celor două corecturi. Chiar și după ce cartea era tipărită, se mai puteau face unele mici îndreptări, prin așa-numitele *erate*, care erau niște foi atașate, lipite la sfârșitul lucrării respective. Se înțelege că astfel de erate conțineau mai ales în lucrările științifice, câte un + (plus) sau un – (minus) la matematică, o vocală sau un accent la gramatică, de pildă, care puteau să schimbe radical conținutul textului. Erata avea câteva rubrici: indicele paginii și a rândului în care era strecurată greșeala; varianta tipărită; varianta corectă; specificarea vinovatului (care putea fi editura, tipografia sau autorul însuși).

Iată două exemple de erate din două cărți științifice:

ERATĂ

pag :	rînd :	în loc de :	se va citi :
37	28	și în parte	și cel în parte
60	2	turcă	mongolă
60	3	turcă	mongoloidă
61	21	în Valahia în secolele XII—XIII, «în latină	«în Valahia în secolele XII—XIII în latină
67	44—45—46		intercalate între rîndurile 33—34
79	13	și sau o magie	și o mancie
101		titlul și subtitlul Proto-indo-europeană	Protoindo-europenii
131	3	altarele crude	altarele scunde
151	47	slavă	slavonă
161	23	terra quetum	tetraquetum
203	19	heron	heroon

Erată la Romulus Vulcănescu, 1985

E R A T A

pag	rândul	în loc de	se va citi	din vina
35	21	delinii	cu linii	Editurii
65	Tabela 11 rândul 5 de jos	ν Ipsilon	υ Ipsilon	«
66	Tabela 12 coloana 2-a rândul 13	$\begin{vmatrix} a_{11} \cdot\cdot a_{1n} \\ a_{n1} \cdot\cdot a_{nn} \end{vmatrix}$ $\lvert a_{ik} ; i, k \rvert$ = determinant $= 1, 2 \ldots n$	$\begin{vmatrix} a_{11} & \cdots & a_{1n} \\ \vdots & & \vdots \\ a_{n1} & \cdots & a_{nn} \end{vmatrix}$ determinant $\lvert a_{ik} \rvert; i, k = 1, 2 \ldots n$	«

Erată la ***, Tehnoredactarea. Noțiuni elementare de prezentare grafică și poligrafică a cărții, *Editura Tehnică, București, 1954*

Existau greșeli de tipar care nu puteau fi sesizate de autor, cum ar fi un vers sărit sau un adverb negativ, care puteau schimba sensul frazei. În general, acuratețea textului era dată de mai mulţi factori: la apariţia lui concurau nişte profesionişti autentici, oameni care învăţau în şcoli de meserii arta tipografică sau făceau ucenicie îndelungată la locul de muncă. Se putea întâmpla ca unii tipografi să fie în „complicitate" cu autorii, cărora le cunoşteau toate pretenţiile şi slăbiciunile. Aşa au fost George Lesnea sau Petre Ispirescu, scriitori care au lucrat şi ca tipografi. Arghezi cerea corectorului să nu intervină, poetul afirmând că „un corector mărginit preţuieşte mai mult pentru literatură decât un corector foarte deştept şi raţional" (*apud* Pârvulescu, 2001, p. 7).

Nu toţi autorii de texte ştiinţifice acordă importanţa cuvenită acestui stadiu obligatoriu pe care trebuie să-l parcurgă textul: *corectura*.

> Pentru texte lingvistice dificile, cu exemple în alte limbi decât cea a textului de bază, cu multe semne diacritice sau cu variaţia frecventă a caracterelor de literă, pot fi necesare până la cinci sau chiar zece corecturi! (Vulpe, 2002, p. 184)

La fel ca orice alt text, textul ştiinţific trebuie corectat cu atenţie, atât înainte de a fi dus la tipar, cât şi în timpul tipăririi, până în faza BT-ului. Culegerea şi tehnoredactarea textelor pe calculator uşurează infinit activitatea corectorului, chiar dacă, uneori, şi calculatorul ne mai poate juca feste. Când e vorba despre studii mai lungi, aproape fiecare redacţie solicită textul cules pe dischetă, precum şi un exemplar listat. În aceste condiţii, întreaga responsabilitate pentru corectură revine autorului. Se ştie că, în general, cea mai bună corectură a unui text nu şi-o poate face autorul însuşi, care ştie textul aproape pe de rost, încât nu mai citeşte toate cuvintele. *Corectura trebuie să fie făcută de o persoană străină*. În România este greu să găseşti un text fără nicio greşeală de tipar. Din acest punct de vedere, trebuie să apreciem presa şi cartea politică din România comunistă, unde greşelile de tipar erau o *rara avis*, tocmai datorită faptului că existau mulţi corectori, redactori şi cenzori, foarte atenţi în meseria lor.

2. Comedia erorilor de tipar

În regimurile dictatoriale, o greșeală scăpată de cineva îl putea costa serviciul. Am cunoscut un redactor de la un ziar central care a fost dat afară pentru că în titlul de pe prima pagină a ziarului, „Tovarășul Nicolae Ceaușescu va face o vizită de lucru în județul Hunedoara", a apărut „vită de lucru", silaba prețioasă pierzându-se la despărțirea cuvântului în silabe.

Într-un număr al ziarului *Flacăra roșie* din Arad, într-un titlu a apărut „schimb de… masaje" în loc de „schimb de mesaje", între Ceaușescu și un lider arab. În timpul terorii staliniste, în URSS, pentru o greșeală de tipar puteai fi deportat în Siberia. În romanul *Copiii din Arbat*, Rîbakov arată că un om a fost deportat pentru că, la culegerea unei cuvântări a lui Stalin, în loc de „a demasca greșelile" a cules „a masca greșelile". Au fost arestați, pentru această… neglijență de neiertat, șase oameni!

În cartea sa consacrată cenzurii comuniste, Bogdan Ficeac a reprodus mai multe rapoarte ale cenzurii din această perioadă, în care sunt semnalate diverse greșeli de tipar (și nu numai!) apărute în presa anilor 1949-1951. Astfel, se arăta că, în ziarul *Uzina și ogorul*, care apărea la Caransebeș, în nr. 165 din 5 decembrie 1951, în *Mesajul* adresat lui Stalin de către participanții la Conferința Unională a Partizanilor Păcii din URSS, din cuvântul *muncii* dispăruse consoana *n*, astfel că apăruse expresia „*mucii* tovarășului Stalin" (Ficeac, 1999, p. 57). În *Scânteia tineretului* din 21 noiembrie 1950, în loc de „forței economice socialiste" a apărut „fostei economii socialiste". În *Sportul popular* din 20 decembrie 1950, în loc de „CC al PMR" a apărut „Ca Ca al PMR". În *Scânteia* din 19 octombrie 1950, propoziția „În țară se dezvoltă mișcarea de constituire a activelor cetățenești" a apărut cu următoarea greșeală: „În țară se revoltă mișcarea…". Într-un articol din *Frontul plugarilor*, intitulat „Oamenii muncii din Capitală și-au exprimat voința de a contribui...", verbul *și-au exprimat* a fost înlocuit cu *și-au suprimat* (Ficeac, 1999, p. 59).

FĂCLIA

TELEGRAME EXTERNE

BELGRAD. — Din partea tovarășului Nicolae Ceaușescu, secretar general al Partidului Comunist Român, președintele Republicii Socialiste România, au fost transmise tovarășului Vidoie Jarkovici, președintele Prezidiului C.C. al U.C.I., un salut cordial, tovărășesc, împreună cu cele mai bune urări de succese în desfășurarea lucrărilor forumului suprem al comuniștilor din Iugoslavia, iar oamenilor muncii iugoslavi, urări de noi succese în edificarea socialismului, în traducerea în viață a hotăririlor actualului congres.

Mulțumind pentru urările exprimate, tovarășul Vidoie Jarkovici a rugat să se transmită tovarășului Nicolae Ceaușescu un cald salut tovărășesc și urări prietenești de succes deplin în activitatea obosită pe care o desfășoară în fruntea partidului și statului pentru asigurarea dezvoltării dinamice a societății, spre binele și fericirea poporului român. Totodată, a fost exprimată hotărirea

Făclia, *anul XLII, nr. 12.3003, 28 iunie 1986, p. 8. Pentru greșeala de tipar din interiorul telegramei (**„activitatea obosită"** în loc de „activitatea neobosită"), redactorul care a dat „bunul de tipar", E.P., a fost dat afară din redacție, iar redactorul-șef al ziarului – sancționat. În aceeași zi, la ora 9.00, s-a convocat o ședință a secretariatului Comitetului Județean Cluj al PCR, pentru a discuta gravitatea fără precedent a acestui caz. Toate exemplarele* Făcliei *din ziua respectivă au fost retrase de pe piață. Ioachim Moga, prim-secretar al CJ Cluj al PCR, a sunat-o pe Elena Ceaușescu pentru a o preveni asupra acestei greșeli și pentru a o informa în legătură cu măsurile luate. Ancheta desfășurată ulterior a stabilit că toți cei patru tipografi de serviciu, în noaptea de 27-28 iunie 1986, erau etnici maghiari. Să fi fost o mică formă de protest?*

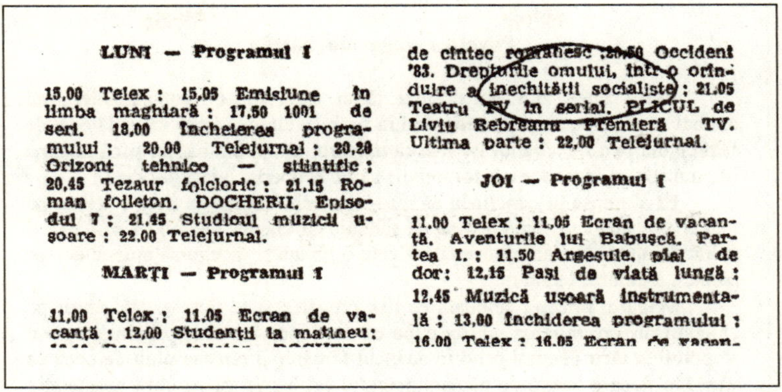

LUNI — Programul I

15,00 Telex : 15,05 Emisiune în limba maghiară : 17,50 1001 de seri. 18,00 Încheierea programului ; 20,00 Telejurnal : 20,20 Orizont tehnico — științific : 20,45 Tezaur folcloric : 21,15 Roman foileton. DOCHERII. Episodul 7 ; 21,45 Studioul muzicii ușoare : 22,00 Telejurnal.

MARȚI — Programul I

11,00 Telex : 11,05 Ecran de vacanță : 12,00 Studenții la matineu:

de cîntec românesc ; 20,50 Occident '83. Drepturile omului, într-o orînduire a inechității socialiste ; 21,05 Teatru TV în serial. PLICUL de Liviu Rebreanu — Premieră TV. Ultima parte : 22,00 Telejurnal.

JOI — Programul I

11,00 Telex ; 11,05 Ecran de vacanță. Aventurile lui Babușcă. Partea I. ; 11,50 Argeșule, plai de dor; 12,15 Pași de viață lungă ; 12,45 Muzică ușoară instrumentală ; 13,00 Închiderea programului ; 16,00 Telex ; 16,05 Ecran de vacan-

O altă greşeală de corectură, din ziarul Dâmboviţa, *„organ al Comitetului Judeţean Dâmboviţa al PCR şi al Consiliului Popular Judeţean" (8 ianuarie 1983, p. 4): titlul emisiunii din program – „Occident '83, într-o orânduire a* ***inechităţii socialiste*** *". Greşeala a dus la anchetarea redactorului care a dat „bunul de tipar", George Coandă (*cf. *George Coandă,* O cetate, o patrie, *Editura Bibliotheca, Târgovişte, 2005, pp. 106-107)*

Greşelile de tipar, intenţionate sau nu, îmbrăcau cele mai diverse forme. Astfel, într-un număr din *Dobrogea nouă*, s-a scris că, pe lângă o anumită şcoală, funcţionează „şi un curs de analfabetizare". În sfârşit, în ziarul *Înainte* din Brăila s-a strecurat următoarea greşeală: „Regimul de democraţie populară a deschis drum larg spre cultura cea mai *înapoiată* fiilor şi fiicelor poporului muncitor" (Ficeac, 1998, p. 60). E interesant că aceste greşeli au fost sesizate în faza şpalturilor, fiindcă în ziarele consultate de noi, existente în fondurile documentare ale bibliotecilor, ele nu au putut fi descoperite. Sau poate că fuseseră sesizate în ziarele deja tipărite, care ulterior s-au retras de pe piaţă.

Povestea măgarului bătrân

Într-o bună zi,măgarul unui ţăran căzu într-o fântână.Nefericitul animal se puse pe zbierat,ore întregi,în timp ce ţăranul căuta să vadă ce e de făcut.Până la urmă,ţăranul îşi zise că măgarul şi-aşa era bătrân şi că fântana oricum secase,încât aceasta tot trebuia să fie acoperită,odata şi-odata.

El a ajunse la concluzia că nu mai merită osteneala de a-l scoate pe măgar din adâncul fântânii.Aşa că ţăranul îşi chemă vecinii,ca să-i dea o mână de ajutor.Fiecare dintre ei luă câte o lopată şi începu să arunce de zor pământ,înăuntrul fântânii.

Măgarul pricepu deîndată ce i se pregătea şi se puse şi mai abitir pe zbierat.Dar,spre mirarea tuturor,dupa câteva lopeţi bune de pământ,măgarul se potoli şi tăcu.Ţăranul privi în adâncul fântânii şi rămase uluit de ceea ce văzu.Cu fiecare lopată de pământ,măgarul cel bătrân făcea ceva neaşteptat: se scutura de pământ şi paşea deasupra lui.Ȋn curând,toată lumea fu martoră, cu surprindere,cum măgarul,ajuns până la gura fântânii,sări peste ghizduri şi ieşi fremătând...

Viaţa va arunca poate şi peste tine cu pământ şi cu tot felul de greutăţi...Secretul pentru a ieşi din fântână este să te scuturi de acest pământ şi să-l foloseşti pentru a urca un pas mai sus.

Fiecare din greutăţile noastre este o şansă pentru un pas înainte.

Putem ieşi din adâncurile cele mai profunde,dacă nu ne dăm batuţi.

Foloseşte pământul pe care neamicii îl aruncă peste tine,ca să mergi înainte.

Exemplul 1. *Greşeală de tehnoredactare: după unele semne de ortografie şi de punctuaţie (virgulă, punct, două puncte, puncte de suspensie) nu a fost lăsat blancul necesar*

Observ cu tot mai mare amărăciune , aici , la Viena, departe de oraşul meu natal , că pe rafturile magazinului Billa anotimpurile sunt condensate , lunile se amestecă unele cu altele. Succesiunea anotimpurilor îmi pare ,tocmai de aceea , anulată , lipsită de farmec şi mister . O floare sau un fruct, care apar într-un alt timp decât al lor , constituie la noi o raritate şi generează , de cele mai multe ori , un uşor sentiment de nelinişte . Mă gândesc mereu că aceşti copii zglobii din faţa mea , care tocmai ies de la şcoală şi care au internetul în degetul cel mic, nu au ce-am avut eu şi ce mai au încă , din fericire , mulţi copii de-acasă : farmecul primelor fructe proaspete şi coapte, acele “ trufandale ” (de la tc. *trufanda*) .Un farmec care venea odată cu interdicţia de rigoare: corcoduşele trebuie lăsate până se îngălbenesc , cireşele – până se înroşesc (“ Că tot voi le mâncaţi ! ” – ne zicea Mama) . Dar cine să asculte ! ? Noi le mâncam pe furiş , imediat ce le cădea floarea… Parfumul melancolic al fructelor de-acasă…

(Ilie Rad, 1998, *Peregrin prin Europa. File de jurnal: Viena, Praga, Varşovia, Budapesta*. Prefaţă de Constantin Ciopraga, membru al Academiei Române, Editura Didactică şi Pedagogică R.A., Bucureşti)[1]

Exemplul 2. *Greşeală de tehnoredactare: între unele semne de ortografie şi de punctuaţie (virgulă, punct, două puncte, semnul întrebării, semnul exclamării) şi cuvintele care le precedă a fost lăsat un blanc, împotriva normelor ortografice şi de punctuaţie. În cazul ghilimelelor, a fost lăsat un blanc şi între ghilimelele de deschidere şi cuvântul care urmează.*

Iată precizările din DOOM *(ediţia a II-a, 2005, p. LXXVIII) referitoare la acest aspect de tehnoredactare: „În ce priveşte semnele de punctuaţie, spre deosebire de alte limbi, în română, punctul, semnul întrebării, semnul exclamării, virgula, punctul şi virgula şi două puncte nu se despart prin blanc de elementul care le precedă (dar sunt urmate de blanc, ca şi linia de dialog); parantezele şi ghilimelele deschise se despart de elementul care le precedă, dar nu de cel care le urmează; parantezele şi ghilimelele închise nu se despart de elementele care le precedă; punctele de suspensie şi linia de pauză (în afară de cazul când este folosită ca semn ortografic) se despart prin blanc atât de elementul care le precedă, cât şi de cel care le urmează; cratima ca semn de punctuaţie se comportă la fel ca atunci când este semn ortografic”*

---

1. Textul a fost corect tehnoredactat, greşelile de tehnoredactare fiind introduse de noi, în mod intenţionat (Ilie Rad).

3. Erori de tipar cu intenţii stilistico-satirice

Erorile de tipar au fost utilizate dintotdeauna şi ca un mijloc de satirizare a adversarului, a oamenilor politici în general. În capitolul consacrat corecturii din cartea deja citată I. Funeriu relevă mai multe situaţii comice care vizau greşelile de tipar. Astfel, într-o prefaţă la ediţia de *Versuri* a lui Tudor Arghezi, Ion Caraion evocă două situaţii, două „întâmplări tipografice" de prin anii '40. Astfel, în ziarul *Timpul* se afla pe prima pagină

> un clişeu pe două coloane înfăţişându-i pe cei doi dictatori ai momentului şi purtând sub el următoarea legendă: „Generalul Antonescu, conducătorul Statului, şi dl. Horia Sima, comandantul Mişcării Legionare, au păşit pe peronul gării Timişoara". Numai că, la cuvântul al treisprezecelea, în loc de *p* (de la „păşit") se culesese *b*... şi aşa a rămas (p. 233).

În acelaşi ziar,

> sub un clişeu pe trei coloane, arătându-le generoase printre paturile mutilaţilor, generoase şi elegante, pe Maria Antonescu, Veturia Goga, Sanda Mănuilă şi altele, sta, lămuritor scris, cu litere de tipar, că „Femeile române dau *pildă* ostaşilor noştri". Oroare însă, de astă-dată într-al patrulea cuvânt al explicaţiei, *l* fusese înlocuit prin *z* şi ziarul – pretind colegii mei – aşa ar fi ieşit, alergându-se apoi să se confişte de pe la chioşcuri foile nevândute. Ce să mai confişti? Se-nfulecaseră ca pâinea caldă (*apud* Funeriu, 1998, p. 233).

În presa de azi, marele maestru al acestor procedee este *Academia Caţavencu*. Iată câteva exemple: „La Otopeni, dl X s-a purtat ca pe pista lu' mă-sa!"; „Măta Hari" (pentru Mata Hari), „Maiko Belea" (pentru Markó Béla), „Daudeanus" pentru

Gaudeamus, „Gututenberg" pentru Gutenberg. O revistă ne informează că doamna X „aspiră la europenism", numai că *m* final a fost omis!

Noi suntem departe încă de performanţa unor edituri din străinătate, care organizează adevărate concursuri pentru cei care descoperă greşeli de tipar în lucrările publicate de acestea. În *Principii şi norme de tehnoredactare computerizată*, I. Funeriu citează următorul exemplu, pe care l-a găsit într-un ziar românesc (nemenţionat în text):

> Compania chineză Moon God Drinking Product Co. va oferi premii în bani cetăţenilor care depistează greşeli de tipar şi de scriitură în trei din cele mai mari ziare din Shangai şi într-o revistă ilustrată, informează agenţia Reuter. [...] Firma va înmâna 120 de dolari pentru fiecare greşeală găsită de cititori. Pe lângă faptul că acest original concurs face reclamă companiei de produse cosmetice, el încurajează publiciştii să-şi îmbunătăţească stilul şi să fie mai atenţi (p. 227).

Dintr-o carte a profesorului Ştefan Munteanu, *Scrisori vieneze*, aflăm că şi în Coreea există obiceiul ca unele edituri să ofere premii pentru cine găseşte o greşeală de tipar într-o carte, însă foarte puţini cititori au primit asemenea recompense. Se mai spune că, în Germania, există ediţii la sfârşitul cărora se poate citi: „Această carte apare fără nicio greşeală de tipar" (Funeriu, 1998, p. 229).

Scriitorii români au fost, în general, foarte exigenţi când e vorba despre corectură:

> Eminescu cere expres să nu i se schimbe „nici măcar o iotă" din manuscris, Caragiale vrea să-i amendeze pe editori pentru fiecare greşeală în parte, Macedonski dă erate (unde, spre disperarea sa, găseşte noi erori!), Geo Bogza vorbeşte de „greşeli perfide", care-l pot compromite pe autorul textului ş.a.m.d. (Funeriu, 1998, p. 230).

Dintre scriitorii străini, cunoaştem cazul lui Milan Kundera, care mărturisea într-un interviu: „M-am rupt odată de un editor, deoarece a încercat să-mi anuleze punctele de suspensie în favoarea unor simple puncte" (*apud* Funeriu, 1998, p. 230).

După Revoluţia din decembrie 1989, când numărul editurilor şi al publicaţiilor a crescut în ritmuri nemaiîntâlnite vreodată, a crescut şi numărul greşelilor de tipar, care au redevenit, după expresia lui Iorgu Iordan, o adevărată „instituţie naţională"! Trebuie să recunoaştem că nu am văzut după Revoluţie nicio carte care să mai aibă o erată ataşată la finalul paginilor, dovadă clară a scăderii vigilenţei în corectură. Doar în *România literară* şi în revista *22* am mai întâlnit mici erate.

4. Rolul calculatorului în corectarea greşelilor de literă

Informaticienii au creat opţiuni speciale pentru corectarea greşelilor de tipar.

Iată ce se poate citi într-un manual despre intervenţia calculatorului în probleme de ortografie:

> Programul de verificare a ortografiei este un instrument foarte util atunci când vreţi să vă asiguraţi că documentul dumneavoastră nu conţine greşeli supărătoare. Totuşi, programul are un scop foarte limitat: nu încearcă decât „să potrivească" ceea ce scrieţi dumneavoastră cu cuvintele pe care nu le cunoaşte şi vă propune alte cuvinte care se scriu aproape la fel. Programul nu ia în considerare contextul în care se află cuvântul, dincolo de faptul că vă cere să confirmaţi corectitudinea apariţiei unui cuvânt de două ori pe acelaşi rând.
>
> Înainte de apariţia generaţiei de procesoare de text (din care face parte şi Word sub Windows 95), verificarea ortografiei se făcea

în principal după terminarea introducerii textului. Acum, Word (ca şi rivalele acestuia, cum ar fi WordPerfect şi Lotus Word Pro) vă oferă posibilitatea verificării ortografiei în timpul lucrului şi semnalează apariţia unui cuvânt necunoscut la câteva microsecunde după ce l-aţi scris (*apud* I. Funeriu, 1998, p. 247).

Desigur, există programe şi pentru limba română, astfel că învăţătorii şi profesorii de română nu îi vor mai stresa pe elevi cu probleme de genul: *noştri*, *voştri* se scriu cu un singur *i*, *fii* se scrie cu doi de *i*, *nu fi* cu un singur *i* etc.

5. Corectura standard

Principalele semne utilizate în corectura unui text sunt prevăzute de STAS 6524-82. Unele dintre recomandările acestui STAS nu mai sunt de actualitate, datorită apariţiei calculatorului, care a schimbat radical industria tipografică.

În general, corectura se face pe partea albă a foii, în dreptul greşelii din rândul respectiv, pentru ca persoana care efectuează introducerea corecturii să identifice cât mai rapid greşelile. Semnele tradiţionale pentru corectură sunt tot mai puţin folosite, din cauza utilizării calculatorului, care permite corectarea greşelilor direct pe text, fără a mai fi nevoie de o semnalare a acestora pe varianta tipărită.

Atrag atenţia asupra importanţei pe care o are corectura exigentă a unui text, mai ales atunci când acesta este trimis pentru tipărire. E clar că un text neglijent corectat îşi diminuează şansele de a fi publicat, în comparaţie cu unul scris impecabil.

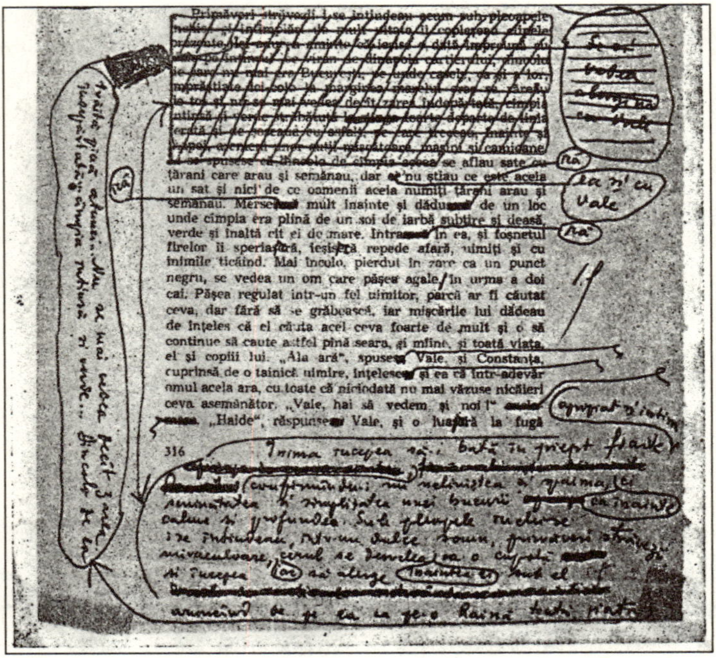

țărani care arau și semănau, dar [redacted] nu știau ce este acela un sat și nici de ce oamenii aceia numiți țărani arau și semănau. Merse[redacted] mult înainte și dădu[redacted] de un loc unde cîmpia era plină de un soi de iarbă subțire și deasă, verde și înaltă cît ei de mare. Intra[redacted] în ea, și foșnetul firelor îi speria, ieșiră repede afară, uimiți și cu inimile ticăind. Mai încolo, pierdut în zare ca un punct negru, se vedea un om care pășea agale în urma a doi cai. Pășea regulat într-un fel uimitor, parcă ar fi căutat ceva, dar fără să se grăbească, iar mișcările lui dădeau de înțeles că el căuta acel ceva foarte de mult și o să continue să caute astfel pînă seara, și mîine, și toată viața, el și copiii lui. „Ăla ară", spuse[redacted] Vale, și Constanța, cuprinsă de o tainică uimire, înțelese[redacted] și ea că într-adevăr omul acela ara, cu toate că niciodată nu mai văzuse nicăieri ceva asemănător. „Vale, hai să vedem și noi!" [redacted] „Haide", răspunse[redacted] Vale, și o luară la fugă

316

Pagină de corectură din Risipitorii, *ediția a III-a*

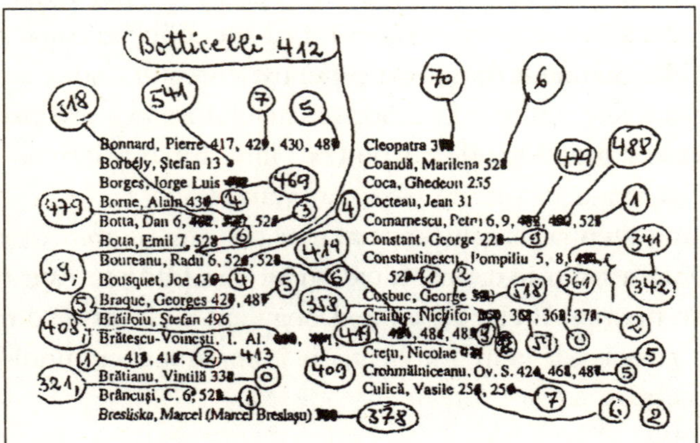

Bonnard, Pierre 417, 42[redacted], 430, 48[redacted]
Borbély, Ștefan 13
Borges, Jorge Luis [redacted]
Borne, Alain 43[redacted]
Botta, Dan 6, [redacted], [redacted], 52[redacted]
Botta, Emil 7, 52[redacted]
Boureanu, Radu 6, 52[redacted], 52[redacted]
Bousquet, Joe 43[redacted]
Braque, Georges 42[redacted], 48[redacted]
Brăiloiu, Ștefan 496
Brătescu-Voinești, I. Al. [redacted], [redacted], 41[redacted], 41[redacted]
Brătianu, Vintilă 33[redacted]
Brâncuși, C. 6, 52[redacted]
Bresliska, Marcel (Marcel Breslașu) [redacted]
Cleopatra 3[redacted]
Coandă, Marilena 52[redacted]
Coca, Ghedeon 255
Cocteau, Jean 31
Comarnescu, Petru 6, 9, [redacted], [redacted], 52[redacted]
Constant, George 22[redacted]
Constantinescu, Pompiliu 5, 8, [redacted], 52[redacted]
Coșbuc, George [redacted]
Crainic, Nichifor [redacted], 36[redacted], 36[redacted], 37[redacted], [redacted], 48[redacted], 48[redacted]
Crețu, Nicolae [redacted]
Crohmălniceanu, Ov. S. 42[redacted], 46[redacted], 48[redacted]
Culică, Vasile 25[redacted], 25[redacted]

Fragment din cartea lui Aurel Sasu, Cartea mea de muncă, *Editura Eikon, Cluj-Napoca, 2007. Corectura unei pagini cu indice de nume*

Teme pentru seminar

1. Citiţi cu atenţie presa de azi şi descoperiţi greşeli de tipar. Se va aduce pagina din respectivul ziar sau o copie xerox care să cuprindă greşelile de tipar descoperite.
2. Realizaţi un mic studiu privind utilizarea greşelilor de tipar în scopuri stilistice (mai ales în *Academia Caţavencu*).
3. Încercaţi să scrieţi, după modelul Ioanei Pârvulescu, un articol intitulat „Comedia erorilor", folosind şi comentând alte greşeli de tipar.
4. Realizaţi corectura unei pagini care conţine numeroase greşeli de tipar, folosind semnele convenţionale pentru corecturi, indicate şi în *DEX*.
5. Greşelile de tipar ca „armă" politică.

6. Tipuri de greşeli şi modul lor de corectare

Aşa cum spuneam, etapa de corectare a unui text este mult uşurată astăzi, graţie programelor de editare oferite de calculator. Dacă înainte un autor dădea manuscrisul unei dactilografe, atunci când corecta dactilogramele, el trebuia să folosească un sistem destul de unitar de înlăturare a greşelilor de tipar, care să poată fi înţelese de către tipografi. Acelaşi lucru îl presupuneau şi corecturile care se făceau pe şpalturile primite de la tipografie. În prezent, autorii de texte au enormul avantaj de a-şi putea corecta ei înşişi textele, la un calculator sau pe varianta printată, ceea ce duce, adesea, la crearea unui sistem propriu de înlăturare a greşelilor.

Totuşi, câteva reguli generale, cunoscute şi acceptate de toată lumea, trebuie date, în ciuda diferenţelor care există de la o cultură la alta.

6.1. *Înlocuirea unei/unor litere*

Cine se scoală de dimineață departe ajunge.
Un om prevăzător valorează cât doi oameni.

În cazul în care în acelaşi rând sunt două sau mai multe greşeli, se va recurge la anumite semne distinctive:

Nu pentru şcoală, ci pentru viață învățăm.

6.2. *Eliminarea unei/unor litere*

Oamenii sunt adesea neînțelegători, iraționali şi egoişti... Cu toate acestea, iartă-i!

6.3. *Eliminarea unui cuvânt sau a unui grup de cuvinte*

Acest tip de corectură se face prin anularea cu o linie a cuvântului/cuvintelor și folosirea semnului ⊢⊣ în dreptul rândului respectiv:

Dacă eşti bun, oamenii te pot acuza de ~~egoism şi~~ intenții ascunse... Cu toate acestea, fii bun!

6.4. *Apropierea unor litere într-un cuvânt sau a unor cuvinte într-un enunț*

Această corectură se va face prin semnul ↕:

Dacă ai succes, poți câştiga prieteni falşi şi duşmani adevărați... Cu toate acestea, caută succesul!

6.5. *Despărţirea a două litere sau cuvinte*

Acest lucru se marchează prin semnul , uneori combinat cu semnul de apropiere:

Dacă eşti cinstit şi sincer, oamenii te pot înşela... Cu toate acestea, fii cinstit şi sincer!

6.6. *Inversarea locului a două sau mai multor litere într-un cuvânt sau inversarea a două sau mai multor cuvinte într-un enunţ*

Acest tip de corectură se marchează prin semnul :

Ceea ce în ani se construieşte alţii pot dărâma într-o zi... Cu toate acestea, construieşte!

6.7. *Mutarea în alt loc a unui cuvânt sau a unui pasaj*

În acest caz, se procedează astfel: se încercuieşte cuvântul sau pasajul respectiv, iar printr-o săgeată se indică locul potrivit:

Dacă liniştea şi fericirea găseşti, oamenii pot fi geloşi... Cu toate acestea, fii fericit!

6.8. *Introducerea unui nou alineat într-un text*

Acest lucru se marchează prin semnul :

Binele pe care îl faci azi, oamenii îl vor uita mâine... Cu toate acestea, să faci bine!

6.9. *Eliminarea unui alineat dintr-un text*

Această corectură se semnalează astfel:

Dă-i lumii tot ce ai mai bun şi poate nu va fi de ajuns...
Cu toate acestea, dă-i lumii tot ce ai mai bun!

6.10. *Schimbarea corpului sau a caracterului literelor dintr-un cuvânt*

Se marchează cuvântul respectiv şi se notează pe albitură corpul sau caracterul dorit:

Mi se par de mare profunzime cuvintele: „Iartă-i, *Doamne*, că nu ştiu ce fac!". drepte

Notă

Sentinţele de la punctele 6.1.- 6.9 reprezintă fragmente dintr-un poem scris de Maica Tereza şi gravat pe zidul unei case de copii din oraşul indian Calcutta.

Bibliografie specială

Chelcea, Septimiu, 2007, „Corectura", în Septimiu Chelcea, *Cum să redactăm o lucrare de licenţă, o teză de doctorat, un articol ştiinţific în domeniul ştiinţelor socioumane*, ediţia a IV-a, revizuită şi adăugită, Comunicare.ro, Bucureşti, pp. 136-138.

Ficeac, Bogdan, 1999, *Cenzura comunistă şi formarea „omului nou"*. Prefaţă de Daniel Barbu, postfaţă de Petru Ignat, Editura Nemira, Bucureşti.

Funeriu, I., 1995, „Corectura", în I. Funeriu, *Principii şi norme de tehnoredactare computerizată*, Editura Amarcord, Timişoara, pp. 219-249.

Pârvulescu, Ioana, „Comedia erorilor", în *România literară*, 34, 1997, p. 7.

Romanescu, Vasile, 1944, *Istoria unei cărţi. Operă completă.* Prefaţă de C. Rasidescu, Tipografia „Cartea Românească", Bucureşti.

Universul, din 5 iunie 1933.

Vulpe, Magdalena, 2002, „Corectura de tipar", în Magdalena Vulpe, *Ghidul cercetătorului umanist. Introducere în cercetarea şi redactarea ştiinţifică*, Editura Clusium, Cluj-Napoca.

XII

Noțiuni de tehnoredactare

1. Preliminarii

Tehnoredactarea unei lucrări este o fază deosebit de importantă în drumul pe care aceasta îl are de parcurs de la *autor* la *cititor*. *A tehnoredacta* înseamnă a pregăti un manuscris pentru tipar, respectiv pentru imprimantă. Aspectul tehnic al unei lucrări s-a bucurat întotdeauna de atenția autorilor ei. Este destul de citat, mai ales de către tipografi, elogiul pe care Arghezi l-a adus muncii tipografilor. Un fapt interesant, care poate arăta cât de important devine aspectul exterior al unei cărți, este și următorul: în iulie 1945, când al Doilea Război Mondial abia se încheiase, iar omenirea și mai ales Uniunea Sovietică erau distruse din punct de vedere material și moral, când la ordinea zilei se găseau atâtea priorități, CC al PCUS a emis Hotărârea „Despre prezentarea poligrafică a cărților". Este demn de remarcat încă un fapt: în URSS exista un Institut Unional de Cercetări Științifice pentru Tehnica Tipografică și Editorială, în timp ce la noi meseria de editor nu putea fi învățată nicăieri. Înainte de 1989, multe edituri din România aveau ca angajați în schema de personal redactori artistici, care se îngrijeau de aspectul grafic al cărții.

În cele ce urmează, vom trece în revistă câteva principii generale de tehnoredactare a unei lucrări de cercetare, urmând ca aceia care vor lucra în edituri să-şi îmbogăţească şi să aprofundeze cunoştinţele de tehnoredactare a cărţilor.

2. Formatul lucrării

Cărţile nu se aseamănă în ceea ce priveşte formatul, lucru care se poate vedea cu uşurinţă în momentul când sunt aşezate într-un raft de bibliotecă. Recomandabil ar fi ca toate cărţile ce apar în aceeaşi colecţie sau serie să aibă aceeaşi înălţime (fiindcă grosimea oricum diferă). Dar nici acest lucru nu se respectă întotdeauna. De pildă, în seria de *Opere* a lui Lucian Blaga, apărută la Editura Minerva, volumul 4 este mai redus ca înălţime cu 1 cm decât primele trei volume!

De obicei, o lucrare studenţească de cercetare sau cea de licenţă au format A4. Acesta datează de pe vremea maşinilor de scris. Tehnoredactarea la calculator permite acum şi tipărirea a cel puţin două pagini pe aceeaşi parte a unei foi de hârtie A4, dar nimeni nu profită de această posibilitate (sau de cea a tipăririi textului pe ambele feţe ale foii). În general, când se stabileşte formatul unei cărţi, se are în vedere şi profilul ei. Dacă e vorba despre o carte ştiinţifică, despre manuale, atlase etc., care sunt citite sau consultate la masa de lucru, se stabileşte un format mai mare. Dacă e vorba despre cărţi care se vor citi în tren, în metrou, în parc etc., se alege un format mai mic, specific unei „cărţi de buzunar”.

3. Mărimea rândului

Cercetările privind actul citirii au demonstrat că rândul scurt favorizează lectura:

> În cazul rândului lung, se pierde mai multă vreme, deoarece, pentru perceperea integrală a rândului, sunt necesare mai multe fixaţii ale privirii, cu prilejul trecerii la un rând nou, în cazul rândului lung, apar mai multe greutăţi decât în cazul rândului scurt. Rândul lung necesită mai multe mişcări reflexe decât rândul scurt. Citirea unui text cu rânduri prea scurte este însă de asemenea dificilă, deoarece ritmul citirii, în acest caz, este întrerupt prea des (*Tehnoredactarea...*, p. 16).

De aceea, lucrările în format mai mare (dicţionare, enciclopedii etc.) se tipăresc pe coloane, la fel ca şi ziarele. Dar acest mod de aranjare în pagină atrage după sine alte aspecte de tehnoredactare, despre care vom vorbi ceva mai încolo.

4. Alegerea corpului de literă

În limbajul tipografilor, prin literă se înţelege „orice material tipografic care serveşte la redarea textului, făcând posibilă transmiterea ideilor cărţii către cititor" (*Tehnoredactarea...*, p. 26). Prin urmare, literele vor include semnele grafice propriu-zise ale alfabetului, cifrele, semnele de ortografie şi de punctuaţie, precum şi semnele convenţionale (cum ar fi: @, $, simbolul telefonului etc.). Calculatoarele au înlocuit noţiunea de *literă* cu cea de *semn* sau *caracter*. Mulţi tehnoredactori calculează acum dimensiunile unui text prin numărul semnelor pe care le conţine, pe care orice calculator le însumează automat.

Vechile tehnici de tipărire ofereau relativ puține posibilități de culegere a unui text, comparativ cu calculatoarele de astăzi, care au zeci de programe, cu sute de variante fiecare. Există câteva reguli de bază care trebuie respectate și în tehnica ultramodernă. În general, cărțile pentru preșcolari sau școlarii din clasele mici trebuie culese cu un corp mai mare (14 sau 16). Cărțile normale se culeg cu corp cuprins între 10 și 12. Literele prea mici pot face astfel încât lectura să fie obositoare. Acesta era, înainte de 1989, cazul revistei *Săptămâna*, tipărită cu un corp 8, pentru a intra în paginile ei cât mai mult text.

5. Formatul de text

Prin *format de text* se înțelege lățimea și înălțimea suprafeței dreptunghiulare tipărite a paginii. Pentru a respecta cerința ca rândurile tipografice să fie cât mai scurte, se optează pentru formatul „vertical", puține fiind cărțile tipărite în format „orizontal". În general, formatul ideal este dat de raportul 5/8, în care 5 reprezintă lățimea, iar 8 înălțimea formatului unei cărți.

6. Formatul ramelor albe ale paginii

O pagină cuprinde, pe lângă formatul de text, și ramele albe ale paginii (care se mai numesc și *albituri*). Se înțelege că, întotdeauna, formatul de text este mai mic decât cel al paginii. Dimensiunile ramelor depind de formatul colii de hârtie, de formatul de text și de metoda de legare. În primele cărți, ramele albe erau foarte mici, ceea ce determina o lectură greoaie, obositoare.

Mărimea ramelor albe diferă de la o carte la alta. În limbajul tipografilor, cele patru rame se numesc astfel: *rama de la cotor*, *rama de sus*, *rama laterală* și *rama de la picior*. Dimensiunile ramelor albe trebuie să fie direct proporționale cu formatul paginii și cu formatul textului, alcătuind împreună un ansamblu unitar, perfect echilibrat. În practica editorială (dar și în lucrările studenților), există uneori câteva exagerări: unele au text puțin și având rame albe supradimensionate. Alteori, pentru a face economie de hârtie, se micșorează la limită ramele, ambele practici dând cărții un aspect inestetic (în al doilea caz, lectura paginii este obositoare).

Se pune problema dacă aceste albituri pot fi folosite pentru însemnările și comentariile noastre la cărți. Practica trebuie exclusă din capul locului în cazul în care cartea citită aparține unui fond public. Când e vorba despre un exemplar personal, putem face însemnări și comentarii, recomandabil cu creionul. Există un foarte interesant studiu, plecând de la însemnările pe care Titu Maiorescu le-a făcut pe marginea cărților din biblioteca sa.

În ceea ce privește formatul de text al unei coli A4, acesta are, de regulă, 14,5 × 23 cm, ceea ce înseamnă că albiturile din jur pot avea circa 3 cm. Uneori, la lucrările de diplomă, rama de la cotor se mărește cu circa un cm, această suprafață fiind „absorbită” prin tehnica de compactare.

7. Textul scris

Referindu-se la deosebirile dintre limba scrisă și cea vorbită, I. Funeriu (1998) remarca următoarele:

> Exprimându-se oral, vorbitorul are la dispoziție foarte multe posibilități acustice, pe care le folosește, cum se pricepe el mai bine, în funcție de scopul urmărit.

> Vrea să impresioneze şi să se impună? Ridică vocea. Vrea să fie delicat şi tandru? O coboară până când devine şoaptă. Doreşte să insiste asupra unei propoziţii? O repetă, o explică sau o accentuează într-un fel aparte. Încearcă să fie ironic? Face pauze semnificative înaintea unor cuvinte-cheie. Se adresează unui public numeros, în condiţii auditive improprii? Articulează cuvintele individual, răspică mai atent sintagmele, îşi modifică inflexiunile vocii. Însuşi ritmul discursului suferă modificări substanţiale, în raport cu împrejurările în care este rostit (p. 193).

Aşa a luat naştere *arta de a vorbi în public*, despre care s-au scris tratate în toată regula. Limba scrisă nu posedă un asemenea arsenal de mijloace.

> Semnele de punctuaţie, punerea în pagină, precum şi alte procedee grafice sau tipografice – oricât de rafinate ar fi ele – nu pot suplini subtilităţile acustice ale vorbirii reale (Funeriu, 1998, p. 193).

Cele câteva artificii pe care le folosim în scris (titluri, alineate, paragrafe, evidenţieri de text, semne de ortografie şi de punctuaţie etc.) au tocmai rolul de a suplini, chiar dacă într-o măsură mai mică, virtuţile limbii vorbite.

7.1. *Alineatul*

Prin *alineat* se înţelege un rând dintr-un text în care primul cuvânt este retras puţin la dreapta, pentru a marca începutul unui nou pasaj sau paragraf. Dimensiunea unui alineat este în funcţie de lungimea rândului: dacă avem un text cu rânduri mai lungi, şi albitura alineatului va fi mai mare. Nu insistăm aici asupra confuziei care există şi în alte culturi dintre *alineat* şi *paragraf*. În general, alineatul echivalează cu apăsarea de cinci ori a tastei SPACE, începând de la marginea din stânga a rândului.

La calculator, stabilirea dimensiunilor unui alineat nu mai constituie nicio problemă, deoarece se tastează automat TAB. Mai mult, în ultima vreme se constată renunțarea la alineat nu numai în scrisori, ci și în cărți propriu-zise, poate din cauza comodității pe care ne-o oferă calculatorul. În mod semnificativ însă, marcarea alineatului se face printr-un spațiu alb, ceea ce arată că valoarea lui rămâne încă mare în textul scris.

7.2. *Paragraful*

Dacă e să vorbim în termeni strict tipografici, paragraful reprezintă „textul scris între două alineate consecutive". De multe ori, prin *paragraf* se mai poate înțelege o parte dintr-o lucrare ce tratează o anumită temă. Spațiul alb de la începutul paragrafului (*id est* alineatul) și cel de la sfârșit au rolul de a marca vizual un paragraf. Mai nou, în unele cărți, în special americane, a apărut un alt semn distinctiv care delimitează paragraful: un rând alb *înainte* și altul *după* paragraf. În astfel de situații, se renunță la alineat, pentru a nu marca în mod redundant același lucru. Un maestru al tehnoredactării computerizate, Roger K. Parker (1996), ne sfătuiește: „Nu utilizați, în același timp, atât deplasarea primei linii a paragrafului, cât și liniile goale suplimentare între paragrafe" (p. 270). Deocamdată, acest exemplu nu s-a impus în practica editorială românească. Ce trebuie spus aici neapărat este că nu e bine să abuzăm de utilizarea prea frecventă a paragrafelor, care l-ar putea irita pe cititor. Un autor englez, Eric Partridge (1963), dădea următorul sfat: „Nu scrieți un articol, un eseu, un capitol într-o serie de foarte scurte paragrafe; acest obicei, comun în așa-numita Presă Națională, îl irită pe cititor" (p. 168).

7.3. *Alinierea paragrafelor*

a) *Alinierea la stânga*, când toate spaţiile dintre cuvinte au aceeaşi dimensiune. Un cercetător francez, François Riell, autor al unui studiu despre lizibilitate, arăta că astfel de texte se citesc „cel mai rapid şi mai comod" (*apud* Funeriu, 1998). Parker (1996) susţine şi el acelaşi lucru: „cititorii consideră spaţierea unitară a cuvintelor în textele aliniate la stânga mai uşor de citit" (p. 97). Dezavantajul acestei metode este că, întrucât rândurile nu sunt egale, se produce un efect inestetic al paginii, asemănător cu cel al textelor dactilografiate la vechile maşini de scris (care aveau, cel puţin, scuza „neputinţei" lor tehnice). Iată un text (aparţinând lui G. Călinescu) tehnoredactat astfel:

> Astfel se stinse în al optulea lustru de viaţă cel mai mare poet
> pe care l-a ivit şi-l va ivi vreodată, poate, pământul românesc.
> Ape vor seca în albie, şi peste locul îngropării sale va răsări
> pădure sau cetate, şi câte o stea va vesteji pe cer în depărtări,
> până când acest pământ să-şi strângă toate sevele şi să le
> ridice în ţeava subţire a altui crin de tăria parfumurilor sale.

Această tehnică este aplicată de multe reviste americane, dar şi de unele publicaţii româneşti (*Tribuna*, *Apostrof*).

Neajunsul poate fi atenuat prin despărţirea unor cuvinte în silabe, operaţie pe care nu o pot îndeplini deocamdată toate programele de calculator.

b) *Alinierea la centru* se foloseşte în cazul unor texte de dimensiuni mai mici (reclame, lozinci, antete, colontitluri, texte de prezentare pe coperta unor cărţi). De asemenea, am întâlnit acest procedeu la unii poeţi care ţin la o anumită formă grafică a poemelor publicate. Iată același citat, aliniat la centru:

Astfel se stinse în al optulea lustru de viață cel mai mare poet pe care l-a ivit și-l va ivi vreodată, poate, pământul românesc. Ape vor seca în albie, și peste locul îngropării sale va răsări pădure sau cetate, și câte o stea va vesteji pe cer în depărtări, până când acest pământ să-și strângă toate sevele și să le ridice în țeava subțire a altui crin de tăria parfumurilor sale.

c) *Alinierea la dreapta* e utilizată mai ales de graficieni pe coperta unor cărți, pentru a se scrie numele autorului și titlul cărții. De remarcat că această aliniere nu se întâlnește niciodată singură pe aceeași pagină. Sistemul ca atare se folosește la colontitlurile paginilor de dreapta, la numerotarea paginilor impare, la așezarea datei într-o scrisoare etc. Iată același text aliniat la dreapta:

Astfel se stinse în al optulea lustru de viață cel mai mare poet pe care l-a ivit și-l va ivi vreodată, poate, pământul românesc. Ape vor seca în albie, și peste locul îngropării sale va răsări pădure sau cetate, și câte o stea va vesteji pe cer în depărtări, până când acest pământ să-și strângă toate sevele și să le ridice în țeava subțire a altui crin de tăria parfumurilor sale.

d) *Alinierea la ambele extremități ale rândului tipografic* este cea mai răspândită. Ea conferă paginii un aspect relativ îngrijit, în ciuda faptului că spațiile dintre cuvintele diferitelor rânduri nu sunt egale între ele. Această dublă aliniere prezintă dezavantaje mai ales în coloanele de ziar, cu rândurile foarte scurte. Echilibrarea spațiilor se poate face și aici prin recurgerea la despărţirea cuvintelor în silabe, operaţie pe care mulţi calculatorişti o ignoră:

> Astfel se stinse în al optulea lustru de viaţă cel mai mare poet pe care l-a ivit şi-l va ivi vreodată, poate, pământul românesc. Ape vor seca în albie, şi peste locul îngropării sale va răsări pădure sau cetate, şi câte o stea va vesteji pe cer în depărtări, până când acest pământ să-şi strângă toate sevele şi să le ridice în ţeava subţire a altui crin de tăria parfumurilor sale.

I. Funeriu (1998) arăta că „studiile asupra lizibilităţii, precum şi anumite exigenţe care ţin de estetica paginii impun câteva restricţii, recomandând o limitare rezonabilă a numărului de despărţiri în silabe" (p. 217). În tradiţia tipografică engleză, numărul despărţirilor în silabe de pe o pagină este limitat la trei (Ilovici, 1972, p. 129).

7.4. *Evidenţierile în text*

În general, citatele nu trebuie evidenţiate de restul textului prin caractere speciale, fiindcă ghilimelele marchează oricum statutul de citat. Dacă avem citate mai mari, se poate conveni ca lăţimea lor să fie mai mică decât a textului propriu-zis. Această practică este tot mai mult folosită de editurile româneşti, în efortul lor de a se ralia la standardele occidentale, mai ales americane.

8. Coloncifra

Indică numărul de ordine al paginii. Coloncifrele trebuie culese cu acelaşi caracter şi corp de literă ca şi textul de bază. Ele pot fi aşezate în partea superioară sau în cea inferioară a formatului de text, centrate sau la marginile exterioare. În general, coloncifrele se găsesc mai greu în poziţia centrală a paginii. Ele se despart de formatul de text printr-un spaţiu alb (corespunzând cu un rând). De obicei, coloncifra prefeţei este indicată cu cifre romane. Pe paginile iniţiale nu se vor pune coloncifre, în cazul în care acestea sunt amplasate în partea de sus. În astfel de cazuri, unele edituri folosesc totuşi coloncifra, dar, prin excepţie, o pun în partea de jos. Această situaţie este valabilă şi în cazul paginilor finale.

9. Colontitlul

> Se numeşte colontitlu rândul separat de text, care se paginează deasupra formatului de text şi cuprinde, în general, numele autorului pe pagina din stânga şi titlul lucrării pe pagina din dreapta (*Tehnoredactarea...*, p. 91).

Colontitlurile facilitează găsirea unui capitol, iar în dicţionare – a unui cuvânt. Colontitlul nu poate avea mai mult de un rând. De remarcat că unele edituri folosesc colontitlul şi sub formatul de text.

10. Tabla de materii

Tabla de materii (cuprinsul) îndeplineşte rolul unui ghid; de aceea, trebuie să fie foarte clară, aşezată eventual pe pagini faţă în faţă (în cazul în care depăşeşte spaţiul unei pagini), pentru ca lectorul să poată avea o viziune de ansamblu asupra conţinutului.

Cuprinsul va repeta titlurile părţilor, capitolelor şi chiar al secţiunilor, aşa cum se întâmplă în cărţile americane. De reţinut că trebuie să existe o concordanţă perfectă între titlurile din interiorul cărţii şi cele din cuprins. În lucrările ştiinţifice, tabla de materii este destul de complexă. La lucrările literare, aceasta este necesară doar atunci când există titluri de text, ea devenind inutilă în cazul cărţilor ce au numai capitole numerotate.

Culegerea tablei de materii se face cu litere de acelaşi caracter ca textul de bază, dar cu un corp mai mic. În marginea dreaptă se culege numărul paginii, cifrele fiind aşezate unele sub altele (aliniate la dreapta), astfel încât unităţile să fie aliniate sub unităţi, zecile sub zeci etc. Între titlu şi numărul paginii, spaţiul disponibil se umple cu puncte.

Locul tablei de materii poate varia. Mai nou, din raţiuni editoriale, tabla de materii este amplasată la începutul cărţii. Spaţiul de sus al primei pagini din fiecare capitol va fi egal cu cel al oricărui nou capitol, adică o treime din înălţimea formatului de text.

Capitolele se numerotează în tabla de materii cu anumite simboluri, pornind de la cel mai mare la cel mai mic:

a) cifre romane: I, II, III etc.;
b) litere majuscule: A, B, C etc.;
c) cifre arabe urmate de punct: 1., 2., 3. etc.;

d) litere minuscule: a, b, c etc.;
e) cifre arabe urmate de semiparanteză: 1), 2), 3) etc.;
f) litere minuscule, urmate de semiparanteze: a), b), c) etc.

Nici aceste reguli nu mai sunt respectate în practica editorială curentă.

Anexă[1]

Reguli de paginație
(după I. Funeriu)

Tehnoredactarea paginilor inițiale

Convențional, prin pagini inițiale înțelegem „toate paginile de la începutul capitolelor unei cărți". În privința acestora, lucrările de specialitate recomandă respectarea următoarelor reguli, pe care le-a impus, de-a lungul timpului, tradiția tipografică:

- Pagina inițială a capitolelor să fie pagină de dreapta (impară). Cercetările asupra lizibilității au arătat că această pagină e „mai importantă" pentru cititor.
- La paginile inițiale nu se folosesc niciodată colontitluri (*headere*).
- Paginile inițiale nu se numerotează în partea lor superioară (*top of page*), chiar dacă în restul volumului numerotarea este amplasată astfel.

1. Textul de față este prelucrat (rezumat, emendat, adaptat) după volumul *Tehnoredactarea. Noțiuni elementare de prezentare grafică și poligrafică a cărții*, Editura Teora, București, 1994, elaborată de un colectiv de autori format din: Vlad Mușatescu, Adrian Zahareanu, Anatolie Rosmarin și Achille Daniel [notă I. Funeriu].

- Când pagina din stânga (de sfârşit de capitol) este numerotată, pagina iniţială din dreapta nu se mai numerotează ori se numerotează în partea de jos, chiar dacă în restul cărţii numerotarea paginii e la *header*.
- Înălţimea albiturii superioare a paginii iniţiale ar trebui să fie egală peste tot în cadrul cărţii. Înălţimea acestei albituri nu va depăşi o treime din înălţimea paginii de text.

Observaţie

Prin albitură se înţelege, în acest context (tot convenţional), spaţiul alb cuprins între marginea de sus a paginii şi primul rând al titlului.

Tehnoredactarea paginilor finale

Prin pagini finale înţelegem: „toate paginile cu care se termină capitolele unei cărţi".

Exigenţe şi recomandări:

- Înălţimea textului paginii finale se va calcula în aşa fel încât să reprezinte cel puţin 1/5 din înălţimea formatului de text al unei pagini complete. În cazul când rândurile rămase pentru pagina finală reprezintă mai puţin de 1/5, paginatorul reface ultimele două-trei pagini ale capitolului, astfel încât această exigenţă să fie respectată.

Observaţie

În acest scop, dacă textul este tehnoredactat la computer, ar fi recomandabil să nu se apeleze la rarefierea sau îndesirea rândurilor tipografice de pe paginile anterioare, prin apelul la comenzile specifice FORMAT, PARAGRAPH, SPACING LINE, EXACTLY (LI sau POINTS), ci mai bine să se recurgă la FORMAT, CHARACTER (EXPANDED sau CONDENSED, după împrejurări). Evident, un bun operator se poate folosi şi de alte artificii tehnice pentru a respecta întru totul această exigenţă impusă de tradiţia tipografică.

- Pe paginile finale nu se folosesc coloncifre la piciorul paginii (*bottom of page*), decât atunci când textul depășește o jumătate de pagină. Excepții se admit, din motive didactice, pentru manualele școlare sau pentru cursurile universitare.
- Notele de subsol (*footnotes*) nu se vor așeza la limita inferioară a formatului de text, ci imediat după text, cu albitura prescrisă. În felul acesta, pagina finală va avea un aspect estetic, cu text continuu.

Tehnoredactarea paginilor obișnuite

Exigențe, recomandări:

- Paginile unei cărți trebuie să cuprindă un număr fix de rânduri (cu excepția, firește, a paginilor inițiale și a celor finale).
- Dreptunghiul formatului de text trebuie să fie perfect închis; în consecință, paginile nu pot începe cu ultimul rând al unui paragraf (*stări*), mai scurt decât lățimea formatului de text, și nici nu se pot încheia cu primul rând al unui paragraf (*abzaț*).

Observație

Se admite însă ca primul rând al paginii să înceapă cu un alineat. Se admite, de asemenea, ca ultimul rând al paginii să fie sfârșit de paragraf. Evident, în asemenea cazuri, *oglinda paginii* nu mai formează un dreptunghi perfect, așa cum s-a stipulat mai sus.

- Se va evita, pe cât posibil, despărțirea cuvintelor în silabe de pe o pagină pe alta. În mod special, se va evita despărțirea în silabe de pe o pagină impară pe pară (pentru alte detalii, vezi capitolul despre despărțirea cuvintelor în silabe).

Paginarea prefeţei (introducerii) şi a postfeţei[1]

- Prefaţa începe pe prima pagină după paginile de gardă.
- Textul prefeţei (postfeţei) începe pe pagină impară.
- Textul prefeţei (postfeţei) poate fi paginat cu cifre romane (dacă numărul paginilor nu e prea mare).
- Numărul paginilor trebuie astfel calculat, încât textul să se sfârşească pe o pagină pară. Dacă acest lucru este imposibil de realizat, atunci după prefaţă se lasă o pagină de stânga goală.
- Dacă volumul are mai multe prefeţe (postfeţe), se va pagina mai întâi prefaţa (postfaţa) la ediţia respectivă, iar apoi, în ordinea cronologică a apariţiei lor, prefeţele (postfeţele) celorlalte ediţii.
- Dacă volumul are colontitlu cu urmărire, prefaţa va avea un colontitlu (*header*) identic. Dacă prefaţa este nesemnată, se va trece atât pe pagina din dreapta, cât şi pe pagina din stânga cuvântul *Prefaţă*.
- Postfaţa este amplasată, evident, la sfârşitul cărţii, înainte de tabla de materii (cuprins).

În ceea ce priveşte prefaţa, se recomandă:

- Prefaţa care nu depăşeşte 16 pagini se culege cu literă cursivă, cu acelaşi corp ca textul de bază.
- Dacă prefaţa cuprinde mai mult de 16 pagini, aceasta se culege cu litere drepte, având un corp cu două puncte tipografice mai mic decât textul de bază.
- Introducerile lucrărilor cu caracter tehnico-ştiinţific, atunci când fac parte integrantă din textul de bază, se culeg cu corpul de literă al textului principal.

1. Aceste *Reguli de paginaţie* sunt reproduse după I. Funeriu, *Principii şi norme de tehnoredactare computerizată*, Editura Amarcord, Timişoara, 1998, pp. 263-267. Mulţumesc prietenului şi colegului Ionel Funeriu pentru acordul de a reproduce aceste reguli.

Bibliografie specială

Biriş, Vasile, 2003, *Tehnoredactare. Cărţi, reviste, ziare*, Editura Axy Impex, Bucureşti.

Funeriu, I., 1995, *Principii şi norme de tehnoredactare computerizată*, Editura Amarcord, Timişoara, pp. 263-267.

Muşatescu, Vlad; Zaharescu, Adriana; Rosmarin, Anatolie; Achille, Daniel, 1954, *Tehnoredactarea. Noţiuni elementare de prezentare grafică şi poligrafică a cărţii*, Editura Tehnică, Bucureşti.

Parker, Roger C., 1996, *Tehnoredactare computerizată & design pentru toţi*. Traducere de Corneliu Catrina, Editura Teora, Bucureşti.

XIII

Lucrarea de licență

1. Date generale despre licență[1]

În conformitate cu regulamentul de organizare și desfășurare a examenului de licență la Universitatea „Babeș-Bolyai", începând cu anul academic 2007-2008, examenul constă într-o singură probă: prezentarea și susținerea lucrării de licență.

În aceste condiții, se înțelege că va crește exigența evaluării lucrării de diplomă, pe considerentul că, nemaiavând de susținut o probă scrisă, studenții vor avea mai mult timp la dispoziție pentru elaborarea acesteia la parametri cât mai înalți.

Alegerea temei se face, de regulă, la începutul anului universitar, catedrele putând stabili un termen precis pentru alegerea temei și a coordonatorului științific.

La unele facultăți, alegerea temei pentru lucrarea de licență se face la sfârșitul anului III, respectiv II (după sistemul Bologna).

Conform regulamentului în vigoare, conducătorul științific trebuie să aibă gradul de conferențiar sau profesor universitar.

---

1. Unele sugestii din acest ghid au fost preluate de pe site-ul Facultății de Studii Europene din Cluj-Napoca, disponibil la adresa: http://euro.ubbcluj.ro/avizier/ghid_licenta.doc (18 martie 2008).

Cadrele didactice care au dreptul de a coordona lucrări de diplomă sunt obligate să propună un număr de 15-20 de subiecte, aferente cursurilor pe care le predau. Dacă un subiect propus nu este abordat în anul respectiv, profesorul îl poate propune din nou în anul următor.

În cazul în care un student nu agreează niciunul dintre subiectele propuse de cadrele didactice, el poate veni cu propria propunere, pe care o va discuta cu îndrumătorul științific, acesta din urmă trebuind să-și dea acordul. Apoi cadrul didactic are obligația să supravegheze îndeaproape procesul de elaborare a lucrării, iar studentul are obligația de a urma toate sfaturile și sugestiile profesorului și de a se prezenta periodic la evaluarea stadiului în care se află lucrarea.

2. Structura lucrării de licență

2.1. *Coperta*

Aceasta corespunde copertei unei cărți. Lucrarea de licență poate fi „legată" în două moduri: a) prin *compactare* la un atelier de legătorie și b) prin *spiralare*. Recomand prima variantă, chiar dacă este puțin mai costisitoare, datorită ținutei academice pe care o impune această variantă.

Este posibil ca legătoria să nu poată imprima pe copertă toate datele cerute de client, ceea ce nu reprezintă o problemă, fiindcă esențială este pagina de titlu.

Informațiile care trebuie să existe pe copertă se găsesc la p. 306.

2.2. *Pagina de titlu*

Aceasta repetă informațiile de pe copertă, cu mențiunea că, în locul genericului „Lucrare de diplomă", apare titlul propriu-zis al lucrării.

Informațiile care trebuie să existe pe pagina de titlu se găsesc la p. 307.

Greșeli frecvente

Atât pe copertă, cât și (sau mai ales) pe pagina de titlu, apar frecvent următoarele greșeli:

a) dacă universitatea organizatoare are în denumire un nume propriu, acesta nu se pune între ghilimele. Prin urmare, forma corectă este: Universitatea „Babeș-Bolyai", Cluj-Napoca, Universitatea „Al.I. Cuza", Iași, Universitatea „Spiru Haret", București etc.;

b) nu se respectă întotdeauna denumirea oficială, actuală a facultății respective: Facultatea de Litere (nu Facultatea de Filologie), Facultatea de Științe Politice, Administrative și ale Comunicării (nu Facultatea de Științe Politice și Administrative), Facultatea de Știința Mediului (nu Facultatea de Mediu) etc.;

c) gradele didactice ale coordonatorilor sunt greșite sau incomplete: Prof. univ. Ilie Rad (în loc de Prof. univ. dr. Ilie Rad – nimeni nu poate fi conferențiar sau profesor dacă nu deține și titlul de doctor, cu excepția unor facultăți cu profil vocațional [teatru, arte plastice], unde titlurile de conferențiar și profesor se obțin pe baza altor criterii);

d) absența localității și a anului (sesiunii) de susținere a licenței;

e) scrierea cu majusculă a unor prescurtări, grație „ajutorului" dat de calculator: Prof. Univ. Dr. Ilie Rad (în loc de Prof. univ. dr. Ilie Rad).

2.3. *Sumarul*

Lucrarea de licenţă va avea poziţionat imediat după pagina de titlu pagina cu „Sumarul" („Tabla de materii", „Cuprinsul"), care va conţine titlurile tuturor capitolelor şi subcapitolelor, ordonate după regulile indicate la capitolul „Structura textului ştiinţific".

2.4. *Lista de sigle şi abrevieri*

Imediat după „Cuprins" urmează o listă cu siglele şi abrevierile folosite, care îl ajută pe cititor să consulte eficient lucrarea respectivă.

Foarte multe lucrări valorifică din plin avantajele tehnicii moderne, inserând în lucrare materiale auxiliare ce pot argumenta şi susţine ideile şi tezele expuse. Acestea vor fi prezentate imediat după „Cuprins" (respectiv în locul listei cu sigle şi abrevieri) sau după acesta, indicându-se pagina la care se află în lucrare. Rolul unei asemenea liste este acela de a ne oferi o imagine asupra materialului auxiliar (grafice, fotografii etc.) folosit în lucrare.

2.5. *Introducerea*

Extinsă pe circa două pagini, aceasta va conţine motivaţia alegerii temei, gradul de noutate al acesteia, eventuale limite ale lucrării cauzate de varii motive (lipsa unor surse documentare, colecţii incomplete de reviste, absenţa unei bibliografii aferente, dacă tema este absolut nouă etc.), metodologia folosită etc.

Motivația poate fi extrem de diversă: dezvoltarea unui referat prezentat cândva la un seminar care s-a bucurat de succes; accesul la anumite informații (de pildă, mulți absolvenți care lucrează deja într-o instituție doresc să-și valorifice experiența câștigată și datele oferite de instituția respectivă); valorificarea unui aspect cultural local, de care autorul este atașat etc.

Precizez că „Introducerea” nu se numerotează ca un capitol separat, având statutul unei „Prefețe” de la o carte.

2.6. *Cuprinsul (conținutul)*

Acesta va fi structurat pe capitole, subcapitole, paragrafe, în funcție de specificul textului. În general, o lucrare de licență trebuie să aibă între 3 și 10 capitole, fiecare putând avea o secțiune de concluzii.

Nu există o rețetă universal valabilă pentru orice lucrare de diplomă în ceea ce privește structura. La unele lucrări este obligatorie o parte teoretică și una practică, la altele se impune un studiu de caz, iar altele au o structură racordată la specificul temei tratate.

CUPRINS

Cuprinsul lucrării de licenţă a absolventei Mariana Surd, Presa românească sub zodia proletcultismului, *Cluj-Napoca, iunie 2001*

2.7. *Concluziile*

Reprezintă o componentă extrem de importantă a lucrării, care trebuie valorificată la maximum în timpul susținerii. Aici sunt prezentate pe câteva pagini cele mai importante rezultate ale cercetării, modul în care acestea vor fi valorificate (prin publicare sau dezvoltare în proiecte de masterat, doctorat etc.).

Concluziile lucrării nu se numerotează ca un capitol separat.

2.8. *Bibliografia*

Constituie o altă componentă importantă a lucrării de licență, care este în mod sigur „studiată" de membrii comisiei în timpul susținerii. Ea conține, așa cum am spus în capitolul „Bibliografia" (pp. 155-180), lista tuturor surselor de informație utilizate de către absolvent pentru redactarea lucrării de licență.

BIBLIOGRAFIE

- **Umberto Eco, *Cum se face o teză de licenţă***
- **Septimiu Ghelcea, *Cum redactăm !***
- **J. Bremond, G. Geledan, *Dicţinar economic şi social*, Editura Expert, Bucureşti, 1995.**
- **Jean Claud Bertrand, *O introducere în presa scrisă şi vorbită*, Polirom, Iaşi, 2001.**
- **Paul Marinescu, *Managementul instituţiilor de presă din România*, Polirom, Iaşi, 1999.**
- **Bernard Miege, *Societatea cucerită de publicitate*, Polirom, Iaşi, 2000.**
- **Francois Brune, *Fericirea ca obligaţie*, Editura Trei, Bucureşti, 1997.**
- **Cristina Coman, *Relaţii publice, principii şi strategii*, Polirom, Iaşi, 2002.**
- **Ball, Donald şi Wendell, *International business, the challenge of global competition*, Chicago, 1996.**
- **Vasile Dâncu, *Arhitectura discursului publicitar*, Dacia, Cluj-Napoca, 1999.**
- **Crina Petrescu, *Creativitate şi investigare în publicitate*, Carpatica, Cluj-Napoca, 2002.**
- **Mihai Coman, *Din culisele celei de-a patra puteri*, Editura Carro, Bucureşti, 1996.**
- **Bogdan Ficiac, *Tehnici de manipulare*, Editura Nemira, 1998.**
- **R. Lindekens, *Semiotica discursului publicitar, în semnificaţia şi comunicare în lumea contemporană*, Editura Politică, 1985.**
- **Jean-Noel Jeanneney, *O istorie a mijloaceleor de comunicare: de la origini până astăzi*, Editura Institutul European, Iaşi, 1997.**
- **Mihai Coman, *Manual de jurnalism: Tehnici fundamentale de redactare*, Polirom, Iaşi, 1997.**
- **Maria Moldoveanu şi Dorina Miron, *Psihologia reclamei: publicitatea în afaceri*, Editura Libra, Bucureşti, 1995.**

O pagină din bibliografia întocmită superficial de studenta C.D.P. (iunie 2004)

Bibliografie

Ball, Donald A.; McCulloch, Wendell H., 1996, *International Business: The Challenge of Global Competition*, sixth edition, The McGraw-Hill Comppanies, Chicago, Inc.

Bertrand, Claude-Jean (coordonator), 2001, *O introducere în presa scrisă și vorbită*. Prefață de Claude-Jean Bertrand. Traducere coordonată de Mirela Lazăr, Polirom, Iași.

Bremond, Janine; Geledan, Alain, 1995, *Dicționar economic și social*, Editura Expert, București.

Brune, François, 1996, *Fericirea ca obligație. Eseu despre standardizare prin publicitate*, traducere din limba franceză și prefață de Costin Popescu, Editura Trei, București.

Chelcea, Septimiu, 2000, *Cum să redactăm în domeniul științelor socio-umane*, Școala Națională de Studii Politice și Administrtive, Facultatea de Comunicare și Relații Publice „David Ogilvy", București.

Coman, Cristina, 2000, *Relații publice. Principii și strategii*, Polirom, Iași.

Coman, Mihai, 1996, *Din culisele celei de-a patra puteri*, Editura Carro, București.

Idem, 1997, *Manual de jurnalism. Tehnici fundamentale de redactare*, Polirom, Iași.

Dîncu, Vasile Sebastian, 1999, *Comunicarea simbolică. Arhitectura discursului publicitar*, Editura Dacia, Cluj-Napoca.

Eco, Umberto, 2000, *Cum se face o teză de licență. Disciplinele umaniste*. În românește de George Popescu, Editura Pontica, Constanța.

Ficeac, Bogdan, 1998, *Tehnici de manipulare*, Nemira, București.

Jeanneney, Jean Noël, 1997, *O istorie a mijloacelor de comunicare. De la origini până astăzi*. Traducere de Mihaela Caldan. Prefață de Bogdan Ghiu, Institutul European, Iași.

Lindekens, René, 1985, „Semiotica discursului publicitar", în Solomon Marcus (coordonator), *Semnificație și comunicare în lumea contemporană*, Editura Politică, București.

Marinescu, Paul, 2000, *Managementul instituțiilor de presă din România*, Polirom, Iași.

Miège, Bernard, 2000, *Societatea cucerită de publicitate*. Traducere de Adrian Staii. Cuvânt înainte de de Mihai Coman, Polirom, Iași.

Moldoveanu, Maria; Miron, Dorina, 1995, *Psihologia reclamei. Publicitatea în afaceri*, Editura Libra, București.

Petrescu, Crina, 2002, *Creativitate și investigare în publicitate*, Editura Carpatica, Cluj-Napoca.

Bibliografia studentei C.D.P., refăcută după standardele academice românești

2.9. *Site-ografia*

Referinţele bibliografice de pe internet, care ar putea constitui *Site-ografia* (de la fr. *siteographie*), cu adresa de internet completă, se pot da şi separat. Este obligatorie precizarea între paranteze a datei accesării adresei respective.

Nici „Bibliografia" („Site-ografia") nu va fi numerotată ca un capitol al lucrării.

2.10. *Aparatul critic (notele)*

Acesta trebuie redactat după toate rigorile prevăzute (v. *supra*, „Aparatul critic al unei lucrări ştiinţifice", pp. 93-126). Ca şi „Bibliografia", aparatul critic va fi urmărit sigur de membrii comisiei, care îşi pot forma o idee despre valoarea lucrării şi în funcţie de modul în care sunt redactate notele de subsol, referinţele etc.

De asemenea, aşa cum am arătat în capitolul „Corectura textului ştiinţific" (v. *supra*, pp. 249-266), o atenţie sporită va fi acordată corectării cu maximă atenţie a lucrării.

2.11. *Indicele de nume*

Acesta se redactează după regulile stabilite la capitolul „Redactarea indicelui" (v. *supra*, pp. 183-205). Indicele de nume este o marcă a modului profesionist în care a fost elaborată lucrarea.

2.12. *Anexele*

Acestea includ materiale care pot completa ideile și tezele din lucrare, la unele făcându-se referire (eventual, preluându-se unele citate) pe parcursul lucrării.

De exemplu, lucrarea cu tema *Presa românească sub zodia proletcultismului* a avut, la capitolul „Anexe", următoarele documente:

- Anexa 1: articolul editorial din revista *Presa noastră* (anul I, nr. 1, martie 1956), cu titlul „Sarcinile presei din țara noastră în lumina documentelor celui de-al II-lea Congres al PMR".
- Anexa 2: sumarul numerelor din revista *Presa noastră* pe anul 1956 (pentru a vedea cât de marcată era din punct de vedere ideologic presa acelor ani).
- Anexa 3: poemul *Lenin citește gazeta*, preluat din *Presa noastră* și prima parte a articolului „V.I. Lenin ziarist" (preluat din *Presa noastră*).
- Anexa 4: articolul „Rușinea profesiunii noastre" (un atac la adresa postului de radio Europa Liberă).
- Anexa 5: articolul „Un ziar scris de muncitori: Fusul și suveica".
- Anexa 6: articolul „Învățământul ziaristic în RPR".
- Anexa 7: Fotografii și portrete din ziarele epocii (Lenin, Stalin, Tânăra Gardă, Gheorghe Gheorghiu-Dej, Marx, Engels ș.a.).

Sub fiecare anexă se fac precizările de rigoare (ce reprezintă fiecare, sursa de unde este preluat documentul respectiv etc.).

„Anexele" nu se numerotează ca un capitol distinct.

3. Reguli de redactare a lucrării de licenţă

Se recomandă elaborarea a trei exemplare din lucrarea de licenţă (unul oficial, care va rămâne în arhiva instituţiei respective, unul pentru cadrul didactic îndrumător şi unul pentru candidat).

3.1. *Formatul*

Formatul tradiţional al unei lucrări de licenţă este A4. O lucrare trebuie să aibă minimum *70 de pagini*, cu text imprimat pe o singură faţă a unei coli „ministeriale" (deci nu şi pe verso). Deşi imprimantele de astăzi pot imprima un text pe ambele părţi ale unei coli, această cutumă provine din perioada maşinilor de scris, când era mai dificilă dactilografierea pe ambele feţe, mai ales din cauza diacriticelor, care perforau pagina.

Unele facultăţi au impus şi numărul maxim de pagini (100). Consider că numărul de pagini nu trebuie limitat, fiindcă acest lucru ne-ar aminti de perioada regimului comunist, când, de exemplu, sub pretextul crizei de hârtie, o teză de doctorat nu putea depăşi 200 de pagini pe ambele feţe. (În Republica Moldova există şi acum o dispoziţie conform căreia o teză de doctorat nu poate depăşi 120 de pagini!) Numărul de pagini al unei lucrări de licenţă diferă şi în funcţie de subiectul abordat.

3.1.1. Formatul de text

Aşa cum am văzut în capitolul „Noţiuni de tehnoredactare", prin *format de text* se înţelege lăţimea şi înălţimea suprafeţei dreptunghiulare tipărite a paginii. În general, formatul ideal este dat de raportul 5/8, în care 5 reprezintă lăţimea, iar 8 înălţimea formatului unei cărţi.

Albiturile unei pagini dintr-o lucrare de licență vor fi următoarele:

- stânga: 2,5 cm;
- dreapta: 2 cm;
- sus: 2 cm;
- jos: 2 cm.

Albitura din partea stângă este puțin mai mare față de cea din dreapta deoarece 0,5 cm „se pierd" la compactarea lucrării.

3.1.2. Spațierea rândurilor

Textul imprimat va respecta o spațiere a rândurilor de 1,5 linii. Textul din cadrul paragrafelor normale va fi aliniat între marginile din stânga și dreapta prin opțiunea *justified*.

Primul rând al fiecărui paragraf va avea o „retragere" la dreapta de 1,5 cm.

3.1.3. Fontul utilizat

La redactarea lucrărilor de diplomă se folosește, de obicei, fontul Times New Roman, cu dimensiunea (Font Size) de 12 puncte, utilizând, în mod obligatoriu literele cu *diacritice* specifice limbii române (*ă*, *â*, *ș*, *ț*, *î* și majusculele lor), în cazul în care lucrarea se redactează în limba română.

Observație

Exigențele cerute în secțiunile 3.1.1, 3.1.2 și 3.1.3 au fost impuse de practică. Unii studenți utilizau un format mic de text (cu margini până la 4 cm), cules la două rânduri, cu corp de 14 sau chiar 16, pentru a avea numărul de pagini impus.

Numerotarea paginilor se face începând cu pagina de titlu până la ultima pagină a lucrării. Pentru detalii (numerotarea paginilor inițiale și finale), a se vedea capitolul „Noțiuni de tehnoredactare" (pp. 269-284).

imaginea include cunoştinţe, experienţe sau percepţii. Pe de altă parte imaginea implică sisteme de valori, prejudecăţi, aşteptări, speranţe, cu alte cuvinte trăiri emoţionale pe care persoanele le au vis-a vis de obiectele imaginii. Werner Kroeber-Riel, părintele cercetării în domeniul publicităţii şi a comportamentului consumatorului în Germania, defineşte imaginea ca "părere pe care cineva şi-o face despre un anumit lucru. Imaginea oglindeşte puncte de vedere subiective şi impresii despre obiectul său".[1] Nu trebuie omis contextul amplu social în care imaginile se nasc, context impregnat de valori culturale, de elemente tabu.

Pentru Philip Kotler imaginea reprezintă "ansamblul percepţiilor pe care un individ le are faţă de un obiect".[2] In sinteză, imaginea se poate defini ca şi ansamblul reflectărilor de natuă materială sau imaterială cu conţnut raţional/emoţional, impregnate social şi cultural despre anumite obiecte formate de-a lungul timpului în conştiinţa unui individ sau a unui grup de indivizi. Obiect al unei imagini este relevant pentru cercetarea în domeniul marketingului, a relaţiilor publice, a publicităţii şi a comunicării politice sunt imaginea unei instituţii, a unui produs, a unei mărci sau a unei persoane publice. O imagine pozitivă crează în general o atitudine pozitivă faţă de obiectul sau, în timp ce o imagine negativă aduce cu sine atitudini negative faţă de acesta.

Imaginea este aceea care dă unicitate unui produs, serviciu, firmă "unique selling proposition, unique advertising proposition", este conexă cu conceptul de poziţionare.[3]

Conceptul de imagine, aşa cum e utilizat în psihologie prezintă şi anumite probleme, cum ar fi: de cele mai multe ori este destul de dificil ca mesajul transmis de către obiectul imaginii (firmă/instituţie) să fie ca atare perceput şi acceptat de către public.

În domeniul economic, imaginea îmbracă cel mai adesea trei forme de manifestare: imaginea unui produs, imaginea unei mărci şi a imaginea firmei producătoare. Imaginea unei firme sau imaginea corporativă este reputaţia de care se bucură acea firmă; sunt dependente de capacitatea firmei sau instituiei de a satisface pe deplin nevoile clienţilor săi. Crearea si gestionarea de imagine corporative este o preocupare relativ nouă, dar intens aplicată în diferite firme. Practic a fost determinate de intensificarea concurenei pe diferitele segmente de piaţă. Dezvoltarea imaginii corporative sau instituionale poate avea obiective diferite şi poate să se adreseze unui public diferit. In acest caz se vorbeşte despre imaginea dorită, imaginea ideală, imaginea exterioară, şi cea creată în interiorul instituţiei. Dacă între imaginea dorită şi ceia percepută de către publicul ţintă apar distorsiuni, acesta este un indicator ca procesele comunicaţionale nu s-au desfăşurat la

[1] Kroeber-Riel Werner, Bildkommunikation, Verlag Vahlen, Munchen, 1996, p. 90.
[2] Philip Kotler, Marketing Management, Englewood Cliffs, New Jersey, 1991, p. 85.
[3] Ingomar Kloss, ~~Publicitatea, Wien, 2000, p. 18-19.~~

14

O pagină din lucrarea de licenţă a studentei C.D.P. (iunie 2004), corectată de profesorul îndrumător

4. Reguli la susţinerea lucrării de licenţă

4.1. *Generalităţi*

Prezentarea lucrării de licenţă în faţa comisiei de examinare este cel puţin la fel de importantă ca redactarea acesteia. Nota finală obţinută de către absolvent reprezintă atât rezultatul evaluării lucrării de către cadrul didactic coordonator (evaluare consemnată într-un referat), cât şi rezultatul evaluării comisiei, în urma prezentării şi susţinerii acesteia de către absolvent. (http://euro.ubbcluj.ro/avizier/ghid_licenta.doc, 20 ianuarie 2008)

Lucrarea de licenţă este prezentată în faţa unei comisii alcătuite din trei cadre didactice şi un secretar, componenţa comisiei fiind aprobată de catedră şi de consiliul facultăţii.

Susţinerea lucrării este publică. În mod obligatoriu, la susţinere participă şi îndrumătorul ştiinţific, ce întocmeşte un referat pe marginea lucrării şi propune o notă. Candidatul face o scurtă prezentare a lucrării sale, insistând mai ales asupra concluziilor şi rezultatelor la care a ajuns în cercetare, apoi răspunde la întrebările membrilor comisiei.

Nota propusă de îndrumătorul ştiinţific este orientativă. Nota finală rezultă din media celor trei note propuse de cei trei membri ai comisiei.

Comisia de organizare a examenului de licenţă are obligaţia de a anunţa din timp data şi locul susţinerii examenului. La fel ca în cazul examenului de bacalaureat, organizatorii vor face o planificare a intrării candidaţilor înscrişi la examen, în funcţie de cadrul didactic coordonator sau în ordine strict alfabetică.

Absolvenţii se vor prezenta cu cel puţin o jumătate de oră înaintea orei programate. Ei îşi pot susţine lucrarea în PowerPoint, având la dispoziţie circa 10 minute, pentru a da posibilitatea membrilor comisiei să le adreseze anumite întrebări, să clarifice unele aspecte etc.

4.2. *Sugestii pentru prezentarea în PowerPoint*

- Prezentarea va conţine între 15 şi 20 de slide-uri.
- Primul slide va conţine titlul lucrării, numele absolventului şi numele cadrului didactic coordonator.
- Al doilea slide va prezenta cuprinsul lucrării.
- Următoarele 8-10 slide-uri vor prezenta conţinutul capitolelor din lucrare.
- 2-3 slide-uri vor prezenta aspecte importante, inedite, insolite etc. din cuprinsul lucrării (de exemplu, dacă cineva are o lucrare dedicată manipulării prin fotografie în regimurile totalitare, va putea prezenta câteva „studii de caz" ale unor fotografii: cum era „alungit" Ceauşescu dacă avea o întâlnire cu un şef de stat mai înalt decât el; cum, într-o fotografie din *Scânteia*, cu o secvenţă de la ONU, Ceauşescu este şi la pupitru, şi în sală – o mică „scăpare" a celor care mistificau fotografiile etc.).
- 2-3 slide-uri vor fi rezervate concluziilor lucrării, rezultatelor obţinute etc.

5. Evaluarea lucrării de licenţă

În evaluarea lucrării de licenţă, rolul cel mai important îi revine cadrului didactic coordonator. În vederea evaluării unitare a lucrărilor de licenţă, se pot alcătui diferite grile de evaluare, fiecare comisie putând să-şi elaboreze propria grilă.

Catedra de Management de la Facultatea de Studii Europene a Universităţii „Babeş-Bolyai" a propus următoarea grilă de evaluare a lucrării de către cadrul didactic coordonator[1]:

Nr. crt.	*Criteriu de evaluare*	*Punctaj*
1.	Evaluarea calităţii lucrării/cercetării întreprinse	7 puncte
2.	Respectarea regulilor de structurare a lucrării conform prezentului Ghid	1,5 puncte
3.	Respectarea regulilor de redactare a lucrării conform prezentului Ghid (cu accent pe modul de tratare a referinţelor bibliografice)	1,5 puncte

Prezentăm şi grila de evaluare a lucrării de către membrii comisiei.

Nr. crt.	*Criteriu de evaluare*	*Punctaj*
1.	Evaluarea calităţii lucrării/cercetării întreprinse	2 puncte
2.	Respectarea regulilor de structurare a lucrării conform prezentului Ghid	1,5 puncte
3.	Respectarea regulilor de redactare a lucrării conform prezentului Ghid (cu accent pe modul de tratare a referinţelor bibliografice)	1,5 puncte
4.	Prezentarea lucrării şi răspunsurile la întrebări	5 puncte

1. Grilă disponibilă la adresa: http://www.euro.ubbcluj.ro.

Anexe

UNIVERSITATEA „BABEŞ-BOLYAI", CLUJ-NAPOCA
Facultatea de Ştiinţe Politice,
Administrative şi ale Comunicării
Departamenutul de Jurnalism şi Media Digitală

LUCRARE DE LICENŢĂ

Conducător ştiinţific:
Prof. univ. dr. **Ilie Rad**

Absolvent:
Mariana Surd

Cluj-Napoca
Iunie 2008

Coperta lucrării de licenţă

UNIVERSITATEA „BABEȘ-BOLYAI", CLUJ-NAPOCA
Facultatea de Științe Politice,
Administrative și ale Comunicării
Departamenutul de Jurnalism și Media Digitală

Presa românească
sub zodia proletcultismului

Conducător științific:
Prof. univ. dr. **Ilie Rad**

Absolvent:
Mariana Surd

Pagina de titlu a lucrării de licență

Bibliografie generală

***, 1993, *Abrégé du Code typographique à l'usage de la presse*, CFPJ, Paris.

Achtert, Walter S.; Gibaldi, Joseph, 1985, *The MLA Style Manual*, Modern Language Association of America, New York.

Andronescu, Şerban C., 1997, *Tehnica scrierii academice*, Editura Fundaţiei „România de Mâine", Bucureşti.

Avram, Mioara, 1987, *Probleme ale exprimării corecte*, Editura Academiei RSR, Bucureşti.

Avramescu, Aurel; Cândea, Virgil, 1960, *Introducere în documentarea ştiinţifică*, Editura Academiei, Bucureşti.

Barborică, Elena; Onu, Liviu; Teodorescu, Mirela, 1978, *Introducere în filologia română. Orientări în tehnica cercetării ştiinţifice a limbii române*, ediţia a II-a, revăzută şi adăugită, Editura Didactică şi Pedagogică, Bucureşti.

Barnes, Rob, 1990, *Successful Study for Degrees*, Routledge, New York.

Barry, Vincent, 1983, *Good Reason for Writing: A Text with Readings*, Wadsworth Publishing Company Belmont, California.

Becker, Howard S., 1986, *Writing for Social Scientists: How to Start and Finish Your Thesis, Book, or Article*, University of Chicago Press, Chicago.

Beldescu, G., 1995, *Punctuaţia în limba română*, Editura Procion, Bucureşti.

Bernstein, Theodore M., 1977, *The Careful Writer: A Modern Guide to English Usage*, Atheneum, New York.

Bertrand, Claude-Jean, 1993, *Sfaturi practice privind elaborarea unei lucrări de diplomă*, Universitatea Bucureşti, Facultatea de Jurnalism şi Ştiinţele Comunicării, Bucureşti.

Exemplu de bibliografie

Site-ografie generală

http://analizesifapte.wordpress.com (2 septembrie 2007)
http://www.indiana.edu/~wts/pamphlets/plagiarism.shtml (2 ianuarie 2005)
http://ocartepezi.wordpress.com (5 septembrie 2007)
http://www.indiana.edu/%7Ewts/pamphlets/plagiarism.shtml (3 octombrie 2007)
http://neamulromanesc.wordpress.com (7 septembrie 2007)
http://luceafarul.wordpress.com (13 octombrie 2007)
http://revistaecoul.wordpress.com (18 octombrie 2007)
http://revistaepoca.wordpress.com (20 decembrie 2007)
http://monitorcultural.wordpress.com (19 decembrie 2007)
http://tanarulscriitor.wordpress.com (3 noiembrie 2007)
http://arhivaromaneasca.wordpress.com (7 decembrie 2007)
http://boabedegrau.wordpress.com (27 noiembrie 2007)
http://dacoromanica.wordpress.com (4 septembrie 2007)
http://studiietnoistorice.wordpress.com (20 octombrie 2007)
http://dacologica.wordpress.com (26 decembrie 2007)
http://universulcartilor.wordpress.com (18 noiembrie 2007)
http://floareadarurilor.wordpress.com (16 septembrie 2007)
http://protocronism.wordpress.com (5 decembrie 2007)
http://cartinoi.wordpress.com (10 decembrie 2007)
http://universulliterar.wordpress.com (9 noiembrie 2007)
http://911digitalarchive.org/ (20 martie 2008)
http://americanhistory.si.edu/september11/ (22 aprilie 2008)
http://september11.archive.org/ (7 ianuarie 2008)
http://www.9-11-2001.org/ (15 mai 2008)
http://www.911citisenswatch.org/ (18 mai 2008)
http://9-11commission.gov/ (20 martie 2007)
http://www.9-11commission.gov/report/911Report.pdf (11 februarie 2008)
http://www.911review.com/ (10 ianuarie 2008)
http://www.bbc.co.uk/history/recent/sdept11/ (12 martie 2008)

Exemplu de site-ografie

UNIVERSITATEA „BABEŞ-BOLYAI", CLUJ-NAPOCA

Declaraţie

Prin prezenta declar că lucrarea de licenţă cu titlul TITLUL COMPLET AL LUCRĂRII este scrisă de mine şi nu a mai fost prezentată niciodată la o altă facultate sau instituţie de învăţământ superior din ţară sau străinătate.

De asemenea, declar că toate sursele utilizate, inclusiv cele de pe Internet, sunt indicate în lucrare, cu respectarea regulilor de evitare a plagiatului:

– toate fragmentele de text reproduse exact, chiar şi în traducere proprie din altă limbă, sunt scrise între ghilimele şi deţin referinţa precisă a sursei;
– reformularea în cuvinte proprii a textelor scrise de către alţi autori deţine referinţa precisă;
– rezumarea ideilor altor autori deţine referinţa precisă la textul original.

Cluj-Napoca, data

Absolvent Prenume Nume

____

(semnătura în original)

O declaraţie standard privind originalitatea lucrării (cf. http://www. euro.ubbcluj.ro), propusă la Facultatea de Studii Europene

Bibliografie generală

***, 1954, *Tehnoredactarea. Noțiuni elementare de prezentare grafică și poligrafică a cărții*, Editura Tehnică, București.

***, 1985, *Student Writers at Work and in the Company of Other Writers*, edited by Nancy Sommers and Donald McQuade, St. Martin's Press, New York.

***, 1985, *Webster's Standard American Style Manual*, Merriam-Webster, Springfield, Mass.

***, 1991, *Einführung in Techniken literaturwissenschaftlichen Arbeitens*, Cornelsen Verlag, Stuttgart.

***, 1993, *Abrégé du Code typographique à l'usage de la presse*, CFPJ, Paris.

***, 1993, *The Chicago Manual of Style. The Essential Guide for Writers, Editors, and Publishers*, The University of Chicago Press, Chicago.

***, *Îndreptar ortografic, ortoepic și de punctuație*, 1995, Editura Univers Enciclopedic, București.

Academia Română. Institutul de Lingvistică „Iorgu Iordan – Alexandru Rosetti", *DOOM. Dicționarul ortografic, ortoepic și morfologic al limbii române*, ediția a III-a, revăzută și adăugită. Coordonatoare: Ioana Vintilă-Rădulescu, Editura Univers Enciclopedic Gold, București, 2021.

Achtert, Walter S.; Gibaldi, Joseph, 1985, *The MLA Style Manual*, Modern Language Association of America, New York.

Andronescu, Șerban C., 1997, *Tehnica scrierii academice*, Editura Fundației „România de Mâine", București.

Anghel, Mirel, 2022, *Plagiatul*, Editura Pro Universitaria, București.

Avram, Mioara, 1987, *Probleme ale exprimării corecte*, Editura Academiei, București.

Avramescu, Aurel; Cândea, Virgil, 1960, *Introducere în documentarea științifică*, Editura Academiei, București.

Babbie, Earl R., 1988, *The Practice of Social Research*, ediția a VIII-a, Wardsworth Publishing Company, Belmont, CA.

Barborică, Elena; Onu, Liviu; Teodorescu, Mirela, 1978, *Introducere în filologia română. Orientări în tehnica cercetării științifice a limbii române*, ediția a II-a, revăzută și adăugită, Editura Didactică și Pedagogică, București.

Barnes, Rob, 1990, *Successful Study for Degrees*, Routledge, New York.

Barry, Vincent, 1983, *Good Reason for Writing. A Text with Readings*, Wadsworth Publishing Company Belmont, California.

Becker, Howard S., 1986, *Writing for Social Scientists: How to Start and Finish Your Thesis, Book, or Article*, University of Chicago Press, Chicago.

Beldescu, G., 1995, *Punctuația în limba română*, Editura Procion, București.

Bernstein, Theodore M., 1977, *The Careful Writer. A Modern Guide to English Usage*, Atheneum, New York.

Bertrand, Claude-Jean, 1993, *Sfaturi practice privind elaborarea unei lucrări de diplomă*, Universitatea București, Facultatea de Jurnalism și Științele Comunicării, București.

Biriș, Vasile, 2003, *Tehnoredactare. Cărți, reviste, ziare*, Editura Axy Impex, București.

Boc, Oana, 2022, *Scrierea academică în domeniul științelor umaniste. Tehnici și norme*, Presa Universitară Clujeană, Cluj-Napoca.

Bogdan-Dascălu, Doina, 1997, *Principii și norme de tehnoredactare a lucrării de diplomă*, Editura Augusta, Timișoara.

Booth, Wayne C.; Colomb, Gregory C.; Williams, Joseph M., 1995, *The Craft of Research*, University of Chicago Press, Chicago.

Călinescu, G. , 1973, *Gâlceava înțeleptului cu lumea. Pseudojurnal de moralist. I. 1927-1939*, Editura Minerva, București.

Idem, 1965, *Impresii asupra literaturii spaniole*, Editura pentru Literatură Universală, București.

Cernicova-Bucă, Mariana, 1999, *Stilul publicistic actual. Cu privire specială asupra interviului*, Editura Augusta, Timișoara.

Idem, 2007, *Punctuația în publicistica românească actuală*, Editura Artpres, Editura Augusta, Timișoara.

Chelcea, Septimiu, 2000, *Cum să redactăm în domeniul științelor socioumane*, Editura SNSPA, București.

Idem, 2007, *Cum să redactăm o lucrare de licență, o teză de doctorat, un articol științific în domeniul științelor socioumane*, ediția a IV-a, revizuită și adăugită, Comunicare.ro, București.

Cioculescu, Șerban, 1977, *I.L. Caragiale. Caragialiana*, Editura Eminescu, București.

Colignon, Jean-Pierre, 1993, *Un point, c'est tout! La Ponctuation efficace*, CFPJ, Paris.

Coman, Mihai, 2003, *Mass-media în România postcomunistă*, Polirom, Iași.

Crews, Frederik; Schor, Sandra, 1985, *The Borzoi Handbook for Writers*, Alfred A. Knopf, New York.

Day, Robert A., 1994, *How to Write and Publish a Scientific Paper*, ediția a IV-a, Oryx Press, Phoenix.

Drașoveanu, D.D., 1997, *Teze și antiteze în sintaxa limbii române*, Editura Clusium, Cluj-Napoca.

Drincu, Sergiu, 1983, *Semnele ortografice și de punctuație în limba română. Norme și exerciții*, Editura Științifică și Enciclopedică, București.

Dumistrăcel, Stelian, 2001, *Până-n pânzele albe. Expresii românești. Biografii – motivații*, ediția a II-a, revăzută și adăugită, Institutul European, Iași.

Eco, Umberto, 2000, *Cum se face o teză de licență. Disciplinele umaniste*. Traducere de George Popescu, Editura Pontica, Constanța, 2000 (ediția a II-a, Polirom, Iași, 2007).

Elbow, Peter, 1987, *Writing: Without Teachers*, New York, Oxford University Press.

Ferréol, Gilles; Flageul, Noël, 1998, *Metode și tehnici de exprimare scrisă și orală*. Traducere de Ana Zăstroiu. Argument de Corneliu Bîlbă, Polirom, Iași.

Ficeac, Bogdan, 1999, *Cenzura comunistă și formarea „omului nou"*. Prefață de Daniel Barbu, postfață de Petru Ignat, Editura Nemira, București.

Florea, Bujorel, 2018, *Reflecții despre plagiat*, Editura Hamangiu, București.

Florea, Cornel, 1983, *Ce cercetăm, cum cercetăm*, Editura Științifică și Enciclopedică, București.

Funeriu, I., 1995, *Principii și norme de tehnoredactare computerizată*, Editura Amarcord, Timișoara.

Funeriu, I., 2021, *Introducere în ortotipografie*. Abrevieri, Indice de autori, Lista surselor citate, revizia finală: Delia Badea, Florina Diana Cordoș, Editura Brumar, Timișoara.

Gherghel, N., 1996, *Cum să scriem un articol științific*, Editura Științifică, București.

Gibaldi, Joseph, 1995, *MLA Handbook for Writers of Research Papers*, ediția a IV-a, The Modern Language Association of America, New York.

Gorrell, Robert M.; Laird, Charlton, 1967, *Modern English. Handbook*, ediția a IV-a, Prentice Hall, Englewood Cliffs, New Jersey.

Graff, Gerald; Birkenstein, Cathy, 2015, *Ei spun/Eu spun. Manual pentru scrierea academică*. Traducere din limba engleză de Laura Poantă, Editura Paralela 45, București.

Graur, Alexandru, 1974, *Mic tratat de ortografie*, Editura Științifică, București.

Guéry, Louis, 1995, *Précis de mise en page*, ediția a IV-a, actualizată și argumentată, CFPJ, Paris.

Hangiu, I., 1996, *Dicționarul presei literare românești. 1790-1990*, ediția a II-a revăzută și completată, Editura Fundației Culturale Române, București.

Heffernan, James A.; Lincoln, John E., 1990, *Writing. A College Handbook*, ediția a III-a, W.W. Norton & Co, New York, Londra.

Hristea, Theodor, 1984, *Sinteze de limba română*, ediția a III-a revăzută și adăugită, Editura Albatros, București.

Ilovici, Edith, 1972, *Îndreptar de ortografie și punctuație a limbii engleze*, Editura Didactică și Pedagogică, București.

Irimia, Dumitru, 1995, *Introducere în stilistică*, Polirom, Iași.

Jordan, R.R., 1980, 1989, *Academic Writing Course*, Collins Study Skills in English, Londra, Glasgow.

Laggett, Glenn; Mead, David C.; Charvat, William, 1978, *Handbook for Writers*, ediția a VII-a, Englewood Cliffs, Prentice Hall Inc., New Jersey.

Lăzăreanu, Barbu, 1958, *Glose și comentarii de istoriografie literară*, Editura de Stat pentru Literatură, București.

Lăzărescu, Georgeta, 1966, *Introducere în metoda de indexare ordonată*, Academia Republicii Socialiste România, Centrul de Documentare Ştiinţifică, Bucureşti.

Li, Xia; Crane, Nancy B., 1993, *Electronic Style: A Guide to Citing Electronic Information*, Mecklermedia, Westport, Conn.

Massoni, Vittorio, 1995, *Imparare a scrivere. Lettere. Relazioni. Rapporti*, Franco Angeli, Milano.

Miller, Casey; Swift, Kate, 1988, *The Handbook of Nonsexist Writing: For Writers, Editors, and Speakers*, ediţia a II-a, Harper and Row, New York.

Munteanu, Ştefan, 1967, *Introducere în filologia română*, Tipografia Universităţii, Timişoara.

Murray, Donald M., 1984, *Write to Learn*, Holt, Rinehart & Winston, New York.

Murray, Donald M., 1991, *The Craft of Revision*, Fort Worth, Harcourt Brace Yovanovich College Publications, Philadelphia.

Muşatescu, Vlad; Zaharescu, Adriana; Rosmarin, Anatolie; Achille, Daniel, 1954, *Tehnoredactarea. Noţiuni elementare de prezentare grafică şi poligrafică a cărţii*, Editura Tehnică, Bucureşti.

Nathan, Ruth; Temple, Frances; Juntunen, Kathleen; Temple, Charles, 1989, *Classroom Strategies That Work. An Elementary Teacher's Guide to Process Writing*, New Hampshire, Herneman, Portsmouth.

N'Da, Pierre, 2007, *Méthodologie et guide pratique du mémoire de recherche et de la thèse de doctorat en Lettres, Arts et Sciences humaines et sociales: informations, normes et recommandations universitaires, techniques et pratiques actuelles*, L'Harmattan, Paris.

Nunan, David, 1993, *Introducing Writing*, Penguin English, Londra.

Paraschivescu, Radu, 2017, *Cartea râsului şi a cercetării. Ce se întâmplă cu creierul, dacă înveţi cuvinte noi în timp ce faci sex*, Humanitas, Bucureşti.

Parker, Roger C., 1996, *Tehnoredactare computerizată & design pentru toţi*. Traducere de Corneliu Catrina, Editura Teora, Bucureşti.

Partridge, Eric, 1963, *You Have a Point There. A Guide to Punctuation and Its Allies*, Hamilton, Londra.

Pecican, Ovidiu, 1998, *Lumea lui Simion Dascălu*, Editura Fundaţiei pentru Studii Europene, Cluj-Napoca.

Petraş, Irina, 2003, *Cărţile deceniului 10*, Casa Cărţii de Ştiinţă, Cluj-Napoca.

Petrescu, Ioana Em., 1981, *Configurații*, Editura Dacia, Cluj-Napoca.

Phillips, Estelle M.; Pugh, D.S., 1994, *How to get a PHD: A handbook for students and their supervisors*, Open University Press, Buckingham.

Popa, Mircea; Tașcu, Valentin, 2003, *Istoria presei românești din Transilvania de la începuturi până la 1918*, Editura Tritonic, București.

Rad, Ilie, 1999, *Stilistică și mass-media. Aspecte ale experienței jurnalistice*. Prefață de Prof. univ. dr. G. Gruiță, Editura Excelsior, Cluj-Napoca.

Idem, 2005, *De la Moscova la New York. Note de drum din Federația Rusă și fragmente de jurnal american*. Prefață de Mircea Popa, Editura Limes, Cluj-Napoca.

Idem, 2007, *Cum se scrie un text științific în domeniul disciplinelor umaniste. Principii și norme de redactare a unor lucrări: de licență, de masterat, de doctorat, pentru gradul didactic etc.*, Editura Accent, Cluj-Napoca.

Rădulescu, Mihaela Șt., 2006, *Metodologia cercetării științifice. Elaborarea lucrărilor de licență, masterat, doctorat*, Editura Didactică și Pedagogică, R.A., București.

Richaudeau, François, 1993, *Manuel de typographie et de mise en page*, Éditions Retz, Paris.

Rollo, Duncan J.; Gehle, Quentin L., 1987, *Writing Essays. A Process Approach*, St. Martin's Press, New York.

Romanescu, Vasile, 1944, *Istoria unei cărți. Operă completă*, prefață de C. Rasidescu, Tipografia „Cartea Românească", București.

Rovența-Frumușani, Daniela, 1995, *Semiotica discursului științific*, Editura Științifică, București.

Rubin, Rebecca B.; Rubin, Alan M.; Piele, Linda J., 1996, *Communication Research: Strategies and Sources*, ediția a IV-a, Wadsworth Publishing Company, Belmont, California.

Russo, D., 1912, *Critica textelor și tehnica edițiilor*, extras din Buletinul Comisiei istorice a României, 1, Atelierele Grafice Socec & Co, Societate Anonimă, București.

Scridon, Gavril, 2003, *Viața lui George Coșbuc*. Prefață de Ion Vlad, Editura Fundației Culturale Române – Centrul de Studii Transilvane, Cluj-Napoca.

Sîrghie, Anca, 2006, *Metodologia cercetării științifice și instrumentele ei*, ediția a II-a, Editura „Alma Mater", Sibiu.

Strunk, William, Jr.; White, E.B., 1979, *The Elements of Style*, ediția a III-a, Macmillan, New York.

Șerban, Vasile, 1996, *Exprimarea corectă în jurnalistică. Ortografie – ortoepie – punctuație. Stil publicistic. Acord gramatical*, Editura Augusta, Timișoara.

Șerbănescu, Andra, 2001, *Cum se scrie un text*, Polirom, Iași.

Șercan, Emilia, 2017, *Fabrica de doctorate sau Cum se surpă fundamentele unei nații*, Humanitas, București.

Idem, 2022, *Cazul Ponta. Reconstituirea celui mai infam plagiat din istoria României*. Cu un scurt cuvânt înainte de Gabriel Liiceanu, Humanitas, București.

Ștefan, Elena Emilia, 2018, *Etică și integritate academică*, curs universitar, Editura Pro Universitaria, București.

Tohăneanu, G.I., 1995, *Dicționar de imagini pierdute*, Editura Amarcord, Timișoara.

Turabian, Kate L., 1987, *A Manual for Writers*, ediția a V-a, University of Chicago Press, Chicago.

Vairel, Hélène, 1992, *La présentation matérielle d'un manuscrit dactylographié*, Éditions Nathan, Paris.

Voirol, Michael, 1995, *Guide de la rédaction*, ediția a V-a, revăzută și îmbogățită, CFPJ, Paris.

Vulpe, Magdalena, 2002, *Ghidul cercetătorului umanist. Introducere în cercetarea și redactarea științifică*, Editura Clusium, Cluj-Napoca.

Walker, Melissa, 1993, *Writing Research Papers: A Norton Guide*, ediția a III-a, W.W. Norton, New York.

Weidenborner, Stephen; Caruso, Domenik, 1994, *Writing Research Papers: A Guide to the Process*, ediția a IV-a, St. Martin's Press, New York.

Wilber, Rick, 1997, *The Writer's Handbook for Editing & Revision*, NTC Publishing Group, Lincolnwood, Illinois.

Williams, Joseph M., 1990, *Style: Toward Clarity and Grace*, University of Chicago Press, Chicago.

Zaciu, Mircea, 1970, *Glose*, Editura Dacia, Cluj-Napoca.

Zinsser, William, 2001, *On writing well: The classic guide to writing nonfiction*, 25th anniversary ed., HarperCollins Publishers, New York.

Zlatian, Radu, 2007, *Cum să redactăm o carte. Tehnoredactarea*, Editura Alma, Craiova.

În seria „Collegium. Practic”

au apărut:

Gilles Ferréol, Noël Flageul – *Metode și tehnici de exprimare scrisă și orală*

Andra Șerbănescu – *Cum se scrie un text* (ediția a III-a)

Andra Șerbănescu – *Cum gândesc și cum vorbesc ceilalți. Prin labirintul culturilor*

Pierre Bayard – *Cum vorbim despre cărțile pe care nu le-am citit*

Stephen E. Lucas – *Arta de a vorbi în public*

Umberto Eco – *Cum se face o teză de licență. Disciplinele umaniste*

Alex Mucchielli – *Arta de a comunica. Metode, forme și psihologia situațiilor de comunicare*

Alex Mucchielli – *Arta de a influența. Analiza tehnicilor de manipulare*

Ilie Rad – *Cum se scrie un text științific. Disciplinele umaniste* (ediția a III-a)

www.polirom.ro

Tehnoredactor: Gabriela Gheţău

Bun de tipar: februarie 2023. Apărut: 2023
Editura Polirom, B-dul Carol I nr. 4 • P.O. BOX 266
700505, Iaşi, Tel. & Fax: (0232) 21.41.00; (0232) 21.41.11;
(0232) 21.74.40 (difuzare); E-mail: office@polirom.ro
Bucureşti, Splaiul Unirii nr. 6, bl. B3A,
sc. 1, et. 1, sector 4, 040031, O.P. 53
Tel.: (021) 313.89.78; E-mail: office.bucuresti@polirom.ro

Tiparul executat la PRINTCO